학문론

학문론

초판 1쇄 인쇄 2012. 04. 15.
초판 1쇄 발행 2012. 04. 20.

지은이   조 동 일
펴낸이   김 경 희

경 영   강 숙 자
편 집   송 인 선
영 업   문 영 준
경 리   김 양 헌
펴낸곳   ㈜지식산업사
         본사 ● 경기도 파주시 교하읍 문발리 520-12
            전화 (031)955-4226~7 팩스 (031)955-4228
         서울사무소 ● 서울시 종로구 통의동 35-18
            전화 (02)734-1978   팩스 (02)720-7900
         한글문패   지식산업사
         영문문패   www.jisik.co.kr
         전자우편   jsp@jisik.co.kr
         등록번호   1-363
         등록날짜   1969. 5. 8.

책값은 뒤표지에 있습니다.

ISBN 978-89-423-6311-7   (93150)

이 책을 읽고 지은이에게 문의하고자 하는 이는
지식산업사 전자우편으로 연락 바랍니다.

학 문 론

조 동 일

지식산업사

머리말

학문을 잘 하려면 학문론이 있어야 한다. 학문론은 어떻게 마련할 것인가? 여기저기서 남들이 하는 말을 모아놓고 학문론이라고 할 수는 없다. 학문은 구경하고 소개하고 논평하면 되는 일이 아니다. 스스로 이룩하는 결단이고 자각이고 창조여야 학문일수 있다. 학문이란 무엇이며 어떻게 해야 하는가 하는 의문을 두고 넓고도 깊은 논의를 절실하게 전개해야 학문론이라고 인정할만하다.

여러 분야 전공자들이 분담해 학문론이 제대로 이루어질 것 같으나, 다루는 범위를 제한해 총론이 결여된 각론 집성이 되고 말아 넓이는 확보한다고 해도 깊이는 기대하지 못한다. 어느 분야를 어떻게 연구하든 학문을 한다는 자각이 전환의 출발점이다. 자기 삶이 인생인 줄 모르고 인생론을 멀리서 구하면 어리석지 않은가? 체험에 대한 성찰을 출발점으로 삼아 학문이란 무엇이며 어떻게 해야 하는가에 관한 전반적인 논의를 전개하려고 모험하는 개척자가 있어야 길이 열린다.

오랜 기간 학문을 하면서 학문이란 무엇이며 어떻게 해야 하는가를 두고 절실하게 깨달은 바를 가다듬으면 학문론의 기본 요건인 깊이를 갖출 수 있다. 얻은 성과를 가지고 다른 여러 분야에서 해온 작업과 비교하고 토론하려고 노력하면 넓이를 보탤 수 있다. 동지이면서 적수인 여러 창조자가 자기 학문론을 내놓고 커다란 논란을 벌이면 더 많은 것을 얻을 수 있다. 이와 같이 진행되기를 기대하는 학문론 정립의 경쟁·협동작업을 위해 최초의 발제자가 되겠다고 나서는 책을 쓰려고 하니 미리 나무라지 말고 읽고 시비하기 바란다.

한국문학에서 동아시아문학으로 세계문학으로 나아가고, 문학연구를 인문학문으로 학문일반론으로 확대하려고 나는 40여 년 동안 분투해왔다. 그래서 얻은 결단·자각·창조의 성과를 이 책에 집약해 학문론 정립에 내 나름의 기여하는 것을 학문하는 생애 막판의 일거리로 삼고자 한다. 학문은 끝이 없으나 사람의 생애에는 마무리가 있어야 한다. 73세는 많은 나이가 아니지만 시기를 더 늦추는 것은 마땅하지 않다고 판단하고 아쉬우나마 일단 결론을 맺기로 한다.

지금까지 논저를 너무 많이 낸 것을 반성한다. 70여 권의 저서, 200여 편의 논문에서 복잡하고 어려운 논의를 전개해 빚어낸 혼란과 끼친 부담을 가능한 대로 줄이고, 누구나 마음 편하게 찾아와 진솔한 토론을 할 수 있는 자리를 아담한 집을 한 채 지어 마련하고자 한다. 적절한 계기가 이어져 오래 구상한 일을 실행에 옮길 수 있었는데, 행운뿐만 아니라 불운도 도움이 되었다.

제1부는 김도연 총장(당시)과 박경신 부총장이 자리를 마련해주어 울산대학교에서 2010년 4월부터 2012년 3월까지 모두 8회 전교생을 대상으로 강연한 성과이다. 배수찬 교수가 많은 수고를 한 것도 감사한다. 여러 단과대학의 다양한 전공 학생들 3백여 명씩 모여 들어 강연을 열심히 듣고 열띤 토론을 했다. 나의 지론에 관해 자연학문이나 사회학문 쪽에서 하는 말을 듣는 것이 간절한 소원이었는데 좋은 기회를 얻었다.

행운이 겹쳤다. 허남춘 교수의 초청으로 2010년 10월에 제주대학교에 가서 같은 원고를 가지고 집중강의를 하고 검증을 더 진행했다. 대학원 한국학협동과정 강의인데, 참여자가 학생 넷, 교수 넷이었다. 행정학과 이경원 교수, 정치학과 고성빈 교수가 적극적인 토론을 해서 과분한 소득을 얻었다. 학문은 學이면서 問이어야 한다는 지론을 충실하게 실행할 수 있게 해서 감사하다. 두 곳에서 다 준비한 원고를 발표한 다음 고치고 토론을 첨부해 정리했다.

제2부는 다른 목적으로 집필했다. 나라에서 돈을 내서 하는 석학인문강좌라는 것에 참여해달라는 요청을 받고 "새로운 학문을 위한 방향 전환"을 2012년 2월 11일부터 5주간 여기 수록하는 원고에 있는 바와 같은 소제목에 따라 고찰하기로 했다. 규격에 맞추어 원고를 다 쓴 시점에 뜻밖에도 강좌 제목이 "새로운 국문학을 위한 방향 전환"으로 바뀌어 있는 것을 발견했다. 시정과 사과를 요구했더니, 강좌를 관장하는 위원장(서지문)이 새로운 학문을

하겠다고 하면 위험하고 반발을 불러올 수 있으니 새로운 국문학이나 착실하게 하라고 회신했다.

선의의 충고로 이해하라는 말인 것 같은데, 상의는 물론 통고조차 없는 일방적인 변경을 수락할 수 없고, 변경된 제목에 맞는 강좌를 하려면 원고를 새로 써야 한다. 새로운 국문학에서 시작해 새로운 학문에 이르고자 한 오랜 노력을 무효로 돌리고 출발점으로 회귀하라는 것은 실현 불가능한 무리한 요구이다. 강좌에 참여하지 않겠다고 통보 한 마디로 시비를 일단락 냈다. 그래도 원고를 쓴 것은 다행이어서 여기 수록하고, 불운으로 끝난 사태도 도움이 되었다고 감사하게 여긴다. 강좌 현장에 오는 분들과 만나지 못해 아쉽지만, 대화와 토론을 인터넷에서 기대한다. 나의 홈페이지(조동일을 만납시다)를 찾아와 장소나 시간의 제한 없이 풍성한 대화를 나누기 바란다.

제3부에는 학술회의에 참여하기 위해 각기 쓴 독립된 글을 발표한 순서대로 싣는다. 〈구비의 재평가를 위한 새로운 연구〉는 민속학자 임재해 교수의 권유로 써서, 2010년 10월 22일 제주도에서 열린 구비문학 학술회의에서 발표했다. 〈자연학문과 인문학문의 생극 관계〉는 화학을 전공하는 최동식 교수의 부탁을 받고, 2011년 11월 25일 고려대학교 학문소통연구회에서 발표한 원고이다. 〈아리랑을 어떻게 연구할 것인가〉는 음악학자 신대철 교수가 주관한 한국학중앙연구원의 아리랑국제학술대회에서 2011년 12월 15일 기조발표를 하기 위해 썼다.

세 번의 학술회의는 주최자, 규모, 진행 방식 등에 차이가 많고, 취급한 주제가 판이했다. 학문론을 위한 노력을 다각도로 구체화하고 점검할 수 있어 다행이다. 전공과 관심이 아주 다른 현장 참여자들이 많은 토론을 하고 적극적인 관심을 보여 감사한다. 세 번 다 다른 여러 사람이 상이한 내용의 논문을 발표한 것이 더 큰 토론이었다. 부기를 첨부해 행사에 대한 소감, 진행된 토론, 다른 여러 논문에 대한 소견 등을 알리고자 한다.

제1·2·3부는 전개 방식이나 내용이 다르지만 분리되지 않고 잘 어울리기를 바란다. 각기 별도로 집필해 중복되는 부분이 더러 있으나 삭제하면 그 나름대로의 일관성이 손상되므로 그대로 두기로 한다. 제2부에는 이미 발표한 글을 옮겨온 대목이 이따금 있다.

제1부는 體라면 제2부는 用이다. 제3부는 用의 用이다. 집을 한 채 지은 것을 두고 말하면, 제1부로 구조를 마련하고, 제2부에서 내장을 갖추었다. 개인적인 술회는 실내장식 정도로 이해해주기 바란다. 제3부는 가구를 몇 개 들여놓은 것이라고 할 수 있다. 잘 지은 집이라고 자랑할 수는 없으나 누구나 초대한다. 많은 손님이 찾아와 즐거운 시간을 함께 보내기를 기대한다.

가까이 있는 분들의 도움이 이번에도 큰 힘이 되었다. 박미영·천혜숙·고영근·이민희·정소연·김영숙·이경하·임재해·윤주필·김헌선·최귀묵·류준필 교수가 원고를 읽고 수정에 관한 소중한 가르침을 베풀었다. 깊이 감사드린다.

2012년 3월 1일
조동일

차 례

제 2 부

제 3 부

제 1 부

학문이란 무엇인가?

시작하는 말

울산대학교에서 2010년 4월 7일에 첫 강연을 하면서 학문을 하는 나의 생애 제3막이 시작된다고 했다. 2004년 8월에 서울대학교에서 정년퇴임을 할 때까지 37년 반 동안 교수로 일한 것이 제1막이다. 이어서 계명대학교 석좌교수로 초빙되어 제2막에 들어서고 2009년 8월까지 5년 동안 강의했다. 이제 울산대학교 'fellow professor'가 되어 제3막이 시작되었다.

'fellow professor'는 우리말로 무어라고 하는지 알지 못해 '참여교수'라고 일컫기로 한다. 학교 일에 참여한다는 뜻이다. 참여교수는 출근을 하고 월급을 받는 정규직은 아니다. 강연을 하고 강연료를 받을 따름이니 강사와 같다고 하겠으나, 재임 기간이나 강연의 횟수와 주제를 스스로 정한다. 울산대학교 참여교수 노릇을 어떻게 할 것인지 내가 판단해 학문론에 관한 연속강연을 하기로 한다.

정년퇴임 전의 교수는 수강 신청자들을 상대로 주당 9시간씩의 정규강의를 하고 성적을 평가했다. 석좌교수는 수강신청이나 성적평과와 무관한 공개강의를 주당 3시간씩 했다. 참여교수는 연속강연을 한 학기에 두 번쯤 하기로 한다. 강단에 서는 시간이 단계적으로 줄어든 만큼 늘어난 여유를 누리면서 다시 할 수 있는 일을 차분하게 하기로 한다.

바쁘게 움직이면서 많은 작업을 하면 성과가 커지는 것은 아니다. 폐업한다고 공개적으로 선언하고, 학문은 하지 않고 그림 그리기나 한다고 하면서 그런 잘못에서 벗어나고자 했다. 일 없이 지내면서 하지 않으려 하면서 하는 일이 으뜸임을 전에도 알았으나 이제야 실행한다.

교수는 한국문학을, 석좌교수는 한국학을, 참여교수는 학문학을 해서 영역을 확대하고 다루는 내용은 줄인다. 오랜 기간 동안 작업해 얻은 성과에서 요긴한 사항만 간추려 총괄적인 고찰을 하는 작업을 한 번 하고 다시 한다. 연구의 결론을 마련할 수 있을까 하고 감히 생각해본다.

원고와 강연

왜 원고를 써서 강연을 하는가? 이런 의문을 가질 수 있어 응답하기로 한다. 원고를 써야 할 말을 간추리고 다듬을 수 있고, 중간에 빗나가지 않을 수 있다. 원고를 수강하는 분들이 미리 읽을 수 있게 하면, 말을 듣고 이해하기 어려워 생기는 차질을 막고 논의가 어떻게 전개되는지 미리 알게 할 수 있다.

원고 대신 영상물을 만들어 화면에 비추면 더 좋지 않는가? 지금은 아날로그 시대가 아니고 디지털 시대인 것을 모르는가? 이런 의문을 가지는 사람이 더 많으리라고 생각되어 그냥 넘어갈 수 없다. 학문은 눈을 즐겁게 하는 자료를 담아 보여주기 어렵다. 아날로그라는 것도 생겨나지 않은 아득한 옛날부터 해온 방식대로 말과 글로 전달하는 내용을 가지고 생각하고 토론해야 학문론이 생기를 얻는다.

원고를 그대로 읽는 것은 아니다. 써놓은 것을 다시 보면 잘못이 적지 않아 고쳐 읽는다. 읽으면서 말을 보태고 논의를 진전시킨다. 나는 글을 쓰면서 많이 틀리는 편이다. 치밀하지 못한 성격 탓이기도 하고, 생각이 앞서기 때문이기도 하다. 거듭 보아도 보이지 않던 잘못을 글을 말로 옮길 때 알아차리고 고친다.

글을 써서 글로 발표하기만 하는 것은 따분한 일이어서 생각이 빈약해 질 수 있고, 잘못을 고치는 적절한 기회가 없어 두고두고 후회하는 실수를 남기기도 한다. 글을 말로 옮기는 강연, 강의, 연구발표 등을 하고 싶은 방식으로 해야 신명이 나서 원고를 쓰고 고치고 더 보태는 작업이 성과 있게 진행된다. 이제 좋은 기회를 다시 얻어 더 멀리 나아간다.

글을 말로 옮기는 작업을 하고 싶은 방식으로 하는 요체는 처음으로 지어낸 내용을 새로운 방식으로 발표하고 토론을 많이 하는 데 있다. 정규강의에서는 하기 어려웠던 실험을 공개강의에서 시도하고, 새로운 방식을 다시 구상해 진행하는 울산대학교에서 한 연속강연에서 더 많은 성과를 얻고자 한다. 강의 방식의 개발이 학문의 발전과 밀접한 관련이 있다.

정규강의의 수강신청자들은 질문을 학습을 보충하는 방법으로나 삼았다. 공개강의 참여자들은 수준이 높으나 이질성은 적어 격론이 벌어지지는 않았다. 강연을 할 때에는 배경과 관심이 상이한 청중이 모여들어 심각한 논란을 벌이는 성과가 더러 있어도 일회로 끝나는 것이 유감이다. 이제부터 하는 연속강연에서는 순서를 갖추어 준비하고 전개하는 여러 차례의 논의에 대해 다양한 관점의 토론이 계속 이루어져, 청중과의 공동연구를 일관성 있게 진행할 수 있을 것을 기대한다.

정년퇴임 전에 교수로 재직하면서 한 정규강의는 남의 것이든 내 것이든, 출간된 것이든 원고본이든 책을 교재로 했다. 석좌교수의 공개강의는 원고를 써서 홈페이지에 올리면서 진행하고, 토론을 보태고 다듬어 학기가 끝날 때마다 출판했다. 원고의 분량이 너무 많아 간추려 말해야 했다. 참여교수의 공개강의를 위해 쓰는 원고는 분량이 얼마 되지 않아 보충해서 말을 해야 하는 점이 많이 다르다.

왜 학문인가?

대학은 학문의 전당이다. 그런데 규모가 나날이 커지면서 학문과 멀어지고 있다. 학문에 힘쓰고, 학문이 무엇이며 어떻게 해야 하는가 논하는 학문론을 강의해야 대학이 해야 할 일을 제대로 한다. 이렇게 말하면 반론이 예상되므로 응답하면서 논의를 전개하기로 한다.

반론: 대학은 학문의 전당이 아니고, 취업의 전당이다. 좋은 직장을 얻으려고 대학에 다닌다. 대학은 취업률을 자랑으로 삼는다.

응답: 대학은 학문 능력을 갖추어 취업하는 인재를 길러내는 점에서 기능공 양성소나 특정 지식의 교습 학원과 다르다. 어느 분야의 기능이나 지식을 여러 학원에서 배워 많은 자격증을 따면 대학을 다닌 것보다 낫다고 할 것은 아니다. 그 모두를 총괄·검토·개발하는 대학에서 상위의 능력을 얻을 수 있다.

반론: 대학이 학문의 전당이라는 것은 들어보지 못한 말이다. 대학 입시 준비는 단순한 학습의 반복이다. 객관식 택일의 문제는 생각을 복잡하게 하지 않아야 정답을 맞출 수 있다. 대학이 학문의 전당이라고 생각하지 않고 학문하는 능력이 평가되어 대학에 입학한 것도 아닌데, 말이 달라지면 곤란하다.

응답: 대학이 정상화되어야 하는 것은 물론이며, 고등학교까지의 교육이 달라지고 입시가 바뀌어야 한다. 장차 좋아진다고 해도 혜택을 받으려고 기다리고 있을 수는 없다. 피해자로 머무르지 말고 자기 구제를 해야 한다. 어떻게 생각하고 입학했더라도 필요한 능력을 힘써 길러 대학이 학문의 전당이 되도록 하는 데 기여하고, 학문의 전당을 졸업했다고 자부할 수 있어야 대학을 다닌 보람이 커진다.

반론: 학문을 하는 대학은 소수이어야 하고, 다수의 대학은 실리를 추구해야 하지 않은가? 특정 학과에서나 학문을 하고, 다른 모든 학과에서는 응용에 힘쓰는 것이 마땅하지 않은가?

응답: 학문을 하지 않으면 대학이 아니다. 학문을 하지 않는 학과는 학과가 아니다. 순수학문뿐만 아니라 응용학문도 학문이

어야 한다. 소수 대학이나 특정 학과에서만 학문을 하면, 많은 대학, 다른 여러 학과가 부실해질 뿐만 아니라 학문의 발전이 편벽되고 정체된다. 대학이든 학과든 개인이든 뒤떨어졌다고 하는 평가를 분발의 동력으로 삼아 학문혁명을 위해 적극적으로 나서는 것이 마땅하다.

반론: 학문은 대학원에 진학해 석사나 박사가 되는 전문 학자나 할 일이 아닌가? 학사 졸업생은 학문과 거리가 멀지 않는가?

응답: 학사든 석사든 박사든 대학 졸업생인 점에서 다르지 않다. 대학은 4년제이기도 하고, 6년제이기도 하고, 9년제이기도 하다. 대학 졸업자는 몇 년 과정을 마치고 어느 분야에서 일하든지 연구하고 개발해 새로운 가치를 창조할 수 있어야 한다. 대학을 너무 오래 다녀 기존 학설에 깊이 물들기 전의 신선한 사고와 경험으로, 무어라고 표방하지 않는 진정한 창조를 하는 학문의 길에 들어서기 바란다.

반론: 대학 졸업생이 너무 많다. 누구나 대학을 졸업하고 학문을 하면 나라가 되겠는가? 일은 누가 하는가? 누가 농사를 짓고, 물건을 만들고, 장사를 하는가?

응답: 일하는 이치와 방법을 찾는 것이 학문의 책무이다. 농사를 짓고, 물건을 만들고, 장사를 하는 일이 모두 학문하는 능력으로 해야 바람직하게 이루어진다. 지금은 나라의 경계를 넘어서서 세계인이 함께 살아가는 시대가 되었다. 국가 경쟁력을 키워야 한다는 것만 아니다. 세계 전체로 보면 능력을 제대로 갖춘 대학 졸업생이 너무 적다. 학문하는 능력이 뛰어나 인류를 위해 널리 기여하는 인재를 우리나라 대학에서 더 많이 배출해야 한다.

반론: 대학의 모든 강의나 연구에서 학문을 한다면 학문론이 왜 따로 필요한가? 자기 학문이나 잘 하면 되는데 남들이 하는 일에 공연히 간섭해 말썽이나 일으키지 않는가?

응답: 누구나 하는 학문이 무엇인지 알아차리고 더 잘 하기 위해, 자기 경험에서 일차적인 논거를 찾고 다른 경우와 견주어 살피면서 일반론으로 나아가는 작업을 학문론에서 한다. 학문론을 특정 학과로 미루지 말고 공통과목으로 삼아야 대학의 수준이 향상된다. 대학원에서 다시 학문론을 공동의 관심사로 삼아 한층 깊이 있는 탐구를 해야 학자가 되는 훈련을 제대로 할 수 있다.

학문론은 다양해야 하고 항상 새로워야 한다. 나는 책을 여럿 써서 학문론을 다양하게 전개하고 다시 여기서 논의의 집약과 진전을 보인다. 이해가 모자라는 분야에서 제기하는 토론에 더욱이 많은 기대를 걸고 보완과 수정을 위한 지침으로 삼고자 한다.

학문이라는 말

과학은 유럽문명권에서 'science'라고 하는 말의 번역어이지만, 학문은 조상 전래의 동아시아 용어이다. 학문에 해당하는 말이 영어 단어에는 없다. 학문을 'science'라고 하면 의미가 축소된다. 'learning', 'research', 'scholarship' 등도 있으나 막연하거나 유동적이어서 학문을 대신할 수 없다.

독일어의 'Wissenschaft'는 'science'보다 넓은 뜻이어서 지칭하는 범위에서 학문과 대등한 것 같다. 그러나 학문은 學과 問으로 이루어져 있는데, 'wissen'의 명사형인 'Wissenschaft'는 學만이고 問은 없다. 'wissen und fragen'을 함께 지칭하는 말은 없다. 'Wissen-fragenschaft'라고 하면 되겠으나 통용될지 의문이다.

학문의 세 분야를 자연과학·사회과학·인문학이라고 하는 것이 예사인데, 'natural science', 'social sciences', 'humanities'의 번역어이다. 이런 말을 사용하면 두 가지 차질이 생긴다. 번역된 말의 정확한 뜻을 파악하려면 원어로 되돌아가야 하므로 수입학에 머무르지 않을 수 없고 창조학으로 나아가기 어렵다. 'science'가 세 학문에서 대등하게 쓰이지 않은 불균형이 있어 학문 차별을 하게 된다.

'science'가 자연과학에서는 단수형이고, 사회과학에서는 복수형이고, 인문학에는 없다. 자연과학이라야 제대로 된 과학이고, 사회과학의 여러 갈래는 자연과학을 각기 본뜨고 있어 그 다음 등급을 차지하지만, 인문학은 과학일 수 없다고 한다. '인문과학'이라는 말을 만들어 사용하기도 하지만, 인문과학이 과학인가 하는 논란에 부딪히고, 'human (cultural) science'라는 역번역이 가능하지 않다.

자연과학·사회과학·인문학 대신 자연학문·사회학문·인문학문이라는 말을 사용하자. 이런 용어는 독일어에도 있어 'Naturwissenschaft', 'Sozialwissenschaft', 'Kulturwissenschaft'(또는 'Geisteswissenschaft')라고 한다. 양쪽 다 세 학문이 공통점을 갖추고 대등한 위치임을 분명하게 하는 의의가 있지만, 자연학문·사회학문·인문학문이 한층 포괄적인 의미를 지녀 보편적인 학문론을 풍부한 내용을 갖추어 이룩하는 데 유리하다.

자연학문·사회학문·인문학문에 있는 자연·사회·인문이라는 말은 번역어여서 앞뒤가 맞지 않는다고 할 것은 아니다. 옛 사람은 天·地·人이 모든 사물의 세 가지 근본이라고 하고, 구체화된 모습을 天文·地文·人文이라고 했다. 이 말을 그대로 이어받아 천문학문·지문학문·인문학문이라고 하는 것이 마땅하지만, 천문학은 자연학문의 한 분야이고, 지문이라는 말은 없어졌으며, 인문만 그대로 이어진다. 자연과 사회를 인문과 함께 사용해, 세 학문을 자연학문·사회학문·인문학문이라고 하는 것이 고금을 연결시키는 최상의 방안이다.

과학의 발전이 더욱 기대되는 시대에 학문을 들추어내서 무슨 소용이 있는가 하고 반문할 것은 아니다. 부분을 넘어서서 전체를 보아야 한다. 자연학문을 왜 하며, 어떻게 해야 하는지 밝히려면 학문 일반의 문제에 부딪히고, 인문학문의 사고를 하면서 사회학문의 문제까지 고찰하지 않을 수 없다. 학문의 세 분야는 경쟁해서 이기려고 하지 말고 협력하는 관계를 가져야 다 잘 된다. 과학 상위의 학문을 공통의 관심사로 삼아야 교육도 정상화된다.

學과 問의 관계

학문론은 學과 問의 관계를 핵심 과제로 삼는다. 이에 관해 세 단계의 논의를 전개할 수 있다. (1) 學은 學習이고 問은 質問이다. (2) 學은 學究 즉 탐구이고 問은 問答 즉 토론이다. (3) 學은 이론이고 問은 실천이다.

(1)에서는 學과 問을 글자 그대로 이해해, 스승에게서 학문을 전수받는 제자가 할 일을 말한다. 스승을 충실하게 따르면서 학습을 온전하게 하려면 질문을 해야 한다. 질문을 할 수 있어야 학

습이 일단 이루어졌다고 할 수 있다. 질문의 수준이 학습의 수준이다. 질문은 자기 스스로 해야 하므로 다음 단계인 學究 즉 탐구의 學으로 나아간다. 스승이 감당하지 못하는 질문의 해답은 질문자가 맡아서 찾아야 한다. 누구도 해결하지 못한 문제를 발견하는 데서 새로운 탐구가 시작된다.

(2)에서는 學과 問에 대한 이해의 단계를 높여, 스스로 탐구하면서 할 일을 말한다. 탐구해서 얻은 바가 있으면 토론을 통해 검증하고 수정하고 발전시켜야 한다. 탐구에 그치면 자아도취에 빠져 타당성을 얻지 못할 수 있다. 토론을 거쳐야 탐구한 바가 타당한지 부당한지 판정할 수 있다. 타당하다고 판정되어도 미비점을 보완하고 더욱 발전된 연구를 하는 것이 마땅하다. 부당하다고 판정되면 타당한 연구를 할 수 있는 교훈을 얻는다.

발표와 토론은 소규모의 비공식 모임에서도 강연에서도 강의에서도 학회에서도 할 수 있다. 어느 경우에든 토론은 다수의 참여로 이루어지는 공동연구이다. 토론에서 연구가 어떻게 받아들여지고 활용되는가를 알려주어, 다음 단계인 이론과 실천의 관계로 나아갈 수 있다. 토론에서 제기되는 실천의 과제가 연구를 확대하고 발전시킨다.

(3)에서는 學과 問을 행위자들의 상호작용으로 이해해, 이론과 실천의 관계를 말한다. 學은 특정인이 맡아서 하더라도, 問은 누구나 참여할 수 있는 공동의 작업이다. 각기 연구해 얻은 이론이 널리 받아들여져 의미를 가지고 활용되면서 기존의 현실을 개조하는 실천적인 의의를 가지도록 하는 것이 마땅하다. 불특정 다수가 제기하는 질문을 시대의 요구로 받아들여 해답을 찾는 것이

연구의 과제이다. 잠재되어 있는 질문을 민감하게 파악해 예상을 뛰어넘는 해답을 제시하는 것은 뛰어난 업적이다.

해답이 질문을, 질문이 해답을 유발한다. 이론이 실천을, 실천이 이론을 만들어낸다. 학문은 해답이 되는 이론을 제공하는 쪽이 홀로 하지 않고, 질문을 하고 실천에 관여하는 참여자들도 함께 하는, 커다란 규모의 사회적 행위이다. 참여자들에게 끼치는 작용이 클수록, 참여자들의 요구가 적극적일수록 학문의 수준이 향상되고 효용이 확대된다.

이와 같은 이치에 입각해 학문과 교육의 바람직한 관계를 해명할 수 있다. 학문이 교육을 이끌고, 교육이 또한 학문을 이끄는 것이 마땅하다. 이 둘 가운데 학문이 교육을 이끄는 것이 선결 과제이며, 오늘날 당면하고 있는 교육의 위기 해결에 직접적인 효력이 있는 처방이다.

학문에서 제공하는 창조 역량이 커져야 교육이 정상화된다. 학문과 직결된 공교육이 학문과 소원한 사교육을 압도하게 된다. 학문정책은 버려놓고 교육개혁을 하겠다는 것은 잘못이다. 대학이 학문의 전당에서 멀어지도록 만들면서 교육을 선진화하겠다는 것은 어리석다.

울산대학교 토론

2010년 4월 7일의 첫 강연을 3백 명을 수용할 수 있는 중강당에서 할 때 자리가 모자라 서서 듣는 학생들도 있었다. 여러 단과대학 많은 학과의 학생들이 모여들어 성황을 이룬 것이 기대한 바와 같았다. 내가 50분 동안 말하고, 이어서 40분에 걸쳐 토론을 할 때 발언 신청자가 한꺼번에 여럿 나와 순서를 조절해야 했다. 토론에서 얻은 성과 가운데 특히 중요한 것들을 정리하기로 한다.

대학이 학문의 전당이 되지 못하게 하는 것은 무엇 때문인가? 이 질문을 받고 논의가 미비한 것을 알아차려 바로 보충해야 했다. 전공의 지나친 분화로 보편적인 논의를 잃고, 응용학문이 너무 득세해 학문을 수익의 수단으로 삼으며, 수입학이 창조학을 밀어내는 것이 그 이유이다. 어느 전공이든지 학문이라는 공통점을 존중하고, 응용학문도 학문으로 해야 수준 높게 이룩된다는 사실을 분명하게 하며, 수입학을 넘어서 창조학을 하는 데 힘써야 대학이 학문의 전당일 수 있다.

요즈음은 교수들이 반드시 연구해 논문을 내도록 제도화해 학문을 중요시하는 것 같지만 사실은 그렇지 않다. 요구가 지나쳐 가짜이거나 함량 미달이라고 하지 않을 수 없는 논문을 양산하게 한다. 논문은 양보다 질이 소중하다고 하면 해결될 문제가 아니다. 논문을 써야 하는 의무가 없도록 하는 특단의 조처가 필요하다. 논문을 쓰지 않아도 된다고 하면, 여유를 가지고 심사숙고를 하면서 스스로 노력해 강의를 더욱 충실하게 하고 길이 남을 좋은 업적을 이룩할 수 있다. 대학에서 허용하고 교수 스스로 힘써, 내용이나 방법에서 창의적인 강의를 개발해 學과 問을 함께 혁신하면 좋은 결과를 얻는다.

학문은 머리로 하는가, 아니면 가슴으로 하는가? 이 질문을 받고 소스라쳐 놀랐다. 미처 생각하지 못한 중요한 논점을 발견하고, 즉석에서 생각해 이렇게 대답했다. 과학은 머리로 하고, 학문은 머리와 가슴이 호응해서 한다. 學에서는 머리가, 問에서는 가슴이 더욱 긴요하지만, 둘 다 어느 한쪽에 치우칠 수 없다. 學에서는 머리에 가슴을, 問에서는 가슴에 머리를 보태, 머리가 가슴이고 가슴이 머리여야 학문이 제대로 이루어진다.

공과대학 학생이 물었다. 2·30년 뒤의 미래를 예견하고 그 때 소용될 공부를 미리 해야 하겠는데, 어떻게 하면 예견이 가능한가? 이에 대해 대답했다. 예견한 내용보다 예견하는 능력이 더욱 소중하다. 예견한 내용은 들어서 알 수 있지만, 예견하는 능력은 스스로 길러야 한다. 예견한 내용은 틀려 허망하게 될 수 있지만, 예견하는 능력은 상황이 달라지면 효력이 커진다. 예견하는 능력은 창조하는 능력과 표리를 이루고, 학문에서 제공한다. 전공 지식 습득에 안주하지 말고 예견하고 창조하는 능력을 길러주는 학문 훈련에 적극 동참해야 하고, 인문학문에서 제공하는 기회를 활용하는 것이 유리하다. 공학만 하고 있다가는 세상이 달라지면 쓰이지 않는 일회용이 되고 말 수 있다.

인문학문이 학문 훈련을 한다고 했는데, 시나 소설을 다루는 것이 무슨 도움이 되는가 하고 국문학도가 물었다. 문학작품은 가까이 있고 이해하기 쉬운 창조물이어서 창조가 무엇인지 경험하고 해명하는 데 적극 기여한다. 문학작품을 두고 각자 하는 말은 학문으로 나아가는 창조의 시발로 소중한 의의가 있다. 다른 학문에서도 창조 훈련을 하지만 정도의 차이가 있다. 수학의 경우를 들어 말해보자. 수학 창조는 높은 경지에 이른 극소수의 전문학자나 하고 그 내역을 다른 사람들은 알지 못한다. 문학작품을 지어내고 말하는 양면의 창조는 초등학생도 할 수 있어, 누구나 창조의 능력을 가지고 창조의 주체가 될 수 있다는 것을 입증한다. 창조의 신비화를 타파하고 능력 개발의 필요성을 일깨운다. 수학 전공자라도 높이 올라가기 전까지는 문학에서 창조를 경험하고 훈련하는 것이 유익하다.

문학 공부는 미감을 기르기 위해 필요하다. 문학 작품은 언어미화를 가치로 삼는다. 이렇게 말하고 말면 많이 모자란다. 문학은 창조의 경험과 점검으로서 특별한 의의를 가져 학문 훈련을 위해 널리 기여한다. 이 과정에 자격을 묻지 않고 누구나, 단계를 밟지 않고 일찍부터 동참할 수 있다. 문학을 공부하지 않는 대학은 학문의 전당일 수 없다. 학문론 강의와 문학 강의는 표리 관계를 가지고 서로 도와야 한다. 문학 강의를 학문론과는 무관하게 하다가 불신을 자아내 퇴출되는 것은 자살이면서 타살이다.

한국에서 하는 영문학도 학문일 수 있는가? 학문이 되도록 하려면 어떻게 해야 하는가? 영문학과 학생은 이렇게 물었다. 문학 공부의 영역을 외국문학으로까지 확대하는 것은 반드시 필요하다. 밑면을 넓혀 꼭짓점을 더 올리는 방식으로 탐구를 키워 한국문학을 일차적인 논거로 삼아 이룩한 일반이론을 어느 외국문학에 적용해 검증하면 그 나라에서는 하지 못하는 새로운 연구를 할 수 있다. 이런 성과를 축적해 일반이론을 더욱 발전시키는 것이 마땅하다.

제주대학교 토론

제주도의 생태관광에 종사하는 대학원생이 문제를 제기했다. "일하는 이치와 방법을 찾는 것이 학문의 책무이다"라고 했는데, 제주도의 생태관광을 잘 할 수 있게 하기 위해 학문론이 무엇을 할 수 있는가? 관광학이나 생태관광학에서 하고 있는 각론을 듣고 싶어 하는 것이 아니고 그 근거가 되는 원론을 말해달라는 요구였다.

이에 대해 학문은 學과 問으로 이루어진 탐구이며 토론이라고 한 말을 들어 대답했다. 제주도의 자연이나 문화로 이루어진 관광 대상에 참여하고, 참여자들이 토론하는 것이 바람직하다. 관광 종사자는 참여와 토론을 이끄는 능력과 열의를 가져야 한다. 참여와 토론의 새로운 체험에서 자아 혁신의 즐거움을 누리는 것이 최상의 성과이다. 이것저것 보면서 많이 돌아다니는 것을 능사로 삼지 말고 일정한 주제에 대한 집중탐구를 해야 얻는 것이 더 커진다.

다음 토론자는 네 가지 질문을 했다. (1) 대학은 학문의 전당이라고 했는데, 대학 밖에서는 학문을 하지 못하는가? (2) 학문에서 추구하는 바는 거짓이 없으며, 올바른 것은 하나인가 동시에 둘 이상일 수 있는가? (3) 학문에 머리와 가슴만 필요한가, 의지가 더욱 소중하지 않는가? (4) 학문을 하려고 하니 고통이 많은데 언제 즐거운가?

대답한 말을 간추려 적는다. (1) 대학 밖에서도 학문을 할 수 있지만, 대학을 이용해서 하는 것이 유리하다. 대학을 잘 이용해야 학문을 잘 할 수 있다. (2) 학문에서 추구하는 진실은 동시에 둘 이상일 수 있어, 그것들의 관계를 밝히고 비교평가하기 위해 애쓴다. (3) 머리가 가슴이고, 가슴이 머리이게 하면서 학문을 해야 한다. (4) 괴로움과 즐거움은 별개가 아니다. 괴로움이 즐거움이고, 괴로움을 겪어야 즐거움이 더 커진다.

대학을 이용해서 학문을 한다는 것을 납득하기 어렵다고 여러 사람이 말해 논의를 더 하면서 내 경험을 말했다. 서울대학교 시절 자연과학대학 젊은 교수들이 모임을 만들어 학문을 어떻게 해야 하는가에 관해 내 말을 듣고, 질문 시간에 물었다. "서울대학교를 집으로 여겼는가, 여관으로 여겼는가?" 참으로 의미심장한 질문이라고 탄복하고 오래 생각해둔 대답을 했다. 재직하는 대학을 집으로 생각하면 집을 잘 고치고 학문을 해야 하니, 학문은 다음 생으로 미루어야 한다. 집이 아닌 여관에 거처한다고 여겼으므로 비바람을 피하는 것을 다행으로 여기고 학문에 몰두할 수 있었다.

정년퇴임 이후에는 그 전에는 허용되지 않던 재량권을 가지고 계명대학교, 울산대학교, 제주대학교, 그리고 중국의 북경외국어대학, 연변대학에서 하고 싶은 실험을 한다. 앞으로 나가려면 토론의 힘이 더 필요하므로 사방 돌아다니면서 기회를 만들어 이용한다. 제주대학교에서 행정학·정치학교수와 마주 앉아 학문에 관한 토론을 계속해서 하니 대학을 잘 이용하는 것이 아닌가?

인문학문은 휴머니즘을 소중하게 여겨야 하지 않는가? 행정학 교수가 이렇게 물어, 그렇지 않다고 하면서 이유를 밝혔다. 휴머니즘은 뜻하는 바를 다 살릴 우리말이 없어 원어에 매달려야 하는 점이 못마땅하다. 인간중심주의여서 소중하다는 주장에 동의할 수 없다. 사람은 지구의 주인이어서 다른 동물을 마음대로 할 수 있고, 다른 동물보다 도덕적으로 우월하다는 거짓말에 말려들지 말아야 한다. 사람뿐만 아니라 모든 생명체가 각기 삶을 누리는 것이 善이라고 하면서 人物均을 말한 홍대용의 지론을 계승해야 한다. 휴머니즘은 사람 사랑이어서 값지다고 하는 데 찬동하지 말고, 겸허한 자세를 가지고 모든 생명체, 모든 자연물을 널리 사랑하면서 함께 존재하는 것이 바람직하다. 휴머니즘은 교양주의이기도 하다고 하는데, 교양이란 잡동사니 박식을 아름다운 말로 일컬은 것에 지나지 않는다. 인문학문은 교양을 제공한다고 하는 실속 없는 칭송에 안주해 이치를 바르게 따지는 임무를 포기하지 말아야 한다.

행정학 교수가 다시 말했다. 학문은 축적이 아닌가? 나는 미리 공부를 해오지 않는 학생은 가르치지 않는다. 이미 한 탐구에다 더 보태 교육이 이루어지고 학문이 발전한다고 생각한다. 이에 대해 대답했다. 학문은 축적이면서 비약이다. 비약을 위해서는 쌓아올리기만 하지 않고 뒤집어엎기를 해야 한다. 불교의 용어를 사용하면 학문은 漸修이면서 頓悟이다. 이 둘 가운데 지금 전개하는 학문론은 비약이나 돈오를 더욱 중요시한다. 개별 분야에서 각기 펴는 논의에서는 점수만 말하므로, 나는 여기서 어디든지 유효한 돈오의 길을 찾아 제시하고자 한다.

학문은 어떻게 펼쳐지는가?

자연학문 · 사회학문 · 인문학문

학문은 자연학문 · 사회학문 · 인문학문으로 구분된다. 이 셋은 어떻게 다르고 어떤 관계를 가지는가? 자연 · 사회 · 인문을 연구한다고 하면 해답이 이루어진 것 같지만, 동어반복을 한 데 지나지 않는다. 자연 · 사회 · 인문이 무엇인지 밝히는 더욱 어려운 과제가 제기된다.

학문의 양면 學과 問의 관계에 더 나은 해답이 있다. 자연학문은 學을 엄밀하게 하기 위해 問의 범위를 축소하고, 인문학문은 問을 개방하기 위해 學이 유동적인 것을 허용한다. 사회학문은 그 중간이어서 學의 엄밀성과 問의 개방성을 적절한 수준에서 함께 갖추려고 한다.

이러한 차이는 언어 사용과 직결된다. 자연학문은 수리언어를, 인문학문은 일상언어를 사용하고, 사회학문은 두 가지 언어를 겸용하는 것이 원칙이다. 연구의 대상과 주체라는 말을 사용하면, 또 하나의 구분이 밝혀진다. 자연학문은 주체와 대상을 분리해 대상만 연구하고, 인문학문은 대상에 주체가 참여해 연구한다. 이 경우에도 사회학문은 양자 중간의 성격을 지닌다.

대상에 주체가 참여하는 것은 연구의 객관성과 엄밀성을 해치는 처사이므로 비난 받아 마땅하다고 할 수 있다. 그러나 대상과 주체의 관계 또는 주체 자체에 심각한 의문이 있어 연구하지 않을 수 없다. 주체에 관해 계속 심각한 問이 제기되는데 學을 하지 않는 것은 학문의 도리가 아니다. 각자 좋은 대로 생각하도록 내버려두지 말고 공동의 관심사에 대해 납득할 수 있는 대답을 논리를 제대로 갖추어 제시해야 하는 의무가 학문에 있다.

역사 전개, 문화 창조, 가치 판단 등의 공동관심사가 긴요한 연구 과제이다. 문제가 너무 커서 학문은 감당하지 못한다고 여겨 물러난다면 시야가 흐려지고 혼란이 생긴다. 역사 전개는 정치지도자나 예견하고, 문화 창조는 소수의 특별한 전문가가 맡아서 하면 되고, 가치 판단은 각자의 취향을 따르면 된다고 하면 어떻게 되겠는가? 이런 수준의 우매한 사회에서는 무책임한 언론, 말장난을 일삼는 비평, 사이비 종교 같은 것들이 행세해 인심을 현혹한다.

앞에서 든 것들이 모두 주체의 자각과 관련되므로, 혼란을 제거하고 필요하고 타당한 논의를 전개하기 위해 인문학문이 먼저 분발해야 한다. 역사철학, 문화이론, 가치관 등의 연구에서 인문학문이 역량을 발휘할 수 있어야 한다. 인문학문은 홀로 위대하다고 자부하지 말고, 가까이는 사회학문, 멀리는 자연학문과 제휴

해야 할 일을 제대로 한다. 연구 분야가 지나치게 분화되어 배타적인 관계를 가지는 폐단을 시정하고, 학문이라는 공통점을 근거로 세 학문이 제휴하고 협력하고 통합되도록 하는 데 인문학문이 앞서야 한다.

학문 통합은 자연학문이 앞서서 추진할 수도 있지만, 인문학문은 두 가지 유리한 점이 있다. 자연학문의 수리언어는 전공분야를 넘어서면 이해되지 않고, 인문학문의 일상언어는 소통의 범위가 넓다. 인문학문은 연구하는 주체의 자각을 문제 삼고, 연구 행위에 대한 성찰을 연구 과제로 삼고 있어 사회학문이나 자연학문에 관한 고찰까지 포함해 학문 일반론을 이룩할 수 있다.

수입학 · 자립학 · 시비학 · 창조학

인문학문을 남들이 이미 연구해놓은 성과를 가져와 수입학으로 하면 사명 수행에 차질이 생긴다. 주체의 자각을 스스로 하지 못하고 의존에 머무르게 된다. 일반이론을 새롭게 마련하는 논거를 가까운 데서 찾아 치열하게 따지는 과정을 거치지 않고 멀리 바라보기만 하다가 생각이 공허해지는 것을 경계해야 한다. 학문마저 주체성을 상실해 수입학이 성행하는 것을 알면 더욱 철저한 반성을 해야 한다.

수입학을 버리고 자립학을 하면 어려움이 해결되는 것은 아니다. 우리 것을 그 자체로 소중하게 여기고 독자적으로 연구해야 한다고 하는 국학 또는 한국학의 다른 이름이 자립학이다. 국학은 훌륭하고 자립은 바람직하다는 주장은 인문학문 예찬론 못지 않게 공허하다. 자료와 사실을 찾아 정리하는 성과는 인정해야 마땅하지만, 학문의 특수성을 추구하는 데 그치는 한계를 직시해야 한다. 보편적인 문제를 해결하는 일반이론은 스스로 이룩하지 못해 외면하는 것을 방어책으로 삼고, 그렇지 못한 경우에는 앞에서는 거부한 수입학에 뒷문을 열어주어 스스로 체면을 손상하고 수준을 낮춘다.

학문 수입은 하지 말아야 할 것이 아니고 철저한 선별과 검증을 거쳐야 한다. 이렇게 주장하면서 남의 물건 가져와 자랑하기인 수입학과 거리를 두고 남의 물건 가져와 나무라기를 일삼는 시비학이 있다. 이런 작업을 일반화해 학문의 본질을 시비로 여기도록 하기도 한다. 시비는 정신 차리고 살기 위해 반드시 필요하다. 그 나름대로 철저한 논리를 갖추니 평가받아 마땅하며, 험한 세상에서 사기당하지 않고 살아가는 지혜를 가르쳐 도움이 된다. 그러나 세상을 비판하는 것처럼 자기는 비판하지 않아 시비학은 허점을 보이는 것이 예사이다. 외국에서 이미 하고 있는 시비를 가져오기나 하고, 국내의 연구는 가볍게 다루면서 심하게 나무라기나 하면서 수입학으로 되돌아간다.

수입학·자립학·시비학이 모두 마땅하지 않다면 무엇을 해야 하는가? 보편적인 문제에 대한 일반이론을 스스로 만들어내는 창조학을 해야 한다. 스스로 만들어내기만 하면 창조가 되는 것은 아니다. 얻은 성과가 세계적인 경쟁력을 가지고 학문을 새롭게 하는 데 기여해야 창조학으로 평가된다. 창조학은 비약이지만, 위에서 든 세 학문과 무관하게 이루어지지는 않는다. 자립학에서 다루는 자료를 논거로 해서 이론을 만들고 적용 대상을 확대하면서, 수입학에서 알려주는 여러 기존의 이론과 시비학의 방법으로 토론해서 타당성을 입증하는 것이 필수적인 과정이다.

수입학·자립학·시비학·창조학, 이 네 가지 학풍에 관한 논란이 인문학문에서 두드러지게 나타나는데, 그럴 만한 이유가 있다. 누구의 어느 이론을 수입하는 것을 연구라고 하고, 자립학을 하는 국학의 여러 분야가 공인되어 기득권을 가지고, 시비학을 하는 논리와 표현이 다채로운 것들이 인문학문이 별난 점이다. 그래서 내적 위기가 심각하게 조성된 데 대한 치열한 반론으로 창조학을 적극 추구한다.

사회학문은 위기를 내색하지 않고 고민을 감춘다. 수입학을 드러내놓고 하거나, 자립학의 영역을 따로 잡거나, 시비학을 한다고 자부하지도 않는다. 셋을 적당하게 섞어 폐단이 적은 듯하지만, 치열한 논란이 없기 때문에 창조학을 위한 요구와 노력이 적극적이지 않다. 간략한 논설, 한두 시간의 강연에서는 창조학의 필요성을 더러 말하다가 장래의 과제라고 하면서 접어두고, 본론에 들어가면 늘 해온 수입학의 방식대로 연구하고 강의한다.

자연학문은 나아갈 길이 분명한 것 같다. 자립학이나 시비학을 한다면서 옆길로 빠지지 않는다. 선진국에서 하는 방식대로 연구해 널리 통용되는 언어로 논문을 발표하니 수입학이 바로 창조학이어서 문제가 없을 듯하다. 그러나 주어진 방식과 사고를 따르는 연구를, 틈새를 살피면서 소규모로 하는 데 그친다. 큰 틀을 바꾸고 이론의 근본을 혁신하는 작업은 소관 밖에 둔다. 자연학문과 다른 두 학문의 근접이나 통합을 다른 나라에서는 시도한다는 소식이나 전하고 스스로 하려고 하지는 않는다.

사회학문에서는 사회과학방법론이라는 것을 소개해 독자 영역의 강령으로 삼는다. 자연학문에 대한 논의인 과학철학은 인문학문의 한 분야인 철학이 인기 회복을 위해 잘 나가는 쪽에 봉사하는 일거리의 수입품이다. 둘 다 한정된 분야를 옹호하고 학문 전반으로 논의를 확대하지 않으며, 기존의 논의를 받아들여 따르기만 하면 된다고 한다. 여기서 전개하는 학문론은 우리 인문학문에서 선도하는 보편적인 창조학의 본보기이면서 지침이다. 학문 전반의 문제를 새로운 방식으로 고찰해 근본을 바로잡고 방향을 재정립하고자 하는 혁신적인 시도이다.

중세까지, 근대, 다음 시대의 학문

중세까지의 학문은 어디서나 인문학문이 중심을 이루는 통합학문이었다. 근대에 이르러서 자연학문이 독립되고 사회학문이 그 뒤를 따르면서 학문이 분화되고 전문화되었다. 이런 변화가 자연학문을 발전시키고 사회학문이 자리 잡게 하는 데 결정적인 기여를 했다. 몰락한 종갓집 인문학문 또한 방법론을 갖추고 논리를 가다듬는 자기반성을 하도록 했다.

그런데 분화나 전문화가 자연학문·사회학문·인문학문 내부에서도 계속 진행되면서 역기능이 커졌다. 세분된 분야마다 연구의 대상과 방법에 대한 그 나름대로의 주장을 확립하려고 경쟁한 탓에 소통이 막히고 총괄적인 인식이 흐려진다. 천하의 대세는 합쳐지면 나누어지고 나누어지면 합쳐진다는 원리에 따라, 나누어진 것은 합쳐져야 하는 것이 지금의 방향이다.

인문학문은 지금 어려움을 겪고 있다. 자연학문이나 사회학문이 수익 창출을 효용으로 삼는 방향으로 나아가는데 인문학문은 동참하지 못해 무용하다고 취급된다. 이것이 이른바 인문학문의 위기이다. 그렇지만 위기가 분발의 기회이다. 학문론 정립의 역군이 되어, 학문 전반을 반성하고 재정립하는 과업을 주동하면서 커다란 효용을 입증하고자 한다.

학문의 효용은 수익만이 아니며, 각성이 더욱 소중하다. 자연학문이나 사회학문도 각성을 위해 노력하다가 순수학문의 범위 안에 머무르지 않고 수익을 위한 응용학문도 함께 하게 되었으며, 그쪽으로 더욱 기울어지고 있다. 인문학문은 수익을 가져오는 응용학문의 영역이 적어 경쟁력이 없다고 하지만, 각성을 담당하는 것이 더욱 높이 평가해야 할 경쟁력이다.

인문학문을 일방적으로 옹호하는 것은 공연한 짓이다. 각성을 담당하는 기능을 실제로 수행해야 존재 이유가 입증된다. 각성은 지속적인 가치를 찾아내고 체현해야 하는 작업이며 비장한 각오로 거듭 노력해야 가능하다. 이제부터는 인문학문이 자구책을 넘어서서 커다란 사명을 수행하는 방향으로 나아가야 한다. 사회학문을 끌어들이고, 자연학문으로까지 나아가 학문 전반을 혁신하는 노력을 한다. 근대 학문을 극복하고 다음 시대 학문을 이룩하기 위한 획기적인 과업임을 자각해야 한다.

근대학문은 자연학문·사회학문·인문학문의 여러 분야를 엄격하게 나누고, 자연과학이라고 일컫는 자연학문이 으뜸이게 했다. 근대를 극복하는 다음 시대의 학문은 모든 학문이 대등한 자격을 가지고 근접되고 통합되는 방향으로 나아가야 한다. 근대에 피해자가 된 인문학문이 근대 이전부터 축적한 역량으로 전환을 선도하는 것이 당연하다.

동아시아는 근대 이전 인문학문이 대단한 경지에 이르렀다가 유럽문명권이 근대학문의 발전을 선도하자 뒤떨어졌다. 선진이 후진이 된 변화이다. 근대 극복이 요청되면서 학문에서도 선수 교체를 해야 하므로 동아시아가 역량을 자각하고 사명감을 가져야 한다. 후진이 선진이 되도록 만들어야 한다.

한국은 중세 이전 학문을 중국에서 받아들여 민족문화의 전통과 융합하고, 근본이 되는 이치를 특히 중요시해 치열한 논란을 하면서 재정립해온 경험이 있다. 근대학문은 일본을 통해 학습하다가 유럽문명권과 직접적인 관계를 가지고 수준 향상을 이룩했다. 오래 축적된 역량을 살려 비약을 이룩하는 것이 이제부터의 과제이다. 후진이 선진이게 해서, 근대를 극복하는 다음 시대 학문을 이룩하는 데 앞서는 것이 마땅하다. 제도와 관습을 개혁해야 달성할 수 있는 희망이라고 미루어두지 말고, 탁월한 통찰력과 획기적인 노력으로 학문 혁명을 성취하자.

울산대학교 토론

2010년 10월 5일에 있었던 둘째 강연에서도 열띤 토론이 있었다. 개요를 정리하면서 미진했던 대답을 보완하기로 한다. 질문을 제대로 알아듣지 못해 논의가 빗나갔다고 전자우편을 이용한 항변도 있어 받아들이기로 한다.

인문학문 전공자는 자연학문 강의를 알아듣지 못하고, 자연학문 전공자는 인문학문 강의를 알아듣는 이유가 무엇인가 하는 의문이 제기되었다. 자연학문은 수리언어를, 인문학문은 일상언어를 사용하므로, 學에 참여하는 問의 범위가 다르다고 이미 말했다. 알아듣는 것과 問에 참여하는 것은 정도의 차이가 있다. 알아듣는 데 그치지 않고 토론하고 검증하기까지 해야 問에 제대로 참여한다. 이 강의에 관한 토론이 제대로 전개되면 자연학문 최우수 논문에 못지않은 창조적이고 혁신적인 성과를 얻을 수 있다.

나누는 것과 합치는 것은 둘 다 필요한데, 학문이 나누는 것을 나무라고 합치는 것이 마땅하다는 말은 편파적이지 않는가 물었다. 학문은 나누어야 엄밀하고 정확하게 할 수 있다. 내 자신도 이런 특성을 가진 각론을 많이 전개하고 그 성과를 확장해 큰 문제를 논의하게 되었다. 그런데 이제 합치는 것을 소중한 과제로 삼아야 하는 단계에 이르렀다. 합치는 작업에 창조적이고 혁신적인 연구 과제가 있다고 일깨우는 것이 학문론의 긴요한 과제이다. 나누는 것은 근대 유럽에서 잘 하고 동아시아나 한국은 뒤따랐다. 합치는 데는 우리 쪽이 장기가 있어 선진과 후진이 되게 되어 있다.

사회학문을 한다는 질의자가 말했다. 사회학문은 인문학문과 자연학문의 중간적인 성격을 지닌다고 했다. 그렇다면 학문 통합은 사회학문에서 주도하는 것이 마땅하겠는데, 왜 인문학문이 나서는가? 예상하지 못한 질문을 만나 논지를 보완할 수 있었다.

통합은 두 가지가 있다. 현황을 그대로 인정하고 어느 정도라도 가까워지는 통합이라면 사회학문이 맡을 만하다. 잘못을 바로잡고 관계를 다시 설정하는 혁신을 거쳐야 통합이 제대로 이루어지므로 인문학문이 나선다. 사회과학방법이니 과학철학이니 하는 분리주의 헌법을 철폐하고 '학문 나라 전체의 통합헌법'이라고 할 수 있는 학문론을 이룩하는 작업은 인문학문이 선도해 할 수 있다. 학문의 역사를 바꾸어놓아야 하니 비장한 각오로 재출발해야 한다.

자연학문에 대한 공격이 지나치지 않는가? 한국의 자연학문을 부당하게 폄하하지 않는가? 자연학문 전공자뿐만 아니라 여러 사람들도 거듭 보인 이런 반발은 예상한 바이므로, 준비하고 있던 답변을 몇 단계에 걸쳐 풀어냈다.

자연학문의 치밀한 방법과 놀라운 업적은 나무랄 수 없다. 그러나 위대하다는 평가가 지나쳐 다른 학문의 존립마저 위협하는 것은 문제가 아닐 수 없다. 자연학문에서 사용하는 수리언어는 소통의 범위가 너무 좁아, 그 영역 밖에서는 우상 숭배의 대상으로 삼게 된다. 정치나 언론에서 우상 숭배를 부추겨 학문의 판도를 더욱 왜곡하는 것을 경계하지 않을 수 없다.

자연학문 전공자가 학문 통합에 관한 지론을 펼 때에는 수리언어를 버리고 일상언어를 사용하는데, 인문학문의 검증을 면제받을 만한 타당성을 이미 갖추고 있다고 인정된다. 미국의 어느 학자가 자연학문에 의거해 학문 통합을 하자고 하면서 제시한 기본용어를 기이하고 난삽한 말로 번역해 우리 학문의 지표로 삼아야 한다는 주장이 널리 받아들여지는 형편이다. 학문 통합은 수입품일 수 없고 창조학으로 해야 성과가 보장된다.

한국의 자연학문은, 근본은 재검토하려고 하지 않고 지엽을 보완하는 데 그치는 수입학이라고 해도 지나친 말이 아니다. 연구계획서 심사를 거쳐 연구비를 받고, 수입해온 기기로 실험을 해서 예상한 결과를 제시해야 하는 조건이 창조적인 비약을 심각하게 제한한다. 근본을 재검토하는 비약은 무엇이라고 미리 말하기 어렵고 성사가 전혀 의심스러워 연구계획서 작성이 불가능하다. 스스로 만들지 않고 수입해온 실험 기기는 효능을 이미 발휘한 공적이 있어 성가는 높으나 효능이 낮다.

계획서를 보지 않고 연구비를 주고, 실험 기기를 스스로 만들어야 한단 말인가? 그렇다. 그렇게 해야 자연학문을 창조학으로 하는 데 앞설 수 있다. 얼마나 많은 돈이 들어야 하는가? 우리 형편으로 가능한가? 낭비를 막을 방법이 있는가? 이런 질문까지 대답해야 할 이유는 없으므로 말을 줄이기로 한다. 인문학문은 연구비가 없어도 하고 자료를 스스로 찾고 이론을 독자적으로 개발하는 데 제한이 없으므로 지금 전개하고 있는 학문론을 마련하면서 자연학문의 처지를 안타깝게 여긴다고 하면 할 말을 한 셈이다.

논의가 어지간히 전개되어 마무리를 할까 하는데, 몇 가지 좋은 질문이 더 나와 보완의 기회를 얻었다. 오고간 말을 문답 형식으로 정리해보자.

문: 이론은 체계와 논리를 요구한다. 학문론이 이론이려면 체계와 논리를 갖추어야 하는데, 세 가지 학문이 서로 다른 특성을 무시하는 결과를 가져오지 않는가?

답: 세 가지 학문을 통합한다는 것은 특성을 무시하고 합치자는 말이 아니다. 특성이 달라 서로 도울 수 있는 관계를 유연한

체계와 다면적인 논리로 파악하려고 한다.

문: 노동, 기술, 정보 순으로 소중한 것이 바뀌었다는 견해가 있다. 그 다음에는 감정인가? 감정을 소중하게 여겨야 하므로 인문학문이 크게 기여해야 하는가?

답: 그 모두를 아우르는 통찰이 가장 소중하다. 통찰은 총체적인 판단을 비약적인 수준에서 하는 능력이며, 이성, 정보, 감정 등이 각기 지닌 편파성을 넘어선다. 인문학문은 통찰을 담당해야 하므로 크게 기여할 수 있다. 통찰을 갖추어야 미래를 예견하고 지금 필요한 판단을 할 수 있다. 통찰은 성장이나 수익과도 직결된다.

문: 수입학을 나무라는 것은 학문도 수출을 해야 한다는 말인가?

답: 학문 수출로 수익을 얻거나 위신을 높이자는 것은 아니다. 어디서나 평가하고 활용할 만한 일반이론을 만들어 학문의 역사를 새롭게 이룩하는 것이 학자의 도리이고 학문하는 보람이다. 지금 전개하는 학문론이 이럴 수 있기를 바란다.

문: 가져가는 쪽에서는 그것이 수입학이 되지 않는가? 수입학을 나무라면서 남들은 수입학을 하라고 하고 자기는 수출 성과를 자랑하면 되는가?

답: 수입학을 나무란 것은 수입에 일방적으로 의존하는 풍조가 창조학을 방해하기 때문이다. 수입이 창조를 위한 자극이 되어 좋은 수출품을 만들어내도록 하는 관계가 대등하게 이루어지는 것이 바람직하다. 유연한 체계와 다면적인 논리를 갖춘 학문학의 이론은 수입 의존의 폐단을 자아내지 않고, 세계 어디서나

창조학을 각기 독자적으로 이룩하도록 하는 데 적극적인 도움을 준다.

　문: 일본이나 중국은 가만있는데, 한국에서 동아시아학문을 하겠다고 하는 것이 타당한가?

　답: 함께 해야 할 일을 위해 먼저 분발해 두 이웃을 도와주려고 한다. 일본이나 중국이 경제나 정치의 위세에 상응하는 학문을 갖추지 못해 동아시아가 유럽문명권과 대등한 위치에 서고 다음 시대를 이룩하는 데 앞서지 못하는 것을 안타깝게 여기면서, 한국은 동아시아학문을 이룩하는 데 힘을 기울여야 한다.

제주대학교 토론

　자연학문·사회학문·인문학문의 통합을 위해 인문학문이 앞서야 한다고 했는데, 글쓰기 방법의 통합도 인문학문에서 맡을 수 있는가? 아니다. 언어 통합은 가능하지 않다. 인문학문에서 사용하는 일상언어로 자연학문의 수리언어를 포괄하는 것은 가능하지 않고, 제삼의 언어를 만들어 두 언어를 합칠 수도 없다. 사정이 이런데 인문학문이 학문 통합을 한다고 할 수 있는가? 응답하는 과정에서 문제가 더욱 심각해졌다.

　인문학문은 자연학문에서 수리언어를 사용해 이룩한 연구를 일상언어로 번역할 수 있다. 세부적인 정확성은 버리고 윤곽만 대강 담아낼 수밖에 없지만, 번역이 소통과 근접에 도움이 된다. 반대의 경우는 어떤가? 인문학문에서 일상언어를 사용해 이룩한 연구를 자연학문의 수리언어로 번역하는 것도 어느 정도까지는 가능하지만 필요하지는 않다. 자연학문 전공자가 자기네 학문을 통합에 참여시키는 논의를 할 때에는 일상언어를 사용한다. 인문학문에서 하는 작업을 한다. 인문학문의 일상언어는 불편하기는 하지만 학문의 공용어로 사용되지 않을 수 없어, 인문학문이 학문 통합을 선도하는 임무를 맡아야 한다.

학문은 대중이 보기에 고매하고 답답하다. 쉽게 다가가 즐길 수 없는가? 이렇게 제기한 둘째 질문이 인문학문의 의의를 재확인하게 했다. 자연학문·사회학문·인문학문 순서로 학문이 대중에게서 멀어져 있다. 인문학문은 대중이 쉽게 다가가 토론에 참여하면서 창조하는 즐거움을 누리도록 하는 것을 자랑으로 삼아 마땅하다. 인문학문과 만나 학문은 신명 난다는 것을 알아차리고 창조가 무엇인지 체험한 다음, 사회학문이나 자연학문에 들어서면 학문을 학문답게 할 수 있다. 울산대학교에서 강연할 때 사회학문이나 자연학문을 전공하는 학사과정 학생들이 토론에 적극 참여해 가능성을 입증했다. 인문학문 쇄신을 위해 더 많은 노력을 해야 한다.

수입학·자립학·시비학을 하는 사람들도 계속 양성해야 하지 않는가? 폄하하고 배격하면 되는가? 이렇게 제기된 셋째 토론은 반론의 성격이 강했다. 이에 대해, 그 세 학문은 그 나름대로 의의가 있어 후계자를 양성해 이어야 하지만, 창조학을 위해 필요하고, 창조학에 기여하는 것이 마땅하고, 창조학으로 나아가면 더욱 바람직하다는 생각을 가지고 해야 한다. 외국문학은 수입학으로 연구할 수밖에 없지만 분별과 재해석을 거쳐 독자적인 업적을 축적하고, 문학 일반이론을 우리 쪽에서 창조한 성과를 적용해 논의의 폭과 깊이를 키우면 창조학에 다가간다. 자립학의 기초인 자료 작업을 계속 열심히 하면서 다시 찾은 증거를 근거로 이론학으로 나아가는 새로운 길을 찾으면 창조학에 들어선다.

토론은 항상 중요시되지만 성과 있게 하기는 어렵다. 토론을 어떻게 해야 학문 발전에 적극 기여하는가? 이 질문에 대답하기 위해 먼저 학문 토론과 다른 토론이 상이한 점을 말해야 했다. 법원에서는 검사와 변호사 또는 변호사들이 토론하고, 의회에서는 의원들이 토론한다. 이런 경우에는 공인된 자격이 없는 국외자라면 방청석에 조용히 앉아 있어야 한다. 법원 토론은 판사가 판결을 하면 끝난다. 의회 토론은 다수결로 결의를 하면 끝난다. 학문 토론은 어떤가?

학문 토론은 법원이나 의회와 상응하는 학회에서만 하지 않고 어디서나 한다. 격식을 갖추지 않은 토론이 더욱 성과 있게 진행될 수 있다. 자격자와 방청인의 구분이 없어 누구나 토론에 참여할 수 있고, 토론이 확대될수록 좋다. 판결이나 결의에 해당하는 절차가 없어 끝나지 않고 계속된다. 토론이 확대되고 계속되면서 새로운 문제가 발견되어 논의가 더욱 진전된다. 학문 토론은 범위가 정해지지 않는 거대한 규모의 사회적인 행위이다. 국경을 넘어 세계 전체로 확대될 수 있다.

학문 토론에는 공인된 자격과 무관하게 누구나 토론에 참여할 수 있지만, 자기 견해가 있어야 한다. 선수끼리의 경기여야 하므로, 관중일 수밖에 없으면 나서지 않는 것이 좋다. 단순한 질문은 토론의 질을 떨어뜨린다. 성격도 문제다. 과묵한 사람이나 장광설 퍼기를 좋아하는 사람은 학문 토론에 적합하지 않아 학문을 하는 데 지장이 있고, 많이 생각하고 짧게 말하는 것이 바람직하다. 선행 발언에 대해 다음 사람이 동의하는 점과 동의하지 않는 점을 분명하게 하고 그 이유를 밝혀야 토론이 성과 있게 진행된다. 동의를 근거로 공동의 성과를 축적하고 반론으로 각자의 탐구를 활성화하는 것이 마땅하다.

한국학협동과정 학생들끼리 연구 모임을 가지는데 뚜렷한 진전이 없으니 어떻게 하면 좋은가? 이 질문이 이어서 나왔다. 학문은 혼자 하면서 여럿이 하고, 여럿이 하면서 혼자 한다는 원칙에서 해답을 도출했다. 혼자 해서는 소득이 적어 여럿이 모여 한다. 그러나 여럿이 하기만 하면 더 나은 것은 아니다. 각기 혼자 한 성과를 차례대로 발표하고 여럿이 토론하면 성과가 있다. 토론 결과 동의를 얻은 것과 얻지 못한 것을 갈라 기록하고, 기록을 축적하면 함께 성장할 것이다. 모일 때마다 발제자를 바꾸고, 토론을 정리해 보고하는 서기도 돌려가면서 하면 함께 발전을 할 수 있다.

그림에도 토론이 있는가? 토론이 탐구의 방법이고 그림도 탐구라면 토론이 있어야 하지 않는가? 뜻밖의 질문을 만나 대답하기 힘들었다. 그림에는 언어를 사용하지 않는 토론이 있다고 해야 된다. 그림은 그리는 사람과 그리는 대상 사이의 토론에서 생겨난다. 보는 사람은 그림 앞에서 그림과 토론을 하면서 동의할 수 있는지 없는지 자문자답하면서, 동의할 수 없으면 무엇을 어떻게 바꾸어놓아야 할까 구상한다. 두 차례의 토론에서 자기주장을 분명하게 하고 논리를 참신하게 가다듬는 것이 훌륭한 창작이고 감상이다.

제주도 구비문학에 나타난 물을 주제로 학위논문을 쓰려고 하는데, 어떻게 해야 하는가? 이 질문에 학문일반론의 견지에서 대답하는 것은 쉬운 일이 아니었다. 물이 나타난 자료를 많이 모으고, 물에 관한 학문적 논의를 광범위하게 공부하고, 연구를 시작하는 좁은 통로를 발견해야 한다. 아직 미해결이고, 해결이 가능하고, 해결하는 데 자기가 적임자임을 확인하는 세 작업을 해야 통로가 발견된다. 자료를 제시하고, 자료에서 문제를 찾고, 문제 해결을 위한 가설을 여럿 들고 그 가운데 어느 것이 정답인지 밝히는 것이 적절한 순서이다.

본보기를 들어보자, 제주도에는 샘물에 신이 있다는 전설이 여럿이다. 왜 그런가? 샘물의 신은 남성 노인이다. 왜 그런가? 혈을 질러 제주도의 산천을 망치려고 하는 침입자가 나타날 때 샘물의 신은 농부에게 부탁해 물 한 바가지를 감추어달라고 해서 샘을 지켰다. 왜 그런가? 농부는 샘물 한 바가지를 소 길마에다 감추었다. 왜 그런가? 네 단계의 질문에 대답하는 가설을 각기 여럿 들고 정답을 찾는 작업을 단계적으로 해서 얻은 결과를 연결하면 논문의 근간이 마련된다. 본토 또는 육지부에도 비슷한 것이 있는가? 멀리까지 찾아보면 비슷한 것이 있는가? 물과 불의 관계는 어떻게 이해하는가? 불에 관한 전설은 어떤가? 이런 의문까지 풀면 연구가 더욱 진전된다.

학문은 무엇을 할 수 있는가?

종교 · 정치와 학문

크게 깨달아 무엇이든지 안다는 성인의 가르침을 받고 인류는 진리가 무엇인지 생각하게 되었다. 지금까지 진리라고 여기던 것들로 해결되지 않는 문제가 거듭 제기되는데 왜 성인이 다시 나오지 않는가? 이런 질문을 하면, 성인의 시대는 끝난 지 한참 되었기 때문이라고 대답할 수 있다.

성인이 말한 이상론은 현실과 맞지 않아 불신의 대상이 되었다. 성인을 받들면서 신도를 모으는 종교 교단은 기존의 교리를 넘어서지 못해 보수주의로 일관하고 있는 것이 예사이다. 이 시대가 요구하는 새로운 성인이 있다 해도 출현 신고가 가능하지 않게 되었다. 한꺼번에 크게 깨달으면 무엇이든지 안다는 것을 오늘날은 인정하지 않는다.

진리를 가르친다고 하던 성인의 과업을 버리면 그만이라고 할 수는 없어 학문이 감당한다. 학문을 하는 학자는 성인일 수 없다는 것을 알고 초능력자도 아니므로 겸손한 자세로 조심스럽게 노력하면서 인식을 확대해나간다. 진리가 무엇인지 한꺼번에 말할 수 없어 개별적인 진실을 다방면에서 찾아내 축적하면서 커다란 문제에 다가간다. 성인의 출현을 역사적 사건으로 연구하고, 설파한 가르침의 의미를 논리적으로 설명하고, 오늘날의 종교가 나아갈 길을 찾는 과업도 감당한다.

성인 다음의 시대는 정치 지도자가 지배했다. 성군이라고 칭송되는 위대한 정치 지도자가 나서서 바람직한 미래로 인도한다고 믿고 따른 것이 한때의 풍조였다. 그 때문에 정치에 대한 관심이 지나치게 커졌다. 정치를 잘 하기만 하면 어떤 문제라도 해결할 수 있다고 기대하다가 실망하고 개탄한다. 정치 만능의 사고방식이 지금까지 남아 있는 심각한 후유증이다.

민주주의의 시대에는 성군 수준의 위대한 지도자가 나오기 어렵다. 정치인으로 성장하려면 많은 사람을 만나면서 부지런히 돌아다니고, 이해관계 조절에서 수완을 보여야 한다. 깊은 생각을 할 겨를을 얻지 못하고 인기를 얻는 데 힘쓰는 처세가가 되지 않을 수 없다. 위대한 지도자에 대한 환상을 불러일으켜 집권을 하고 불신이 확대되지 않게 여론을 유도하는 것을 능사로 삼는다.

정치는 학문에서 제공하는 능력을 받아들여 활용해야 한다. 정세를 판단하고 정책을 수립하는 데 필요한 지식이나 지혜를 학문에서 공급 받는 것 외에 다른 방도는 없다. 학자들이 정부의 공직을 맡아야 한다는 것은 아니다. 학문을 잘 하는 학자라면 공직을 맡기에는 부적절한 성격이고, 공직에 종사하는 동안에 학문이 중단되어 학자가 지닌 능력을 잃는다. 학자가 학자인 채로 하는 학문 연구가 다방면에 걸쳐 수준 높게 이루어지고, 그 성과를 정치를 포함한 여러 분야에서 적극 활용하는 사회라야 앞서 나간다.

기업과 학문

오늘날에는 종교인이나 정치인보다 기업인이 더 많은 것을 알고 정세 판단에서도 앞설 수 있다. 거대 규모의 다국적 기업은 어느 종교 교단이나 정부보다 많은 정보를 가지고 세계정세를 판단한다. 실력으로 경쟁해 이기면서 성장을 거듭하려고 비상한 노력을 한다. 앞으로 세상이 어떻게 되는가 하는 의문 해결을 그 쪽에 맡겨두고 주어진 범위 안에서 할 수 있는 일만 하면 될 것 같으나 그럴 수 없다.

기업은 정보를 모으고 정세를 판단하는 능력을 뛰어나게 지녀 감탄을 자아내도 자기네의 이익을 위해 사용한다. 저비용 고효율의 모범을 보여 본받을 만한 경우에도, 그래서 달성하고자 하는 목적이 공공의 안녕과 배치될 수 있다. 이윤을 창출해 재투자하고 일자리를 만들어 혜택을 나누는 데 대해 감사하게 생각하고 말 것은 아니다. 기업이 소중한 만큼 관심을 가져야 한다. 다각적인 분석과 검토의 대상으로 삼아 점검하고 평가해야 한다. 이것은 종교나 정치가 감당하기 어렵고 학문이 맡아야 할 과제이다.

학문은 모든 영역의 전문지식을 갖춘다. 성인의 종교에 관해서 교단의 전문가보다 더 잘 알 수 있고, 위대한 정치가도 꿰뚫어볼 수 있으며, 기업에서 하는 일까지도 소상하게 파악할 능력이 있어야 한다. 종교·정치·기업의 편향성을 시정하고, 학문은 일반적인 논리에 입각한 보편적 인식을 갖춘다. 인류의 지혜가 학문에 축적되어 있다.

그런데 학문을 하는 대학을 기업으로 규정하고 기업으로 경영하겠다고 한다. 종교에서 대학을 만들더니, 정치가 대학을 다스리는 임무를 이어받고, 이제 기업이 나서는 것이 시대 변화의 적절한 순서라고 하고 말 것은 아니다. 두 시대의 불행에서 벗어나자 더 큰 불행이 시작되었다. 종교나 정치가 대학을 간섭해 학문을 위축시킨 과오를 기업이 더 키우는 것을 용납하지 말아야 한다.

기업이 대학을 맡고 저비용 고효율의 원리에 따라 이윤 창출을 극대화하는 방향으로 구조를 조정하면 학문이 균형 발전을 잃고 기형화될 뿐만 아니라, 학문의 본질이 손상되는 더욱 우려할 사태가 벌어진다. 학문은 비판의 논리를 본질로 한다. 종교나 정치의 지원과 간섭을 받으면서도 비판적인 연구를 계속해 바람직한 방향을 제시하면서 역사 발전에 기여해 왔다. 조직 장악 능력이 종교나 정치보다 더 큰 기업이 등장하자 사정이 달라진다. 대학이 기업에 지배되거나 그 자체로 기업이 되면 학문이 비판적이고 창조적인 능력을 잃고 이윤 추구의 수단이 된다.

기업이 대학에서 얻고자 하는 이익을 다시 생각해야 한다. 대학이 종교나 정치와 맞서 얻은 학문의 자유를 기업과의 관계에서는 포기하면 내실을 상실해 기업이 대학을 지원하는 이유가 없어진다. 대학을 기업으로 운영하는 것보다 대학의 부동산을 처분해 다른 데 투자하면 더 큰 이익을 얻는다. 목전의 손해를 감수하고 기업이 대학을 지원하는 것은 이윤의 일부를 사회로 환원하는 봉사이다. 그 혜택은 장기간에 걸쳐 무형적인 형태로 돌아간다. 대학이 대학답고 학문이 정상적으로 발전해야 그럴 수 있다.

기업이 발전하고 경제가 성장하고 삶의 질이 높아지고 행복을 누리도록 하는 데 필요한 지식과 지혜를 학문이 제공한다. 이 모든 과업은 서로 연결되어 있어 어느 한 대목만 잘라낼 수 없다. 학문 밖의 어느 세력이나 기관이 그 자체의 이익을 위해 학문을 종속시켜 하수인으로 삼으려고 하면 학문이 학문답지 않게 되어 가치를 상실하므로 의도한 바와 어긋난 결과에 이른다. 학문은 조건 없이 지원해 자유롭게 발전하도록 해야 할 일을 할 수 있다.

학문의 사명 각성

학문이 잘못 되고 있는 것은 외부 간섭 탓만이 아니다. 내부의 동요와 와해로 학문하는 사람들이 방황하고 무력하게 된 것이 더 큰 문제이다. 연구 분야가 세분화되고 전문화되어 총체적인 인식이 흐려졌다. 사명감이나 문제의식을 가지지 못하고, 학문을 단순한 직업으로 삼아 규격품을 양산한다. 전문지식을 수단으로 제공해 교환가치를 높이려고 한다. 이것은 인류 역사의 커다란 불행이다.

이제 반전이 요망된다. 종교·정치·기업과의 관계에서 체험하고 깨달은 바를 살려, 학문이 자구책을 세우고 성과 있게 실행해야 한다. 부분에서 전체로, 분화에서 통합으로, 논리에서 통찰로 나아가야 한다. 악조건을 무릅쓰고 크게 분발해야 한다. 그릇된 풍조를 혁신하는 새로운 학문을 이룩하려고 분투해야 한다.

전문적인 능력을 모아 통찰력을 갖추고 세분화를 넘어서는 총체적인 연구를 해서, 많이 안다고 착각하는 사람들을 깨우쳐야 한다. 한꺼번에 할 수 없으므로 단계적으로 시도하고, 혼자서는 하기 어려우므로 여럿이 힘을 모아 추진해야 할 과제이다. 사명감을 가지고 목표를 분명하게 하는 것이 지금 가장 소중한 일이다.

학문이 세상을 구할 수 있는가? 결과를 보고 판단하는 것은 가능하지 않다. 학문이 세상을 구할 수 있다고 믿고, 무엇을 어떻게 해야 하는지 진지하게 생각하고 실행하는 것을 보람으로 삼아 앞으로 나아갈 수밖에 없다. 학문이 세상을 구하지 못한다고 해서 학문을 불신하거나 학문이 아닌 다른 무엇에다 그 일을 맡길 수는 없다. 세상이 학문을 구할 수는 없다. 환자가 의사를 치료할 수 없는 것과 같다.

학자는 세상의 병을 진단하고 치료하는 의사이다. 진단은 필수 작업이고, 치료는 경우에 따라 다르다. 치료할 수 없는 병은 치료할 수 없다고 해야 한다. 죽은 사람은 죽었다고 사망진단을 하는 것도 의사의 직무이다. 모든 병을 다 치료하겠다고 나서면 돌팔이이다. 의학이 계속 발달하면 마침내 모든 병을 다 치료할 수 있는 것은 아니다. 학문 발달에 기대를 걸고 노력하지만, 만능 학문이 생겨난다고 기대할 수는 없다.

종교·정치·기업에 어떤 병이 생겼는지 진단하고 치료하는 것이 학자가 할 일이다. 종교·정치·기업의 병이 어떤 상태인지 일깨워주어 스스로 치유하도록 하는 것이 바람직하다. 그렇지 못하면 병이 원래의 영역을 넘어서서 사회 전체로 번지지 않도록 경고하고 차단하면서, 밖에서 동원 가능한 힘으로 다스릴 수도 있다. 혁신이나 혁명이 큰 규모로 필요한 경우도 있다.

세분화된 전문지식은 병을 알아차리지 못하고 키울 수 있으며, 총체적인 통찰력을 지녀야 진단이 가능하고 치료 방법을 알아낼 수 있다. 학문과 예술의 관계를 들어 이에 관한 논의를 진전시킬 수 있다. 예술과 분리된 학문은 병 진단은 잘 해도 치료 능력은 없을 수 있고, 예술과 힘을 합치는 학문을 하면 실천력이 생겨 사회를 움직이는 폭이 넓어져 혁신이나 혁명을 이룩하는 데 유리하다. 이 밖에도 여러 방법이 있을 수 있으므로 찾아내, 지금의 학문이 지닌 한계를 넘어서서 더 큰 일을 하기 위해 분발해야 한다.

거대이론 창조가 한 사람의 주어진 생애에서 과연 가능한가? 어느 한 가지 일을 하는 것도 벅찬데, 힘겨운 창조 작업을 큰 규모로 하기 위해 매진해야 하는가? 목표를 너무 멀리 두면 이르지 못하고 얻은 바가 없어 실망하고 말 것이 아닌가? 이런 의문이 생긴다.

한 사람의 생애에 할 수 있는 일이 한정되어 있다. 큰 뜻을 품었어도 작은 일을 하다가 그만둘 수 있으나, 실망하거나 한탄할 것은 아니다. 학문은 혼자 하지 않는다. 다른 여러 사람이 미완의 과업을 이어받아 보태고 고친다. 개인에게는 뜻을 이루지 못하고 마는 비극이 있지만, 모두 함께 하는 공동의 작업은 낙관적이기만 하다.

커다란 의문

　몇 가지 본보기를 들면, 사람은 다음과 같은 의문을 품고 살아간다. 의문에 대한 해답을 얻고자 한다. 해답이 어떤가에 따라서 운명이 달라질 수 있다.

　시간과 공간은 시작과 끝이 있는가?
　지구의 종말이 다가오는가?
　사람은 다른 생물보다 우월한가?
　생태 환경의 가치는 무엇인가?
　문명의 충돌은 해결할 수 있는가?
　상이한 종교가 공존할 수 있는가?
　민족은 경계가 무너지다가 소멸되는가?
　인류의 언어는 단일화되는가?
　소통과 화합을 이루는 길은 무엇인가?
　풍요와 행복의 관계는 무엇인가?
　빈곤의 악순환을 멈출 수 있는가?
　우연과 필연은 따로 노는가?
　상극과 상생은 어떤 관계인가?
　선진과 후진은 어떻게 교체되는가?
　다음 시대는 어떤 시대인가?

　이런 의문에 대해 누가 어떻게 해답을 제시할 수 있는가? 학문에 대한 기대가 더욱 커지는 것을 받아들이고 능력의 확대·복합

·향상에 힘써야 한다. 거대이론의 시대는 끝났다고 하면서 무능을 합리화하고 책임을 회피하지 말아야 한다.

울산대학교 토론

2010년 11월 9일에 강연을 하자, 먼저 한문학 전공자가 나서서 물었다. 한문학이 "커다란 의문"이라고 한 것들과 어떻게 연결될 수 있는가? 내가 "커다란 의문"이라고 한 것들 가운데 어느 의문에 특히 많은 관심이 있는가?하고 물었더니, "다음 시대는 어떤 시대인가?"라고 대답했다. "다음 시대는 어떤 시대인가?"라는 의문이 한문학과 어떤 관련이 있는지 생각해보았는가 하고 내가 다시 물었다. 미처 생각해보지 못했다고 해서, 내가 생각한 바를 말했다.

한문을 공부해 글하는 사람과 농사지으며 일하는 사람이 구분되던 시대가 오래 계속되었다. 한문 공부는 시간이 많이 필요해 일하면서 할 수 없었다. 그 시대가 중세였다. 근대에는 글하는 사람과 일하는 사람이 다를 수 없고, 무슨 일을 하든지 누구나 하루 여덟 시간 일하는 사람이어야 하므로 한문은 그만두고 국어 공부만 해야 한다고 한다. 그런데 이제 두 가지 변화가 일어나고 있다. 생산 기술이 발달해 많은 인원을 해고하지 않으려면 근로 시간을 단축해야 한다. 국가를 절대적으로 여기지 않고 문명권의 유대를 다시 찾으며, 국경을 넘어서 사람들이 오가는 범위가 날로 넓어진다. 이것은 근대를 넘어서서 다음 시대로 나아가는 변화이다.

근로 시간이 단축되어 늘어나는 여가에 무엇을 해야 하는가? 외국어 공부를 많이 하는 것이 최상의 대책이다. 외국어 공부는 시간을 보람되게 사용하고 부작용이랄 것이 없다. 한문은 공부하려면 오랜 시간이 필요해 값지다고 할 수 있으며, 동아시아 공동의 유산을 이으면서 중국어나 일본어를 수준 높게 익힐 수 있게 하니 소중하다. 동아시아 사람들이 만나면 한문 필담을 하면서 구두어는 보조수단으로 사용하는 방식을 다시 채택할 만하다. 근대 다음 시대는 한문 재활용에서도 근대의 부정이고, 중세의 부정의 부정이다.

문제가 다시 제기되었다. 주어진 공부를 하기도 벅찬데 학문이 무엇이며 어떻게 해야 하는가 하는 거창한 문제를 어느 겨를에 생각하는가? 개별적인 사항을 두고 나날이 하는 공부와 커다란 문제에 대한 총체적인 논의가 별개의 것이 아니다. 개별은 총체의 부분이고 본보기이다. 총체에 관한 문제의식을 가져야 개별적인 사실의 탐구가 향상된다. 개별에서 총체로, 사실에서 이치로 나아가는 것이 학습의 진전이고 학문의 발전이다.

한문학 공부와 다음 시대의 관계에 대해서 말한 것을 다시 들어보자. 근대에는 평가절하된 한문이 다음 시대에는 소중한 구실을 하는 줄 알면 나날이 하는 공부가 달라진다. 목표 설정이 뚜렷해 분발해야 할 이유가 확실하다. 근대 다음 시대는 근대의 부정이고, 중세의 부정의 부정이라는 인식은 더욱 확대된 탐구를 위한 소중한 지침이 된다.

학문론을 전개하는 글이 간략한 개요뿐이고 자세한 논의는 하지 않는 것이 무슨 까닭인가 하는 질문이 제기되었다. 이에 대해 글을 너무 자세하고 번다하게 써서 독자가 정신을 차리지 못하고 갈피를 잡기 어렵게 하는 폐단을 시정하고자 한다고 했다. 고전 아랍어 글쓰기는 자음만으로 이루어져 모음은 독자가 자기 나름대로 넣는다고 한다. 한문을 읽을 때 토를 어떻게 다는가도 독자의 재량에 달려 있다. 중세 글쓰기의 이런 모범을 되살려, 간략한 개요에다 자세한 논의를 보태는 작업은 각자 자기 마음대로 하기를 바란다고 하면 지나친가?

본문과 토론을 나눈 것이 깊이 생각한 결과이다. 學에 問이 따라야 하므로 토론이 반드시 필요한 것만은 아니다. 토론은 논의를 특정 상황에 맞추어 자세하게 전개하는 본보기가 되고, 본문에 단 주의 구실을 하도록 한다. 주에서 알기 쉽게 구체화하는 작업으로 본문에서 뜻하는 바를 다 살릴 수는 없다. 주는 많을수록 좋지만, 본문을 넘어서지 못한다. 고서를 보면 본문은 굵게, 주는 잘게 박았다. 이런 방식을 다시 사용해 글쓰기에서도 근대 다음 시대는 근대의 부정이고, 중세의 부정의 부정임을 확인할 만하다.

제주대학교 토론

지명토론자가 문제를 제기했다. 무슨 일을 하기 위해 학자가 필요하면 유명대학의 이름 난 교수가 발탁된다. 유명대학의 이름 난 교수가 아니면 좋은 연구를 해놓아도 쓰이지 못한다. 이런 잘못을 어떻게 시정해야 하는가? 이에 응답하면서 길게 보면 역전되게 마련이니 비관할 필요가 없다는 말을 앞세웠다. 유명대학의 교수가 아니며 이름이 없어 쓰이지 않는 것은 학문을 충실하게 할 수 있는 좋은 조건이다. 잘 팔리는 인기교수는 바로 그 이유 때문에 밑천을 탕진하게 마련이므로 공백을 메울 수 있는 대안을 힘들여 갖추어야 한다. 과대평가는 독약이고, 과소평가가 양약이다. 독약이 독약인 줄 모르는 것은 당연하지만, 양약이 양약인 줄 모르는 것은 용납할 수 없다.

학문은 누구를 위한 학문인가? 불합리한 사회에서는 학문이 기득권을 옹호하고 변화를 막는 것이 아닌가? 다시 제기된 이 의문에 대해서, 불합리를 청산하고 기득권을 넘어서는 변화를 촉구하는 학문도 있다는 말로 응답을 삼았다. 변화를 막는 학문을 비판하면 변화를 촉구하는 학문이 되는 것은 아니다. 구호만 내걸고 내실이 없는 것을 경계해야 한다. 진보는 보수보다 힘을 더 많이 들여 더욱 철저하게 해야 한다는 것을 학문에서 보여주어야 한다.

행정학교수가 말했다. 대학이 재벌처럼 문어발식 팽창을 하면서 大馬不死이기를 바라 그릇되고 있는 것을 어떻게 바로잡아야 하겠는가? 내가 말했다. 재벌과 대학은 다른 점이 많다. 재벌은 스스로 팽창하고, 대학은 정부가 팽창하도록 만들었다. 종합대학 책임자는 총장, 단과대학 책임자는 학장이라고 해서, 학장이 모두 총장이 되려고 학교를 불리게 했다. 신설학과 인가를 얻는 것이 정원 늘이는 방법이도록 만들었다. 이제 와서는 종합대학과 단과대학을 명칭에서 구별하지 않고 모두 총장이라고 하도록 했으나 때가 늦었다. 특성화를 위한 구조조정을 하라고 요구하지만 없애야 하는 분야의 반발로 가능하지 않다. 이에 관해서는 의견이 일치했다.

나는 대학 난립 해결 방안에 관한 다른 소견을 말했다. 학문을 하는 경쟁을 성과 있게 해서 대학의 특성이 부각되게 하는 것이 해결을 위한 거의 유일한 방안이라고 했다. 이에 관해 장차 본격적으로 고찰하려고 하고, 미리 조금 말하기로 한다. 연구교수는 보수와 연구비를 사립의 경우에도 국가 예산으로 부담하도록 하고, 각 대학에서 연구교수로 선발된 인재들이 연구를 잘 해 연구교수를 늘일 수 있게 하는 제도를 만들면 대등한 조건에서 경쟁해 특성화가 이루어진다.

연구교수가 따로 있어야 한다는 것은 보직교수가 따로 있어야 한다는 것과 표리를 이룬다. 교수가 너무 많은 업무를 맡아 연구도 교육도 잘 되지 않는 것이 심각한 문제이다. 직원의 수준이 향상되어 교수가 보직을 맡지 않을 수 있게 하는 것이 해결책이지만 전망이 밝지 않다. 교수 가운데 일부가 보직을 전담하는 보직교수가 되어 다른 교수들은 과도한 업무에서 벗어날 수 있게 하는 것이 바람직하다. 교수를 다수의 강의교수, 소수의 연구교수, 소수의 보직교수로 삼분하면 세 가지 일을 다 잘 할 수 있다. 세 직분 담당자들의 교차평가는 하지 말고 자체평가만 해야 한다.

학문은 누가 하는가?

가능성 신뢰

학문이 무엇이며 어떻게 하는지 밝히면 할 일을 다 한 것은 아니다. 듣고는 기가 질려 멀찌감치 구경이나 하려고 하고 학문을 하겠다고 나서지 않으면 큰일이다. 학문은 누가 하는가 밝혀 논해야 실제로 할 사람이 생긴다. 도대체 학문은 특별한 사람이라야 할 수 있다고 잘못 생각하지 말고 누구나 할 수 있다는 것을 알아야 한다.

되고 안 되고는 사람에게 달려 있다. 미리 포기하면 되는 일이 없다. 실망하면 가능성이 없어진다. 성실한 자세를 지니고 마땅한 노력을 한다면 누구나 학문을 할 수 있으므로 포기해야 할 이유가 없다. 실망의 유혹을 뿌리치고 낙관적인 전망을 가지고 분발해야 기대가 이루어진다. 우리 스스로 마음속에서 결정하고 추진해야 할 수 있는 일을 한다.

시도하기만 하면 되는가? 이에 대한 대답을 분명하게 해서 미리 보증을 서라는 것은 무리이다. 두 가지 사항은 분명하게 말할 수 있다. 자기 잘못을 다른 데다 전가하고 물러나지 않는다면 노력한 만큼의 성과가 없다. 학문을 얼마만큼 하든 얻은 바가 있고 잃은 바는 없다. 학문 때문에 시간과 돈을 잃었다고 말하는 것은 잘못이다.

가능성 신뢰가 가장 긴요하다. 신뢰를 떨어뜨리고 부정하는 장애를 제거해야 한다. 학문은 영재라야 할 수 있다고 하면서 가까이 하지 못하게 하는 것이 장애이다. 사람이 되고 학문을 한다는 이유를 들어 학문을 멀리 하도록 만드는 것이 또 하나의 장애이다. 이 둘이 특히 문제가 되어 집중해 다루고자 한다.

영재라야 하는가?

학문을 잘 하려면 영재라야 한다. 능력이 모자라면 노력해도 소용없다. 이런 편견이 학문을 하지 못하게 가로막는다. 더러는 자기가 영재라고 착각해 자만하다가 망하고 만다. 대다수는 자기는 영재가 아니므로 학문을 해도 소용이 없다고 하면서 포기하고서는 포기한 것이 능력이 없는 증거라고 한다.

영재가 따로 있는가? 그렇지 않다고 하는 쪽이 더욱 신빙성이 있다. 사람은 창조하는 능력을 지녔다. 능력을 찾아내 발현하는 사람은 누구나 영재이다. 사람의 능력은 오묘하고 다양해서 지능 검사 같은 방법으로 측정하기 어렵다. 기성세대의 낡은 사고방식으로 아직 나타나지 않은 미지의 능력을 함부로 판정하지 말아야 한다.

어린아이가 영문자, 구구단, 천자문 같은 것들을 외는 것이 영재의 증거라고 한다. 그러나 장차 공부할 지식을 미리 익히도록 하는 것은 불필요한 구속이다. 옛 사람은 글공부를 지나치게 잘 하면 가르침을 중단했다. 才勝은 곧 薄德이라고 여겼다. 재주가 뛰어나면 사람됨이 모자라게 마련이므로, 재주를 눌러 함부로 앞서나가지 못하게 했다. 외기를 잘 하는 誦才를 뽐내는 것을 특히 경계했다.

오늘날에는 어려서 송재가 뛰어난 아이를 영재라고 하면서 특별한 방법으로 가르쳐 그 능력을 더욱 키워야 한다고 주장한다. 송재가 뛰어나면 무슨 소용이 있는가? 사전을 다 외면 좋은 글을 쓸 수 있는 것은 아니다. 기억의 부담에서 벗어나 자유로워진 머리를 창조하는 사고에 더욱 적극적으로 활용하는 것이 마땅하다.

송재가 조금 보이면 영재라고 추켜세우고 사방에 자랑하면서 더 많은 것을 외게 해서 자만심을 한껏 키우고 스스로 묻고 깨달아 창조력을 기르지 못하게 방해하는 것은 전에 없던 추태이다. 그런 아이는 부모의 허영 때문에 곧 평균 이하, 때로는 바보가 되기도 한다. 부모가 자기 아이를 죽이는 데 학교가 가세하고 나라가 뒤를 보아주어 참사를 확대하지 말아야 한다.

영재는 조기교육을 해야 한다고 한다. 조기교육의 성과가 높아 중학교에 다닐 나이인 열다섯에 대학에 입학하면 대단하다고 칭송한다. 그러나 인격의 전반적인 성장이 따르지 못해 대학 공부가 기형이 된다. 자기 스스로 학문의 길에 들어설 총체적인 능력이 모자란다. 다섯 해 늦추어 하면 될 일을 공연히 서둘러 망친다. 식물을 조기재배하면 일찍 시들어버리는 것과 같다. 영재라고 잘못 찍히면 일생이 불행하게 된다. 과학영재라는 말은 있어도 학문영재라는 말이 없는 것은 다행이다.

영재 교육을 한다고 법석을 떨며 특별히 선발된 인원을 희생자로 만들 수 있다. 영재가 아닌 대부분의 학생은 적당히 가르치면 된다고 여겨 발전을 가로막는 것은 더 큰 잘못이다. 누구든지 자기 취향에 따라 자발적으로 공부하면서 창조력을 키우면 모르고 있던 능력이 발견되고 발전된다.

창조력을 가르쳐서 늘일 수 있다고 생각하지 말고, 스스로 발견하고 키우도록 도와주어야 한다. 발상의 전환에서 창조의 결실까지 나아가는 본보기를 보이면서 부족한 점을 고백하고 그 전례를 넘어서서 더 크고 훌륭한 일을 하도록 일깨워주어야 한다. 토론 상대자 노릇을 하면서 창조력을 자각하도록 촉구하고 좋은 발상을 평가하고 격려하는 것이 적절한 방법이다.

교육은 말로 한다. 말이 말 값을 하려면 실행이 뒷받침해야 한다. 가르치는 사람이 창조적인 사고를 하는 모범을 보여야 하는데 실상은 그렇지 않다. 구태의연한 태도로 훈시를 일삼는 종목에 창조력도 포함된다. 교육개혁을 거듭 해도 나아지지 않는다. 그 때문에 실망할 것은 아니고 더욱 분발해야 한다. 자기 능력을 발견하고 키우는 작업을 스스로 해야 한다.

고등학교까지의 교육이 잘못 되었다고 개탄하지 말고, 대학에서라도 잘 해야 한다. 대학도 잘못 하고 있다고 나무라지 말고, 자기 스스로 환자 노릇을 그만두고 의사로 나서서 자기 치료부터 해야 한다. 제도가 아무리 잘 되어 있어도 학문을 하는 결단과 실천은 각자가 주체적으로 한다.

영재는 따로 있지 않다. 누구나 영재일 수 있다. 사람의 능력은 고정되어 있지 않다. 능력을 스스로 발견하고 실현하는 결단을 내리는 사람이 영재이다. 이렇게 하려면 두 가지 장애를 물리쳐야 한다. 영재가 따로 있고 자기는 해당되지 않는다는 망상을 물리쳐야 한다. 자기 능력을 남이 알아내고 발현하도록 이끌어주기를 기대하는 잘못을 단호하게 척결해야 한다.

사람이 되고 학문인가?

"사람이 된 후에 학문이다." 서울 어느 지하철 출구에 이런 말을 써 붙이고, 한 전문대학의 이름을 적어 놓았다. 자기네 학교의 교육 방침을 알리고 입학생을 유치하고자 한 광고판이다. 그 대학에서는 사람됨 교육을 먼저 하고 학문은 나중에 한다는 말로 이해된다.

위에서 든 말은 "사람이 되고 학문이다"라고 고쳐놓으면 자연스럽다. 그러나 말이 자연스러우면 받아들여야 하는 것은 아니다. 사람됨을 중요시한 것을 평가해야 할 듯하지만 그렇지 않다. 사람됨은 정신적 성장의 초보 단계이며, 그 다음 학문이 있다고 한다. 그래서 "사람됨과 학문은 전후로 구분되는 상이한 과정인가?", "사람이 되려면 학문을 해야 하지 않는가?", "사람됨에 끝이 있어 사람이 된 다음이라는 말을 쓸 수 있는가?" 이런 의문이 생기게 한다.

사람됨이란 무엇인가? 사람됨이 정신적 성장의 초보단계라고 하는 것은 어른을 공경하고 시키는 말을 잘 들으며, 질서를 존중하고 타인을 배려하라는 정도의 규범을 실행하면 된다고 여기는 까닭이라고 생각된다. 이런 수준의 품격을 갖춘다면, 지식의 전수로 이해한 학문을 할 수 있다고 생각한 듯하다.

어른을 공경하고 시키는 말을 잘 들으면 되는 것은 아니다. 시키지 않은 일까지 하면서 어른보다 앞서 나가야 한다. 질서를 존중하고 타인을 배려하면 되는 것도 아니다. 바람직한 질서가 무엇인지 묻고 찾아 다시 이룩하려고 노력하고 배려의 수준을 넘어선 화합을 이룩해야 한다. 이런 높은 수준의 사람됨은 스스로 학문을 하면서 창조적이고 총체적인 이론을 개발하고 실행해야 기대할 수 있다.

사람됨과 학문은 따로 있다고 할 것이 아니다. 사람이 되어야 학문을 하는 것은 아니다. 사람이 되려고 학문을 한다. 학문을 하면 사람이 되고, 사람이 사람답게 되면서 학문도 학문답게 된다. 학문이 사람됨의 길이고, 사람됨이 학문의 발전을 바람직하게 한다. 학문에 끝이 없고 사람됨도 계속 힘써 추구하고 실행해야 할 과업이다.

사람됨이란 사람이 지닌 가능성의 실현을 확대하고 능력을 고양하는 작업이라고 다시 규정할 수 있다. 알고 싶어 하는 욕구를 출발점으로, 더 나은 삶을 도달점으로 삼아 나아가는 과정이라고 할 수도 있다. 기존의 규범을 따르는 수준을 넘어서서 인식·사고·실천을 혁신하는 창조적인 활동이 학문의 긴요한 과제를 이룬다.

이것은 학문의 어느 분야가 맡아서 할 일이 아니다. 인식·사고·실천에는 주체와 대상이 있다는 구분을 가지고 논의를 전개해보자. 인문학문은 주체, 사회학문은 여러 주체의 만남인 사회라는 대상, 자연학문은 주체와는 일단 분리된 자연이라는 대상을 더욱 중요시하는 편차가 있지만 주체와 대상은 상호작용을 한다. 주체가 달라지면 대상과의 관계가 달라지고, 대상과의 관계가 달라지면 주체가 달라진다.

향상의 길은 어디 있는가?

사람의 능력을 말할 때 어리석은가 똑똑한가를 구분하는 것이 예사이다. 어리석다는 것은 능력이 모자란다는 말이다. 어리석어서는 학문을 할 수 없다. 똑똑하다는 것은 능력이 있다는 말이다. 똑똑해야 학문을 한다. 이렇게 말하면 되는 것은 아니다.

똑똑하기만 해서는 학문을 시작할 수 없다. 연구 대상에 들어가지 못하고 겉을 돌면서 들뜬 소리나 하고 말 수 있다. 어리석기만 하면 학문을 시작하기는 해도 제대로 해낼 수 없다. 많은 노력을 감내해 연구 대상에 들어가기는 하지만 대상에 매몰되고 말아 헤어나지 못한다. 수많은 사실을 열거하다가 마는 것을 흔히 볼 수 있다.

어리석어 연구 대상에 들어갔다가 똑똑한 덕분에 나올 수 있어야 한다. 어리석으면서 똑똑하고 똑똑하면서 어리석어 연구 대상에 들어가고 나오기를 자유자재로 하기까지 해야 한다. 그래야 특정 연구 대상에서 천지만물의 보편적인 이치를 발견하는 데까지 나아갈 수 있다.

어리석고 똑똑한 사람은 거의 없다. 어리석거나 똑똑하거나 어느 한쪽이게 마련이다. 어리석은 것도 똑똑한 것도 장점이면서 단점이다. 그 어느 쪽이든지 장점을 살리고 단점을 보완해야 한다. 어리석은 장점이 똑똑한 장점보다 낫다. 어리석으면 어리석은 것이 단점일 줄 알고 똑똑해지려고 한다. 똑똑하면 똑똑한 것이 단점인 줄 몰라 어리석어지려고 노력하지 않는다.

똑똑한 것은 능력이지만, 어리석고 똑똑한 것은 능력이면서 사람됨이다. 어리석고 똑똑한 것은 타고난 품성이기 어렵고 학문을 하면서 향상된 사람됨이다. 능력과 사람됨이 둘이 아니고 하나라고 학문이 알려준다.

학문과 사람됨의 관계를 성품이 관대한지 엄격한지 하는 것을 들어 말할 수 있다. 관대한지 엄격한지는 다른 사람들에게도 해당되고 자기에게도 해당된다. 네 가지 경우가 있어 하나씩 고찰하기로 한다.

다른 사람들에게 관대하고 자기에게도 관대하면 사람됨이 훌륭하다고 할 수 있으나 학문과는 거리가 멀다. 이치를 따지고 논리를 세우지는 못하기 때문이다. 사람됨이 능력 발현을 가로막아, 기존의 사고를 그대로 따르고 비판과 혁신을 위한 결단을 내리지는 못한다.

다른 사람들에게는 엄격하고 자기에게는 관대하면 학문 비평을 할 수 있다. 다른 사람들의 학문이 잘못 되고 있다고 탈잡는 시비학에 머무르고 대안을 마련하지 못하거나 하지 않으려고 한다. 사람됨이 모자라 능력도 부족하다.

다른 사람들에게 엄격하고 자기에게도 엄격하면 학문을 할 수 있다. 이치를 따지고 논리를 세우는 작업을 어느 정도 진행해 전공자들이 평가하는 업적을 산출한다. 사람됨과 능력이 근접하기는 했으나 아직 미흡해 더 나아가기는 어렵다.

다른 사람들에게 관대하고 자기에게는 엄격하면 학문을 크게 할 수 있다. 타고난 성격만으로 이럴 수 있기는 어렵고 훈련을 해야 한다. 자기에게 엄격하려면 이치를 따지고 논리를 세우는 작업을 철저하게 하고, 다른 사람들에게 관대해 널리 도움이 되려고 하면 그 폭을 넓히고 내용을 풍부하게 해서 평가하고 호응하는 범위가 확대되는 연구를 할 수 있다. 사람됨과 능력이 하나가 되게 하고 더욱 키우면서, 세상을 구하는 학문의 길로 나아갈 수 있다.

울산대학교 토론

2011년 4월 12일에 이번 강연을 할 때, 사회자 배수찬 교수가 소개의 말을 하면서 카이스트(KAIST) 사태를 언급하고 논의를 부탁했다. 학생과 교수의 자살이 이어지는 이유가 무엇인지 말해야 했다. 이에 관해 이따금 응답한 말을 모아서 정리하기로 한다.

나는 카이스트라는 곳에 가서 두 번 강연을 한 적 있어 어느 정도 직접적인 체험이 있다. 한 번은 내가 서울대학교에서 하는 '한국문학과 제3세계문학'이라는 강의를 소개했다. 이공계까지 포함해 여러 단과대학 학생들이 모여들어 성황을 이루는 강의이다. 강의 계획서를 화면에 비추고 무엇을 어떻게 다루는지 설명하는 것으로 강연 내용을 삼았다. 많은 작품을 읽고 한 학기 동안 토론을 하는 분량의 공부를 한 시간으로 줄이니 전달이 어렵고 "이런 공부를 하지 못해 손해를 본다"는 것이 주제가 되고 말았다. 이 정도의 강연이라도 계속하는지 의문이다.

카이스트에서는 교양과목을 최소한만 하고 넓은 범위의 탐구를 할 수 있는 기회는 주지 않은 채 전공 공부만 다그치니 학생들이 가련하다고 생각했다. 최근에는 전공 공부를 특이한 방법으로 더욱 닦달하더니 학생과 교수의 자살이 이어지는 참사가 벌어진다. 모두 염려하는 사태이지만 원인 진단과 해결책은 막연해 내 의견을 말한다. 지금 내가 하고 있는 학문론 강의에 비추어보면 사리가 분명해진다.

강의를 영어로만 해야 한다고 하면서 기존의 지식을 머리에 전달하기만 하고 대화와 토론을 진솔하게 하면서 가슴으로 느끼는 감동은 배제한다. 사람됨에 대한 자발적인 물음은 배제하고 참다운 학문과는 거리가 더욱 멀어지는 과학에 매달리도록 해서 가장 중요시한다고 스스로 표방하는 창조력이 오히려 고갈되게 한다. 학문에서 얻는 내심의 즐거움은 버리고 경쟁에서 이기는 것을 목표로 삼아 남들을 물리쳐야 성공하는 영재일 수 있다고 살벌하게 몰아치면서 최첨단의 일회용 소모품을 만든다고 해도 지나친 말이 아니다.

카이스트 사태에 이 시대 온 세계의 불행, 이 나라에서 특히 심한 비극이 집약되어 있다. 정도를 완화하는 것이 해결책일 수 없다. 희생자로 선발되지 않은 행운을 누리는 다른 대학, 다른 대학에서 공부하는 학생들은 뒤떨어지고 있다는 착각이나 망상을 버리고 학문의 길을 바르게 찾는 것이 적극적인 대안이다.

국제관계학 전공자가 물었다. 영재는 주체인가 객체인가? 놀라운 질문이어서 정신이 버쩍 들었다. 영재는 스스로 깨달아 남다른 능력을 발휘하는 주체일 때에만 소중하다 하겠는데, 기존의 척도에 따라 선발해 한 데 모아 가르쳐 일정한 목표를 달성하도록 하는 객체로 삼는다. 동식물 우수 품종처럼 사육해 써먹으려고 하면서 당사자의 인권을 박탈한다.

영재 교육을 받는 아이의 어머니가 물었다. 5%의 인재가 전체 인구를 먹여 살리는 시대가 왔으니 영재를 선발해 특별히 교육해야 하지 않는가? 소수의 기여를 인정한다. 그러나 누가 그럴 수 있을지는 미리 알 수 없다. 선발보다는 개방이, 구속보다는 자율이 더 나은 방법이다. 부모의 말을 듣지 않고, 선생을 넘어서야 전에 없던 창조력을 갖출 수 있다.

공과대학 학생이 이어서 물었다. 도구로 사용할 전문지식을 잘 갖추어야 높이 평가되고 좋은 직장을 얻는데 다른 생각을 할 여지가 있는가? 학문을 말하는 것은 지나치지 않은가? 도구로 사용할 전문지식은 당연히 필요하지만 스스로 선택하고 판단해 창의적인 방법을 사용하면서 획득해야 즐거울 수 있다. 즐거워야 향상이 있다. 공부를 즐겁게 해야 학문이 된다. 이렇게 할 겨를이 없다고 하지 말자. 우선은 뒤떨어져야 멀리까지 나아갈 수 있다.

국어국문학과 학생이 말했다. 존경받던 인물들이 친일파로 밝혀져 충격을 받는다. 왜 그랬던가? 자기가 대단한 존재라고 하니 일제가 이용하려고 했다. 친일파가 되어 남들보다 앞서려고 하기도 했다. 어느 때든 만백성의 낮은 자세로 살아가면서 함부로 드러나지 않는 작업을 알차게 하면 피해를 덜 받고 가해자가 되지 않을 수 있는데, 말은 쉬워도 실행이 어렵다. 과대평가는 독이고 과소평가가 약인 줄 알면 도움이 된다.

경영학과 학생은 학점 상대평가 때문에 학점에 매달리게 하는데 대해서 어떻게 생각하는가 하고 물었다. 상대평가가 모든 학생에게 좋은 점수를 주는 것보다는 더 낫다. 내가 학생일 때에는 점수가 박한 교수가 존경을 받았다. 어떻게 하든 성적 평가가 만족스러울 수는 없다. 설사 이해관계가 걸려 있더라도 성적에 신경을 덜 쓰고 공부의 내실을 얻는 더 큰 성과를 얻어야 한다.

제주대학교 토론

직장을 가지고 일하면서 대학원을 다니는 근로학생은 어떻게 해야 하는가? 시간이 부족한데 학업을 계속해야 하는가? 예상하지 못한 질문이 논의의 발전을 가져왔다.

학업을 계속해야 하는가에 대한 대답은 열정과 의지가 있으면 학문을 힘써 해야 한다는 것이다. 학문에는 시간이 절대적으로 필요하지만 시간에 비례해 연구 성과가 나타나는 것은 아니기 때문이다. 모자라는 시간이라도 효율적으로 사용한다면 해결책이 생긴다. 모자라는 시간을 효율적으로 사용하는 방법을 두 가지 들 수 있다. 자기가 하고 있는 일에서 문제를 발견해 체험하고 고민한 바를 살려 연구를 하기로 하면 탐색과 준비를 위한 시간이 없어도 된다. 일하는 사이에 잠시의 휴식이라도 허용되면 지체하지 않고 바로 연구 작업이 머리에서 진행되도록 하면 시간을 많이 벌 수 있다.

근로학생만 그래야 하는 것은 아니다. 대학의 교수도 연구가 아닌 일에 많은 시간을 빼앗기는 근로학자여서 같은 요령을 터득해야 한다. 연구만 하면 되는 연구교수라도 시간이 충분한 것은 아니다. 시간은 잘 이용하면 늘어나고 잘못 이용하면 줄어든다. 만원이 된 버스 안에서 시달리면서 다른 것들은 잊고 머리를 온통 연구 진행에 사용할 수 있으면 얻는 것이 많다.

다른 사람들이 떠드는 소리가 작업에 몰두하는 데 방해가 되지 않아 어느 장소에서든지 연구 능률을 올릴 수 있어야 한다. 자기 책상 앞에 혼자 앉아 위에 놓인 것들을 잘 정리하고 조용한 분위기를 만들고 한참 동안 뜸을 들여야 발동이 걸린다면, 시간 낭비가 너무 많아 할 일을 하지 못하고 만다. 어느 쪽인지 생각해보라. 바람직한 쪽으로 바뀌도록 하는 자기 훈련이 불가능하면 학문을 그만두는 것이 좋을지 모른다.

공부를 잘 하려면 엉덩이가 튼튼해 오래 앉아 있어야 한다는 말에 동의하는가? 반드시 그런 것은 아니다. 공부에서 학문으로 나아가려면 자리에서 일어나야 한다고 했다. 책을 읽기만 하면 막히게 마련이므로 책을 덮고 일어나야 한다. 산천을 찾고 세상을 돌아보고 여러 사람과 만나 말을 듣고 토론을 해야 무엇을 어떻게 연구해야 하는지 깨닫는다.

사람은 재능이 각각이어서 하는 일이 다르다. 물건을 만들고 팔고 소비하면서 경제행위가 이루어지듯이, 그림을 그리는 사람, 전시하고 파는 사람, 구경하고 사는 사람이 있다. 학문에서도 생산·유통·소비자가 다 필요하고, 셋 다 자기 일을 잘 해야 하지 않는가? 학문의 생산만 중요시하는 일방적인 논의가 바람직한 학문론인가? 유통과 소비에 관한 논의까지 포함해 총체적인 학문론을 이룩해야 하지 않는가?

이렇게 전개된 토론은 새로운 작업을 요구한다. 미처 감당하지 못해 장래의 과제로 남겨두고 함께 힘쓰자고 할 수밖에 없다. 지금은 학문생산이 잘 되지 않아 유통에도 소비에도 지장이 있으므로 시급한 과제부터 해결하고자 한다. 유통이나 소비를 자기 일로 여기는 사람들이 적극적인 관심을 가지고 요구하고 주문하고 비판해야 생산이 잘 되고 수준이 높아진다고 지금까지 힘써 주장했다고 정리해 말할 수 있다.

일반인을 위한 평생교육은 어떤 의의가 있으며, 어떻게 해야 하는가 하는 의문이 이어서 제기되었다. 직업교육도 취미교육도 필요하지만 정신적 성장을 더욱 중요시해야 한다고 대답하고, 보충 논의를 했다. 정신적 성장의 과제를 두고 교육하는 사람과 받는 사람이 대화하고 토론하면 피차 유익하다. 학문과 교육이 연결되는 통로가 넓어져 학문 발전을 위해 기여하고 교육의 수준이 향상된다. 학교교육의 미비점을 사회교육에서 계속 보완하는 것을 평생교육의 의의로 삼아야 한다.

다른 사람들에게 관대하고 자기에게는 엄격한 것이 타고난 성품일 수 있는가? 노력이나 훈련의 결과라고 해야 하지 않을까? 반론이 이렇게 제기되어, 앞의 원고를 수정하고, 여기서 보충논의를 한다. 다른 사람들에게 관대하고 자기에게도 관대한 것, 다른 사람들에게는 엄격하고 자기에게는 관대한 것은 타고난 성품인 경우가 많다. 다른 사람들에게 엄격하고 자기에게도 엄격한 것은 조금 노력하면 될 수 있다. 다른 사람들에게 관대하고 자기에게는 엄격한 것은 쉽게 이룰 수 있는 경지가 아니며, 상당한 정도의 노력과 훈련이 필요하다. 노력과 훈련을 먼저 하고 학문을 하는 것은 아니다. 학문을 하면서 자기반성을 성실하게 하고 반론과 만나 토론하기를 부지런히 하면 향상을 기대할 수 있다.

토론은 향상과 발전을 가져온다고 거듭 말하는데, 모든 토론이 그런가, 학문에서 하는 토론만 그런가? 그 이유가 무엇인가? 이런 의문이 논의의 진전을 촉구했다. 토론은 몇 가지로 나눌 수 있다. 각기 자기의 주장만 펴는 것은 토론으로 보이지만 말싸움에 지나지 않는다. 법원에서 검사와 변호사, 또는 변호사끼리 하는 토론, 의회에서 의원들끼리 하는 토론은 주어진 논제만 다루고 판결이나 의결로 종결된다. 학문에서 하는 토론은 이런 토론과 세 가지 차이점이 있다. 토론 참가자의 자격이 한정되지 않고, 논제가 추가되고 발전되고, 종결이 없어 향상과 발전을 가져온다.

학문은 어디까지 나아가는가?

방향 전환

창조하는 능력을 기르는 교육을 해야 한다고 한다. 실제로는 그렇지 못하다. 말로는 창조니 창의니 창발이니 하면서 기존의 지식을 일방적으로 전달하고 따르는 공부를 하게 한다. 기존의 지식도 취급 범위를 부담이 없을 정도로 줄여주는 시험으로 학력을 평가한다.

(가)   (나)

───→ I   I ───→

대학에 입학할 사람을 선발하는 수학능력시험이 (가)를 목표로 한다. 도달점을 정해놓고 도달점에 얼마나 근접했는지 측정한다. 이미 공부한 내용 가운데 가장 요긴한 것을 간추려 도달점으로 한다. 도달점을 가까이 당겨놓고 완전하게 도달한 만점자가 많이 나오기를 기대한다. 도달점을 뛰어넘을 수는 없으니 만점 이상의 점수는 없다.

이런 잘못을 바로잡으려면 (나)를 대안으로 삼아야 한다. (나)에서는 도달점이 아닌 출발점을 정해놓는다. 예사 학생이 공부한 수준을 출발점으로 하고 거기서 얼마나 더 나아갈 수 있는가 알아본다. 한계는 무한하다. 출제자나 질문자가 생각한 것이 한계가 아니다. 그 정도를 넘어서서 얼마든지 더 나아갈 수 있다.

(가)는 정확하고 치밀한 태도를 요구한다. 모험을 기피하고 시행착오를 겁내고 실패를 싫어하는 틀에 박힌 성격의 착실한 사람을 선발한다. 창조력을 가진 인재는 위험하다고 여겨 배제한다. (가)는 학문과 거리가 멀다. (나)에서는 학문을 할 수 있는 창조력을 묻고자 한다. 주의력이 산만하고 엉뚱한 생각을 하는 것은 창조력을 지닌 증거일 수 있다. 창조는 모험이다. 시행착오가 있게 마련이다. 실패를 해보지 않고서는 성공이 없다.

대학 입시에 논술고사가 도입될 때 (가)에서 (나)로 나아갈 수 있는 전기가 마련되지 않았는가 하고 기대했으나 논술이 정형화되는 것을 우려하지 않을 수 없다. 구술고사를 점수화하는 것은 더 나은 방법이다. 면전에서 문답하고 반문할 수 있어 사전 준비보다 지닌 능력을 더 큰 비중을 두고 평가할 수 있다. 나는 구술고사를 담당할 때 좋은 질문을 하려고 했다.

"선거를 할 때에는 자기 고장 후보가 아닌 훌륭한 후보를 지지해야 한다고 하면서, 운동경기에서는 훌륭한 선수가 아닌 자기 고장 선수를 응원해도 되는가?" 한 예를 들면 이런 질문을 했다.

사전 준비는 필요하지도 가능하지도 않고, 즉석에서 생각해내서 대답할 수 있는 문제여서 좋다고 생각되며, 촉발되는 사고가 여러 단계를 거쳐 향상될 수 있다.

승패를 나누는 방식의 차이를 말하는 것이 한 단계이다. 양쪽 모두 당사자가 아닌 참여자가 승패를 결정하는가? 결과가 참여자에게 끼치는 작용을 말하면 다음 단계로 나아간다. 경기에서 지면 선거가 잘못된 것 같은 후유증이 남는가? 승리자와 패배자의 관계를 말하면 한 단계 더 나아간다. 꼴찌에게 박수를 보내는 것이 경기에서는 바람직하지만 선거에서는 전혀 그렇지 않다. 무슨 까닭인가? 이 정도에서 그치지 않고 여러 단계 더 나아갈 수 있다. 선거와 경기는 상반되면서 상보적인 기능을 수행한다고 밝혀 논할 수 있다. 추가할 만한 과제가 많이 있다.

질문을 하나 더 들어보자. "2와 둘은 어떻게 다른가?" 이것은 너무 쉬운 것 같아 충격을 주는 질문이면서, 대답이 만만치 않아 당황하게 한다. 누구나 2는 무엇이고 둘은 무엇인지 안다. 그런데 2와 둘은 어떻게 다른가 하는 것은 대답하기 아주 어려운 질문으로 생각된다. 왜 그런가? 2와 둘을 각기 따로 알고 있었기 때문이다. 각기 따로 아는 것은 초보적인 앎이다. 2와 둘을 비교해 서로 같고 다른 점을 알아야 둘 다 제대로 안다.

각기 따로 알고 있으면서 아무런 의문도 없던 것을 함께 생각하는 것이 발상의 전환이다. 친숙하게 알고 나날이 경험하던 것을 뒤집어 생각하고 새삼스러운 문젯거리로 삼는 발상의 전환이 모든 창조의 출발점이다. "2와 둘은 어떻게 다른가?"라고 하는 물음은 아직까지 아무도 제기하지 않아 그런 조건을 잘 갖추고 있다.

2와 둘의 차이점을 밝히면 2의 성격이 더욱 명확해지고, 둘 또한 그렇다. 2와 둘을 포괄하는 공통의 원리나 이해의 틀을 찾는다면 학문 일반이 이해의 범위 안에 들어온다. 학문의 원리를 온통 밝혀낼 수 있다고 기대할 수도 있다. 신입생을 선발하다가 교수가 되어야 할 인재를 발견할 수도 있다.

어떤 대답이 가능한가? 몇 가지를 예시해보자. "2는 세계 공용의 숫자이고, 둘은 한국어 단어이다"라는 것은 쉽게 생각할 수 있는 명백한 대답이다. 수리언어와 일상언어라는 말을 쓰지 않아도 된다. "2는 누구에게든지 항상 꼭 같고, 둘은 사람에 따라서 경우에 따라서 다르다"라고 하면 한 걸음 더 나아간다. 사람에 따라서, 경우에 따라서 다른 것이 무엇인지 밝히는 많은 과제가 제기된다.

"2는 항상 2이지만 둘은 둘이면서 둘이 아닐 수 있다"는 데 이르면 생각의 차원이 달라진다. 하나와 둘의 관계가 1과 2의 관계와 다른 이치를 밝히는 길이 열린다. "하나는 하나이고, 둘은 둘이다"라고 하는 경지에서 벗어나 "하나가 둘이 되고, 둘이 하나가 된다"고 할 수 있다. "하나는 하나이면서 둘이고, 둘은 둘이면서 하나이다"라고 할 수도 있다. 이 정도에서 멈추지 않고 얼마든지 더 나아갈 수 있다. 무한한 가능성이 열려 있다.

논리 개발의 과제

학문은 논리로 이루어진다. 논리가 타당하지 않은 언술은 학문일 수 없다. 같은 말을 되풀이하거나 힘을 주어 크게 말한다고 해서 학문에서 인정하는 타당성이 생기지 않는다. 문장을 아름답게 꾸미는 수사법도 무력하다. 미문 취향은 학문을 허약하게, 학자를 혼미하게 한다.

논리는 고정되어 있지 않다. 여러 논리가 개발되어 서로 대립되어 논란을 벌인다. 어느 논리든지 가져와 적용하면 할 일을 하는 것은 아니다. 선택을 두고 진지하게 고민해야 한다. 선택을 잘하면 되는 것도 아니다. 기존의 논리는 새로운 연구에 적합하지 않는 것이 예사이다. 새로운 논리의 탐구와 정립이 학문의 핵심 과업이다.

논리를 관장하는 학문인 논리학이 따로 있지만 기여하는 바가 한정되어 있다. 논리의 일반적인 양상을 정리하고 명명해 도움이 되지만, 새로운 논리의 탐구를 선도하는 것은 아니다. 다른 모든 학문에서도 연구하는 대상을 새롭게 해명하는 논리를 적극적으로 탐구하고 다양하게 정립한다. 논리학에 매이면 발상이 단순화될 수 있다. 논리를 논리로 의식하지 않고 자유롭게 탐구해 더욱 진전된 성과를 거둘 수 있는 가능성이 줄어든다.

논리학은 수학과 상응하는 작업을 한다. 수리언어의 논리는 수학에서, 일상언어의 논리는 논리학에서 관장한다. 그러나 수학에서는 새로운 논리를 다양하고 활발하게 창조하는데, 논리학은 상당한 정도로 보수성을 지니고 이미 개발된 논리를 정리하는 데 힘쓴다. 논리학에서 수리언어를 사용하는 수리논리라는 것을 만들어 타개책을 삼았어도 수학만큼 생산적인 작업을 하지는 못한다.

왜 그런가? 일상언어를 사용하는 학문에서 추구하는 논리는 대상에서 분리하면 빈약해진다. 일상언어는 지칭하는 대상에 관한 인식을 논리와 함께 갖추고, 둘이 불가분의 관계를 가졌기 때문이다. 수학에서 하는 새로운 논리의 탐구와 상응하는 작업을, 일상언어를 사용하는 학문에서는 여러 영역의 개별적인 연구에서 다양하게 진행한다. 그 내용을 총괄해 검토하려고 논리학을 넘어선 철학에서 시도하지만 세부까지 갖추기에는 역부족이다.

모든 학문은 논리를 탐구해야 한다. 일상언어를 사용하는 학문에서는 논리 탐구를 스스로 해야 한다. 개별적인 사항에 관해 고찰하고 검증한 내용을 종합해 이론을 도출하고, 적용 범위를 넓혀 일반이론을 정립해야 학문을 제대로 한다. 이론은 논리를 갖춘 언술이다. 대상과 합치되고 언술 내부의 일관성을 갖춘 논리를 찾아내야 연구가 진전된다.

그러나 논리의 다양성, 새로운 논리의 개발에 관해 총괄적인 고찰을 하려면 논리학 또는 철학의 도움을 받지 않을 수 없다. 논의가 너무 범박하게 되는 결함이 있는 것을 각오하고, 크게 파악하는 시도를 하기로 하자. 전문적인 용어를 몇 개 사용하기로 하고 양해를 구한다. 용어가 낯설게 여겨지면 빼놓고 이치만 생각하면 된다.

"하나는 하나이고, 둘은 둘이다"라는 것은 말하자면 형식논리이다. "하나는 둘일 수 없고, 둘은 하나일 수 없다"라고 말을 바꿀 수 있다. 이 정도에 그쳐서는 사실 확인 이상의 작업을 할 수 없어 더욱 진전된 논리를 갖추어야 한다. 하나와 둘은 갈라져 있기만 하지 않고, 연결되기도 하고 합쳐지기도 하고 뒤바뀌기도 한다. 길을 막지 않고 열어주는 논리가 있어야 앞으로 나아갈 수 있다.

"하나는 하나이고, 둘은 둘이다"라는 것보다 더 나아가면 "하나가 둘이 되고, 둘이 하나가 된다"고 할 수 있다. 이것은 변증법이나 음양론에서 하는 말이라고 할 수 있다. 변증법에서는 하나가 적대적인 관계를 가진 둘이 되어 투쟁을 거쳐 다시 하나가 되는 과정을 말하면서 "둘이 하나가 되고"라고 하는 쪽을 더욱 중요시한다. 음양론에서는 하나가 서로 다른 둘로 나누어져 있으면서 하나를 이루는 양상을 파악하면서 "하나가 둘이 되고"라고 하는 쪽을 더욱 중요시한다.

"하나가 둘이 되고, 둘이 하나가 된다"는 것은 하나와 둘이 시차를 가지고 존재한다는 말이다. 말을 고쳐 "하나는 하나이면서 둘이고, 둘은 둘이면서 하나이다"라고 하면 한 걸음 더 나아간다. "하나가 둘이 되고"는 "하나가 하나이면서 둘이고"이며, "둘이 하나가 되어"는 "둘이 둘이면서 하나이다"라고 하는 것이 바람직하다. 하나가 되는 투쟁을 말하는 변증법, 둘로 나누어져 있는 양상을 파악하는 음양론은 각기 한쪽에 치우쳐 함께 받아들이면서 넘어서야 한다.

변증법과 음양론을 합쳐서 넘어서는 논리를 무어라고 해야 할 것인가? 나는 生克論이라고 일컫는다. 이 대목에서 동아시아철학사에 대한 논의를 하지 않을 수 없다. 理철학인 정통 음양론이 相生을 파악하는 데 치우친 결함을 상생이 相克이고 상극이 상생이라 해서 극복한 氣철학에서 생극론이 정립되었다. 상생은 음양론과 같이, 상극은 변증법과 같이 파악해 생극론은 음양론과 변증법을 합치면서 넘어선다.

생극론은 동아시아학문의 오랜 유산인데, 내가 이어받아 새롭게 하고자 한다. 다방면에 걸친 연구를 힘써 해서 재정립했으나 아직 많이 모자라, 생극론을 계속 확대하고 발전시키면서 가다듬어야 한다. 다른 사람들은 이에 동의하면서 확대와 발전을 자기 나름대로 할 수 있다. 변증법이나 음양론을 비판한 나의 견해가 틀렸다고 하면서 둘 가운데 어느 하나의 타당성을 다시 입증할 수도 있다. 변증법·음양론·생극론을 모두 거부하고 더욱 진전되고 타당한 대안을 제시할 수도 있다. 길이 사방 열려 있어 어느 쪽으로 가야 한다고 지정해 말할 수 없다.

이성 위의 통찰로

논리는 이성의 산물이다. 사람이 지닌 능력 가운데 이성이 논리를 개발하고 학문을 발전시키는 과업을 담당한다. 합리적인 사고인 이성이 학문 발전의 원동력이 되어 과학의 발전을 가져오고 기술 혁신을 놀라운 수준으로 이룩했다고 한다.

이런 주장은 의심할 바 없이 타당하다고 하지만 허점이 있다. 이성의 능력이 창조력인가? 이 질문에 "그렇다"고 대답하기 어렵다. 창조력은 이성이 비약을 이룩하도록 하는 능력이어서 이성의 자기발전이라고 하기는 어려우며 이성 이상의 무엇이다. 이성 이상의 무엇이라고 한 것을 어떤 말로 지칭해야 하는가? 통찰이라고 하는 것이 응답이다.

논리는 이성적인 타당성을 더욱 단단하게 하는 경쟁을 하고 말

것이 아니다. 이성 이상의 통찰로 나아가는 길을 여는 데 기여하는 것이 더욱 긴요한 과제이다. 형식논리보다는 변증법이나 음양론이, 이 둘보다는 생극론이 앞선다는 것을 실제 연구에서 입증할 수 있다.

내가 한 소설연구를 들어보자. 소설은 이성과 감성을 합쳐야 이해되고, 종잡을 수 없다고 해야 할 혼돈의 특징이 많아 지금까지의 논리로는 파악하지 못하고, 이성 이상의 통찰을 요구한다. 소설에 다면적이고 포괄적인 이해가 변증법으로도 불가능해 편파적인 견해에 머무르고 있는 현황을 바로잡고 세계적인 범위에서 총괄론을 처음 이룩하는 데 생극론이 커다란 진전을 보였다.

이성이란 언제나 좋은 뜻으로 통용된다. 최상의 처방으로 통하기까지 한다. 세상이 혼란할수록 이성을 가지자고 한다. 이성은 감성과 반대되는 개념임을 명확하게 인식하고 이런 말을 한다. 감성에 사로잡혀 들뜨지 말고 이성을 되찾아 차분하게 생각하라고 한다. 사태를 판단하는 데는 이성이 필요하지만, 행동하는 것도 이성의 소관이라고 할 수는 없다.

이성을 가진다는 말은 행동을 보류하고 물러나서 관찰한다는 뜻으로 이해된다. 함부로 움직이지 말고 행동을 보류하라는 충고가 이성을 가지라는 것이다. 행동을 하기 위해서는 감성을 배격하지 말고 이성과 감성을 합쳐야 하는데, 이 일도 이성이 담당하는가? 이성과 감성의 관계가 문제의 핵심이다. 이성과 덕성의 관계도 함께 논의해야 한다.

사람의 마음을 어떻게 이해하는가가 문제이다. 이에 관한 견해를 들어 논하려면 동서양의 차이를 문제 삼아야 하고, 시대에 따른 변천도 살펴야 한다. 이것은 위험이 따르는 일이다. 너무 복잡해 이해하기 어렵고, 따라가면서 알고 따지고 나면 창조하는 사고가 사라지고 마는 무익한 짓을 하게 될 염려가 있다. 그렇더라도 덮어둘 수는 없다.

동아시아에서는 오랫동안 사람의 마음을 體·用의 관점에서 논해 性·情의 관계를 말했는데, 유럽에서는 근대에 이르러 사람의 마음을 작용하는 방향에 따라 갈라 知·情·意 또는 이성·감성·덕성을 나누는 철학을 정립했다. 用에 대해서 더욱 관심을 가지고 그 양상을 구분했다. 이렇게 해서 덕성을 관장하는 종교의 간섭을 배제하고 이성의 탐구가 진행될 수 있게 하는 논거를 마련한 것을 평가할 만하다. 그러나 갈라놓은 것을 각기 숭상하기만 하고, 합칠 수는 없어 심각한 사태가 벌어진다. 한 때의 발전이 다음 시기에는 질곡이 되는 사례이다.

이성을 따로 분리시켜 예찬하는 철학은 마음의 총체적인 작용을 돌아보려고 하지 않는다. 감성이나 상상력을 배제한 이성을 도식적으로 분류하는 체계를 만들거나 논리를 위한 논리를 마련하는 폐단이 심각하다. 이성 자체의 학문이라는 철학을 고립시켜 고유한 대상과 방법을 찾는다고 하면서 학문 일반론을 저버린 잘못도 크다.

그러나 나무라는 것이 능사가 아니다. 우리는 더 나아가지 못하면서 누가 철학을 망치고 학문을 그릇되게 했다고 비난하지 말아야 한다. 그릇된 세상과 맞설 용기나 능력이 없어 비겁한 짓을 했다고 하면 말이 되돌아온다. 남들이 저지른 과오가 우리 사고에 깊이 뿌리박힌 것을 뽑아내려면 철저한 자아비판을 해야 한다. 우리가 잘못하고 있는 것은 남을 탓하지 않고 스스로 바로잡기 위해 분투해야 한다.

지금의 상황을 보자. 사태가 심각하다. 학문한다는 사람들이 의심하면서 깐죽거리기를 일삼아 다른 사람들이 하는 일에 대해 공연히 간섭하기나 하고, 자기 자신은 창조적이고 생산적인 작업은 하지 않는 것이 예사이다. 이런 것을 학문하는 고결한 자세라고 칭송하기까지 한다. 이처럼 그릇된 이유는 학문은 오직 이성으로 하는 것이라고 믿고 이성을 다른 정신활동에서 분리시키고자 하기 때문이다.

이성·감성·덕성을 나누어놓기만 하고 합칠 수 없으면 이성에서 통찰로 나아가는 길이 막힌다. 학문뿐만 아니라 다른 어떤 일도 제대로 이루어지지 않는다. 통찰로 나아간다는 것이 예사 사람으로는 생각할 수 없는 得道라고 여기지 말자. 일상생활에서도 통찰이 필요하다. 모든 행동은 통찰을 요구한다. 이성과 감성, 이성과 덕성을 합치는 작업은 이성이 담당할 수 없고, 그 상위에 있는 통찰의 소관이다.

통찰은 오랫동안 종교에서 맡았다. 종교가 불신되고 합리적인 철학이 등장하면서 통찰은 버리고 이성을 으뜸으로 삼았다. 이제 다시 한 번 전환이 필요한 시기에 이르러 생극론이 통찰의 길을 연다. 변증법에서 이성으로 파악하는 인식 대상의 상극, 음양론에서 덕성으로 추구하는 주체의 상생을 합쳐, 상극이 상생이고 상생이 상극임을 대상과 주체에서 함께 확인한다.

울산대학교 토론

　통찰력을 기르는 방법이 무엇인가 하는 질문이 먼저 나왔다. 이에 관해 탐구와 실천의 양면이 필요하다고 할 수 있다고 했다. 탐구는 학문연구이고, 실천은 사회활동이라고 갈라 말할 것은 아니다. 학문연구에서 탐구한 성과는 실천에서 타당성이 검증된다. 사회활동이 학문연구보다 더 나은 탐구일 수 있다. 탐구와 실천, 학문연구와 사회활동이 긴밀하게 연결되어 일체를 이루도록 하는 결단에서 통찰이 생긴다. 탐구와 실천이 갈라지고 학문연구와 사회활동이 별개로 놀면 통찰은 기대할 수 없다.

　生克이라고 하는 생소한 용어를 사용하는 까닭이 무엇인가 하고 컴퓨터공학도가 물었다. −전기와 +전기, 원심력과 구심력, 갈등과 조화 등 수많은 용어를 사용해서 각기 지칭하는 것들을 총괄하는 용어가 서양에서 전래한 오늘날의 학문에는 없어 오랜 유산을 되살려 사용한다. 生克을 순우리말로 풀어 말하거나 다른 말로 대치할 수 없다. 생극이라는 용어를 그대로 사용하면서 포괄적인 범위의 생극론을 전개해 수많은 각론이 그 속에 포함되기를 바란다.

　기계공학 전공자가 물었다. 예사 학문과 통찰을 갖춘 학문은 어떻게 다른가? 예사 학문은 이미 하고 있는 것을 따르면서 조금씩 보탠다. 건실하게 나아가고 모험을 하지 않는다. 그런데 길이 막힐 수도 있고 근본적인 재검토가 필요한 위기가 닥칠 수 있다. 통찰을 갖춘 학문이라야 이런 상황에 적절하게 대응할 수 있다. 통찰을 갖춘 학문은 이미 하고 있는 학문을 그 자체로 발전시키는 데 머무르지 않고 비판적인 검토를 하면서 새로운 방향을 찾으려고 계속 힘쓰기 때문이다. 대학에서 예사 학문 범위 안의 공부만 하면 졸업 후의 활동이 단명할 수 있다. 통찰을 갖추는 학문을 하려고 해야 위기가 거듭되더라도 슬기롭게 넘어서서 오래 활동할 수 있다.

처음 대답한 말과 관련시켜 나 조동일은 사회활동을 얼마나 해왔는가 하는 의문이 제기되었다. 몸을 수고롭게 하는 사회활동은 거의 하지 않았으나, 사회활동을 위해 머리를 쓰는 노고는 겪을 만큼 겪었다. 계급모순과 민족모순과 같은 커다란 문제에서 학문과 교육의 당면한 정책에 이르기까지 무엇이 잘못 되었으며 어떻게 바로잡아야 하는지 밝혀 논하는 논저를 계속 썼다. 학자가 사회구성원의 일원으로 지닌 임무를 수행하기나 하려는 것은 비난받아야 마땅한 소극적 태도이다. 학문의 능력으로 예사 사람은 감당하기 어려운 큰일을 해야 한다.

요즈음 대학 등록금이 과다하다는 논의가 있고, 반값 등록금을 요구하는 소리가 크다. 모여서 외치는 데 가담하면 실천의 임무를 수행한다고 할 것이 아니다. 대학재정에 대해 국내외의 경우를 총괄해 철저하게 따진 저작을 마련하는 것이 마땅한 실천이다. 이런 책이 여럿 나와 지침을 제공해야 올바른 개혁을 할 수 있을 것인데, 나침반 없이 배를 몰면서 목청이나 높인다.

이렇게 말하면 "너는 무어냐?" 하고 물을 것이다. 나는 《학문의 정책과 제도》라는 책을 써서 국내외의 상황을 자세하게 검토하고 우리가 나아갈 길을 제시했다. 다른 여러 분야에서도 반드시 거듭해서 해야 할 이런 작업은 지식을 관장하는 이성으로 감당하지 못하고, 통찰을 요구하며 통찰을 키운다.

제주대학교 토론

통찰의 학문이라는 생극론이 자연학문에서도 효력을 가지는
가? 이 질문이 논의의 진전을 위해 소중한 기여를 했다. 생극은
천지만물의 공통되고 일관된 이치이다. 자연학문의 각 분야에서
하는 다양한 연구에서도 그 대상의 생극을 찾아내는 것이 긴요한
과제이다. 생극의 개별적인 양상을 파악하는 데 머무르지 않고
총괄론을 개척해 통찰의 의의를 확대하는 데서 생극론은 더 크게
쓰일 수 있다. 자연학문을 사회학문이나 인문학문과 연결시켜 함
께 연구하고 장차 통합하기도 하려면 생극론의 통찰을 더욱 개발
해야 한다.

통찰을 영어로 무어라고 하는가? 정치학교수가 제기한 이 의
문에 대해 "insight"라고 대답하고, 논의를 더 했다. 예사 명사에
지나지 않는 "insight"가 특별한 의미를 지닌 용어이게 하려면 적
지 않은 노력이 필요하다. 통찰의 경우보다 생극론은 더 어렵다.
미국인 제자와 의논해 "becoming-overcoming theory"라고 하자고
했는데, 이해되지 않고 있다. 변증법의 소설이론을 비판하고 생극
론의 소설이론을 대안으로 제시한 논문 영어본을 이탈리아어로
옮기는 번역자가 "becoming-overcoming"이 무슨 뜻인지 모르겠다
고 하면서 설명을 요청한 전자우편에 영어로 대답한 말을 이탈리
아어로 옮기지 않고 주석 하나에 그대로 옮겨놓았다. 이것은 토
론하는 자리에서는 제시하지 못하고 나중에 적는다.

The Becoming–Overcoming Theory is contradictory. The truth is in the contradiction. If we disbelieve and exclude the contradictory truth, all extremisms fighting each other with one sided instances must be allowed. Such a confusion is undesirable. In the Western philosophy, the metaphysics and the dialectics, the static structuralism and the genetic structuralism are two separate sects denying each other. But in the Oriental philosophy, they are two as well as one. Fighting is cooperating in itself. I recreated such tradition of thinking with more convincing arguments to make a general theory of literary history. The contradictory proposition that the harmonious way of Becoming is the conflicting process of Overcoming solves many difficult problems of literary history. The rise and changing of the novel in the global perspective can be understood by the Becoming–Overcoming theory. We have to realize well the fact Oriental and Western traditions of thinking are quite different even nowadays. So it is not easy, I think, to understand my point of view to criticize Western literary theories. But one thing is very clear. There is no crisis of literature, such as the demolition of the novel, in East Asian countries. The fundamental reason can be found in the philosophical tradition. So it is an indispensable duty for me to revise the literary theories imported from the West, to open a really general horizon.

행정학교수가 말했다. 번역이 소중하다. 우리 학문에서 얻은 좋은 성과나 문학창작의 우수한 작품을 번역해 널리 알리는 성과가 그리 크지 않은 것은 무슨 까닭인가? 여러 기관에서 경쟁하면서 한 건씩 골라 손쉬운 대로 맡겨 분량에 따라 보수를 계산하지 말고, 능력을 제대로 갖춘 원어민이 스스로 선택해서 오랫동안 힘써 번역해야 좋은 결과를 얻는다. 보수를 월급으로 주고 장기간 재직하도록 하는 연구소가 있어야 가능한 일이다.

행정학교수가 말했다. 학문을 잘 하려면 제도 개선에 더욱 힘써야 한다. 서울대학교 폐지가 제도 개선의 중요한 과제가 아닌가? 서울대학교 때문에 입시경쟁이 과열되고, 학문 발전이 저해되지 않는가? 전부터 말하고 글을 써서 발표하기도 한 생각을 들어 응답했다. 서울대학교를 폐지하기만 하면 그 두 가지 지적 사항이 개선되지 않는다. 서울대학교를 국립대학 또는 모든 대학 공동의 기구로 해서 대학의 교수는 누구든지 가서 강의하고, 대학의 학생은 누구든지 가서 수강할 수 있게 하고, 그 자체로는 입학도 졸업도 없게 하면 두 가지 지적 사항이 개선된다. 개편된 서울대학교에서 하는 강의는 창조적인 연구를 하면서 얻는 새로운 내용을 전에 볼 수 없던 방법으로 다루어 학문 발전에 적극 기여하는 것이 마땅하다.

정치학교수가 말했다. 오늘날 중국의 학문을 어떻게 평가하는가? 정치학에서도 깊은 관심을 가진 문제이다. 이에 대해 나는 기대에 미치지 못해 실망스럽다고 했다. 자료를 열거하는 수준에 머무르기도 하고, 시사평론 정도의 논의를 펴기도 하는 양쪽의 결함을 뛰어나다는 학자도 청산하지 못하고 있다. 구시대의 학풍이 깊이 남아 있는 기반에서, 이념을 혁신하지 못하고 제약을 피하려고 하는 탓이 아닌가 한다.

명말 청초에 王夫之가 이룩한 기철학에서 생극론을 가져오는 것이 마땅한데, 기철학은 미숙한 유물론이라고 평가해 역사적인 의의만 인정하고 오늘날을 위해 새삼스럽게 기여할 것은 없다고 한다. 왕부지에 대한 다양한 이해를 하자고 하는 근래의 동향에서는 철학에 대한 심각한 논의가 생략된다. 앞뒤의 사정이 이렇기 때문에 우리가 더욱 분발해야 한다.

학문이 막히면 어떻게 할까?

무엇이 문제인가?

학문에 관한 고찰은 당위론이나 이상론으로 일관할 수 없다. 당위론이나 이상론에 동의하고 학문을 하면 진전이 있고 성과가 보장되는 것은 아니다. 하려고 해도 제대로 되지 않고 막히는 경우가 흔하다. 막히는 증세에 어떤 것이 있는지 알고 원인을 찾아 해결하는 것이 긴요한 과제이다.

학문이 막히는 것은 질병의 증후이다. 건강 예찬은 그만 하고 질병을 발견하고 치료해야 한다. 질병이란 뜻하지 않은 외부의 작용으로 생긴 것도 있고, 자기 자신에게서 오랫동안 자라난 것도 있다. 여기서 말하는 학문의 질병은 뒤의 것이다. 외부의 작용 때문에 학문을 하지 못하면 맞서서 싸워야 하고 이기지 못하면 그만두면 된다. 자기가 만든 질병이 심각해져 학문을 망치는 것이 더 큰 문제이다. 알아차리지 못해 대처할 수 없는 것이 예사이다. 학문을 잘 한다고 생각하고 있는데 사실은 망치고 있는 경우가 적지 않다.

학문의 질병에는 의사가 따로 없다. 학생 시절에는 지도교수가 진단하고 처방도 내리지만 증세가 호전되지 않는 것이 흔한 일이다. 학위를 받고 학자 노릇을 시작한 다음에는 치료를 도와줄 사람이 나서기 어렵다. 나무라면 반발이나 산다. 글 써서 비판하면 반박이 되돌아온다. 인신공격을 앞세우고 논쟁이 과열되기도 하는데, 양쪽 다 질병에 걸린 탓이다.

학문의 질병은 수술할 방법이 없고 약물 치료도 가능하지 않다. 생활습관이나 환경을 바꾸고, 공기 좋은 곳에 가서 요양하면 자연히 치료될 수 있는 것도 아니다. 학문의 질병에서는 발생에서 치료까지 모든 것이 본인 책임이고 의지할 데가 없다. 어떤 질병에 걸려 증세가 어느 정도인지 스스로 알아차리고 자기 자신과 싸워 정신을 차려야 치료가 가능하다.

학문의 질병도 학문 연구의 대상이어야 한다. 학문의 자기 점검을 위해 반드시 필요한 연구를 지금까지 버려두었다. 얻은 결과는 연구 자체로 의의가 있는 데 그치지 않고 실적인 효능이 있어 더욱 소중하다. 그러나 학문 질병에 관한 탐구는 아직 많이 모자란다. 자가 진단과 자기 치료를 위한 참고 자료를 제공하는 것도 벅찬 일이다. 수정과 보완을 위해 계속 힘쓰기로 하고 중간보고를 하기로 한다.

들고 보니 질병이 모두 아홉이다. 李奎報는 일찍이 시를 잘못 쓰는 아홉 가지 병폐를 들고 九不宜體라고 했다. 이것은 학문의 九不宜病이다. 體라고 하는 점잖은 말을 써서는 충격 효과가 적다고 여겨 病이라고 일컫는다.

질병의 증세와 치료 방법

(1) 공부를 계속해서 하기만 하고 학문으로 나아가지 않는다. 공부를 학문으로 여기고 열심히 하면 착실하다는 평가를 받으리라고 기대한다. 공부에서 우수한 성적을 얻은 탓에 이런 착각에서 벗어나지 못하는 것을 흔히 볼 수 있다. 공부와 학문은 수동과 능동, 전수와 창조, 과거와 미래의 차이가 있다는 것을 깨닫고 다시 출발해야 한다.

(2) 여건을 탓하고 몰이해를 나무라고 알아주어야 학문을 하겠다고 하면서 최소한의 노력이나 하고 만다. 핑계가 있으면 게을러도 되는 것은 아니다. 아직 하지 않은 학문을 누가 알아주겠는가? 학문은 불리한 여건과의 투쟁이다. 학문을 해야 여건 개선을 요구할 수 있고 개선을 추진하는 데 보탤 힘이 생긴다.

(3) 자기 학문을 스스로 이룩하지 못하고 남에게 의지하면서 본뜨고 흉내 내기를 일삼는다. 우상 숭배라고 할 수 있을 정도로 증세가 악화되고, 우상이 훌륭해 자기도 훌륭하다는 논법을 애용하면 사태가 아주 심각하다. 탐구의 주체가 되어 새롭게 모색하고 창조해야 훌륭한 선례보다 더 나아가 잠재된 가능성을 실현하고 막힌 길을 열 수 있다.

(4) 학문은 승패를 가르는 경쟁이라고 여기고 이기기 위한 작전을 갖가지로 쓴다. 기존 연구가 틀린 것이 자기는 옳은 증거라고 하고, 선행자를 헐뜯어 타격을 입혀야 선두에 나설 수 있다고

여긴다. 작은 실수를 지나치게 나무라다가 평정심을 잃어 小人이 되기까지 한다. 학계는 한 줄로 서서 달리는 경기장이 아니고, 각 자의 장기를 살리면서 함께 어울리는 광장이다. 선의의 경쟁을 통한 협동으로 학문이 발전하는 데 성실하게 참여해야 한다. 大 人이라야 할 수 있는 일이다.

(5) 진행 중인 작업에 매몰되어, 연구 방향을 다시 점검하고 설 정하지 못한다. 한 동안 잘 나가다가 답보상태에 빠지더니 후퇴 하고 마는 경우가 적지 않은 것은 이 때문이다. 자기 진단을 소홀 하게 하면 발전이 없다. 연구에는 단계가 있고 순서가 있는 것을 알아 장기적인 계획을 세우고 적절한 시기에 필요한 결단을 내려 야 한다.

(6) 계획생산은 하지 않고, 주문생산에 매달린다. 무엇을 할 것 인지 자기가 판단해 연구를 진행하려고 하지 않고 누가 무엇을 해달라고 하면 그 쪽의 요구에 맞는 결과를 내놓아 유용한 학문 을 한다고 인정받으려고 한다. 주문이 없어도 시류에 맞는 것이 무엇인지 판단해 잘 팔리는 상품을 내놓으려고 한다. 그래서 얻 는 평가는 단명해 쉽사리 패퇴될 줄 알고, 지속적인 의의를 가진 연구를 일관된 계획을 세워 진행해야 한다. 시대를 뒤따르지 말 고 앞질러 가야 한다.

(7) 내심에서 우러나는 학문을 하지 않아 외면치레에서 만족을 얻으려고 한다. 얼마 되지 않은 업적을 자랑하면서 인기관리에 힘쓰고 명성을 키워 위치 지위 상승의 수단으로 삼으려다 실망하 기도 한다. 학문 자체가 보람이고 가치임을 알고 성실한 작업을 충실하게 해야 진정한 즐거움을 누릴 수 있다.

(8) 학문을 한다면서 시사평론이나 한다. 실천이 이론 못지않게 소중하고 상아탑에 안주하지 말고 사회참여를 해야 한다는 등의 이유를 들어보면 수긍할 수 있을 것 같으나, 하는 말이 얄팍하다. 임기응변을 논거로 삼고 어느 한쪽에서 자주 하는 이야기를 되풀이해 환심을 사려고 하는 것을 흔히 볼 수 있다. 현실 문제를 넓고도 깊게 연구해 해결책을 찾는 이론 작업에 힘을 쏟아야 주장하는 바가 실현될 수 있다.

(9) 어느 정도 이룬 것이 있다고 인정되자 인기를 얻고 장사가 되는 쪽으로 쏠린다. 학문을 대중화하고 확산한다는 구실로 진지한 연구는 저버린다. 재능이 있다고 인정되고 글을 잘 써서 독자를 모을 수 있는 장점이 타락의 원인이 되는 것을 흔히 본다. 시장에서 얻는 일시적인 성공보다 학계의 지속적인 평가가 더욱 소중한 줄 알아 능력을 바르게 사용해야 한다.

활로 개척의 적극적 방안

학문을 하다가 막히는 병은 이 아홉 가지만이 아니고 더 있다. 다 찾아서 열거할 수 없고 그럴 필요도 없어 이 정도로 줄인다. 병은 어느 하나만 나타나지 않고 증세가 복합되어 나타나는 경우가 흔해 실상을 다 말하려면 너무 복잡하다.

증세보다 치료가 더욱 중요하다. 아홉 항목마다 치료에 관해 말했으나 미흡하다. 더욱 적극적인 방안이 있어야 한다. 여러 병을 합쳐 어떻게 치료해 활로를 개척해야 하는지 말하기로 한다. 나날이 참고로 삼을 만한 지침을 제시하고자 한다.

공부는 넓게 하고, 연구는 좁게 시작해야 한다. 넓게 한 공부 가운데 어느 작은 부분에서 연구를 시작하는 것이 마땅하다. 좁게 시작한 연구를 차차 넓혀 처음에 넓게 한 공부를 활용하고, 연구를 위해 공부를 더 넓히는 것이 정상적인 순서이다.

호기심에 들떠 이리저리 기웃거리는 것이 젊은이답다. 무엇이든지 하고 싶고 할 수 있다고 여겨 방랑을 하는 것이 좋다. 그러나 연구에 뜻을 둔다면 현명한 작전을 세워야 한다. 처음에 넓게 공부해 많은 것을 알아야 연구를 시작하는 곳을 결정하는 선택의 폭이 넓어진다. 처음에는 신명 나서 연구에 들어서고 나중까지 후회하지 않으려면 넓게 공부해야 한다.

기존 연구가 잘못되어 허점이 보이고, 고쳐놓는 것이 가능하고, 그 일을 자기가 남들보다 더 잘 할 수 있다고 판단되는 곳을 연구의 출발점으로 삼아야 한다. 그런 것이 어디 있는지 사방 돌아다니면서 부지런히 찾아야 한다. 무엇을 하고 있는지 알고 이루어야 할 목표를 정하면 무작정 시작한 방랑이 유용한 현지조사가 된다.

연구는 반드시 좁은 데서 시작해야 공부에 머무르지 않고 다음 단계로 나아갈 수 있다. 넓은 데 나가 놀기나 하려고 하고 좁은 데로 들어오지 않겠다고 하면 연구를 시작할 수 없어 학자가 되지는 못한다. 구경꾼으로 만족하고 선수가 되지 않겠다고 하는 것과 같다. 구경꾼에게는 학사가 최고의 학위이다. 석사나 박사가 되고서도 구경만 하겠다는 것은 시간, 노력, 경비 등 그 어느 면을 보든지 낭비이다.

대학원 시절은 공부에서 연구로 나아가는 전환기이다. 공부는 학사과정 때보다 더욱 넓게 하면서 연구의 폭을 좁혀야 한다. 공부는 좁게, 연구는 넓게 하려고 하면 망한다. 둘 다 넓히면 연구를 시작할 수 없다. 둘 다 좁히면 연구를 시작하기는 해도 장래가 어둡다. 공부는 넓히고 연구는 좁히는 상반된 작업을 둘 다 잘해야 한다.

박사학위를 받으면 학문을 하는 삶이 공식적으로 시작되므로 공부보다 연구에 더욱 힘써야 한다. 박사는 스스로 연구를 해도 좋다는 면허장이다. 공부하는 과정을 끝내고 지도를 받지 않고 자기 홀로 연구를 할 수 있다는 공인된 절차이다. 연구를 어떻게 해야 하는지 제대로 알고 작전을 잘 세워 추진해야 한다.

그 뒤의 연구에서 두 가지 발전을 이룩해야 한다. 하나는 높이를 더해가는 것이고, 다른 하나는 폭을 넓히는 것이다. 그 둘은 각기 추구할 수 있으나 불가분의 관계를 가진다. 높아지려면 넓어져야 하고, 넓어지려면 높아져야 한다. 피라미드 같은 세모뿔을 두고 생각해보자. 밑면이 넓어야 꼭짓점이 높아진다.

높아지려면 사물의 이치를 꿰뚫어보는 통찰력을 지녀야 한다. 넓어지려면 다방면에 걸쳐 공부한 밑천이 있어야 한다. 공부에 지나지 않고 연구와는 무관한 듯이 보이던 것들이 모두 연구에서 활용되어 폭이 넓어진다. 오래 전에 한 공부가 엉성하고 부정확하며 단순한 지식에 지나지 않아 연구에서 바로 활용하기 어려우면 연구의 폭을 확대하면서 필요한 것을 보충해야 한다.

높아지는 것과 넓어지는 것 가운데 어느 쪽이 더욱 바람직한가 판별해야 하는 경우가 있다. 그 어느 쪽에 더욱 힘쓰는 연구를 한참 진행해야 할 때가 있다. 그러나 그 둘을 갈라놓지 말아야 한다. 둘을 함께 하는 지혜를 터득해야 학문을 제대로 할 수 있다. 그 방법이 간단하지 않으므로 구체화된 논의가 필요하다.

밑면을 넓히기만 하는 학자들도 있다. 자료를 많이 모으고 박학다식을 자랑하지만 정리를 제대로 하지 못해 두고두고 참고할 만한 업적을 내놓지 못한다. 자기가 비장한 자료의 가치를 역설하면서 세상의 무지를 개탄한다. 다른 한편으로는 밑면은 생각하지 않고 꼭짓점을 높이기만 하려는 시도도 볼 수 있다. 무리한 가정에다 위태위태한 추론을 보태 대단한 것을 이루려고 애쓰지만 허사가 된다. 실패를 인정하지 않으려고 얄팍한 글재주로 안개를 피우기도 한다. 그 어느 쪽의 잘못도 배격해야 한다.

기존연구를 극력 나무라면서 남이 틀렸으므로 나는 옳다고 하는 것은 잘못이다. 남이 틀렸다고 해서 내가 옳다고 입증되지는 않는다. 논란을 벌이고 있는 여러 견해 가운데 하나가 맞으면 다른 것은 틀렸다고 할 것도 아니다. 둘 다 맞을 수도 있다. 관점에 따라서 견해가 다를 수도 있다. 내가 옳다는 것을 입증하면 남이 틀렸다고 구태여 입증하지 않아도 된다. 기존의 견해를 존중하고 평가하면서 내 견해가 진일보했음을 입증하는 것이 마땅하다.

학문을 잘 하려면 어리석으면서 똑똑해야 한다고 했다. 어리석기만 하면 귀납법을 맹신한다. 자료를 많이 모아 열거하면 자료가 스스로 해답을 말해준다고 믿는다. 그것은 밑면 넓히기에 지나지 않아 논의의 진전이 없다. 똑똑하기만 한 사람은 번다한 수속을 배제하고 자기 견해를 바로 제시한다. 입증되지 않은 자기 견해를 출발점으로 삼아 연역의 논리를 전개한다. 이것은 밑면은 돌보지 않고 꼭짓점만 올리는 방식이다.

그러면 어떻게 해야 하는가? 귀납을 충분하게 진행하다가 연역이 가능한 일반론을 도출하는 것이 정답이다. 작업을 하다보면 저절로 그렇게 되는 것은 아니다. 연역이 가능한 일반론을 가설로 세워놓고 귀납적인 증명이 가능한지 탐색하는 작업을 여러 번하면서 고치고 다듬어 최상의 것을 선택해야 한다. 그 내막은 숨겨놓고 귀납으로 일관된 작업을 하다가 일반론을 얻었다고 위장하는 것이 좋은 작전이다.

논문과 저서

젊어서는 취급 범위를 축소한 논문을 쓰고 나이가 들면 총괄적인 내용을 가진 저서를 내는 것이 마땅한 순서이다. 젊어서 총괄론 저서를 쓰면 설익은 논의를 함부로 한 것을 두고두고 후회하게 된다. 그대로 따르려니 구속이 되고 취소하려고 하니 위신이 손상되어 곤경에 빠진다.

나이가 들어서까지 개별적인 논문만 쓰면 꼭짓점을 높이고 밑면을 넓힌 성과를 총괄할 수 없다. 귀납법을 사용하는 것으로 위장해 이룩한 이론을 전면에 내세워 평생 노력한 성과로 삼기 위해서도 총괄론을 저서로 써야 한다. 젊어서부터 넓게 한 공부가 모두 유익하다는 것을 입증하는 작업도 저서에서 해야 한다.

논문 단계에서 저서 단계로 넘어가는 경계가 언제인가? 50세 전후가 적절하다. 나이가 들면 힘은 줄어들고 식견은 늘어난다. 하강선과 상승선이 만나는 시점이 교수 노릇을 15년쯤 하고, 15년이 남은 절반의 시기 50세 전후이다. 두 시기가 겹치지만 정도의 차이를 들어 구분이 가능하다. 학문의 분야마다 차이가 있을 수 있으나 평균해서 말하면 이와 같다.

두 시기에 할 일에는 공통된 원리가 있다. 전반 15년의 논문 쓰기에도 주제 발전의 원리가 있어야 한다. 후반 15년에 저서로 총괄할 때에도 몇 단계의 작업이 필요하다. 연구의 주제가 좁은 데서 넓은 데로, 구체적인 데서 포괄적으로 나아가는 순서를 적절하게 하는 것이 아주 긴요하다.

내 경우를 들어 말해보자. 나는 불문학을 공부하고 문학평론을 하다가 국문학으로 전공을 바꾸어 학문을 하기로 했다. 경북 동북부 지방의 구비문학 현지연구에서 독자적인 연구를 시작해, 구비문학·고전문학·한국문학으로 영역을 확대하고, 한국문학을 다른 문학, 다른 학문과 관련시켜 고찰하는 데까지 나아갔다. 200여 편의 논문에서 한 개별적인 연구를 70여 책의 저서에서 정리하고 발전시켰다. 50세 전후에 논문 시대에서 저서 시대로 나아갔다.

서울대학교에서 정년퇴임을 할 때 거기까지 이르렀다. 통상적인 과정을 마친 다음 두 번의 기회가 더 주어져 총괄론의 총괄을 다시 했다. 계명대학교 석좌교수로 5년간 재직하면서, 스스로 설계하고 진행하는 공개강의의 주제를 한국학으로 하고 책을 열 권 더 냈다. 다시 울산대학교 참여교수가 되어 연속강연을 할 수 있게 되어 학문학을 다루어 책 한 권에 담고자 한다.

울산대학교 토론

공부와 학문의 구분을 아는 것과 모르는 것을 들어 말할 수 있지 않는가? 이 질문을 받고, 그렇다, 아주 좋은 지적이라고 했다. 공부를 많이 하면 아는 것이 많다. 그러나 학문은 아는 것은 버리고 모르는 것에서 출발한다. 내가 모를 뿐만 아니라 다른 사람 누구도 모르거나 잘못 알고 있는 것을 찾아내 알아내는 것이 학문이다. 모르는 것이 많아야 학문을 잘 할 수 있다. 모르는 것이 학자의 재산이다.

불문학을 공부하다가 국문학으로 전공을 바꾸어 연구를 시작한 것은 무슨 까닭인가? 국문학을 공부하고 불문학을 연구하는 그 반대의 선택은 가능하지 않는가? 불문학이든 국문학이든 공부의 대상이고 연구의 대상이다. 공부하고 연구하는 것이 양쪽에서 다르지 않다. 그러나 한국인인 나는 불문학을 연구하기 어려워 국문학에서 연구를 시작하고 얻은 바가 있어 나중에는 불문학까지 포함한 연구를 했다. 불문학 공부가 연구 확대에 긴요하게 쓰였다.

논문을 쓰다가 막히면 어떻게 해야 하는가? 이것은 핵심이 분명한 구체적인 질문이다. 우선 한 말로 대답했다. 덮어두고 일어나야 한다. 다른 연구 작업을 하거나, 산천을 찾아 산책을 하거나, 학문과는 관련이 없는 일을 하다가보면 막힌 곳이 뚫릴 수 있다. 돌아가면 좋은 길이 보일 수 있다. 학문은 총체적인 능력으로 해야 하는데, 앉아 있기를 오래 하면 있는 능력이 고갈된다. 종이책을 덮고 세상을 읽어야 할 때가 많다.

학문은 사명감으로 해야 하지 않는가? 학문은 즐거워서 한다. 사명감은 학문을 하는 동기일 수 있어도 지속적인 추진력일 수는 없다. 사명감만으로 학문을 하려는 사람들은 자기가 하지 않고 남들에게 일을 맡긴다. 당위성을 역설하면 진전이 이루어지는 것은 아니다. 즐거워서 해야 학문이 제대로 되어 사명을 수행하는 결과를 얻는다.

당위성을 역설하면서 거리를 돌아다니지 말고 세상과 거리를 두어 연구에 필요한 환경과 시간을 마련해야 한다. 어리석고 똑똑한 양면의 능력을 가지고 밑면 넓히기와 꼭짓점 높이기에 열정을 쏟아야 세상에 널리 유익한 생산품을 내놓을 수 있다. 고립을 능사로 삼아야 한다는 것은 아니다. 연구 생산품을 만드는 과정에서 토론을 통한 검증과 보완을 하면서 다른 사람들과 광범위한 유대를 가져야 한다.

시대를 따르지 않고 앞질러가려면 어떻게 해야 하는가? 학문론을 들어 대답하겠다. 외국에서 유행하는 학문이나 학문론을 가져와 자랑하는 것이 시대를 따르는 방식이다. 유행이 바뀌면 취급 품목이 계속 달라져야 하니 피곤한 노릇이다. 스스로 경험하고 깨달은 바를 근거로 학문론을 새롭게 이룩하면 시대를 따르지 않고 토론이 확대되는 과정에서 널리 공감을 얻어 시대를 앞질러 나간다고 평가될 수 있다.

지금 여기서 하는 학문론이 본보기이다. 쉬운 말로 누구나 이해할 수 있게 학문을 논하면서 學과 問을 함께 갖추는 공동작업을 한다. 멀고 아득하게 생각되는 세계 최첨단의 작업이 지금 여기서 전개되며 여러분이 동참하고 있다. 학문론을 이렇게 만들어내는 방식을 다른 여러 분야에서도 활용할 수 있다.

강연을 마치려고 할 때 사실과 진실의 관계가 학문에서 어떤 의의를 가지는가 하는 질문이 제기되었다. 좋은 질문을 받고 미비한 내용을 보충할 수 있어 감사하다고 했다. 밑면 넓히기의 귀납적 작업에서 개개의 사실을 되도록 많이 고찰하다가, 개개의 사실을 넘어선 총체적인 원리인 진실을 찾아 꼭짓점을 높이는 것이 마땅하다.

제주대학교 토론

학자의 삶은 외롭고 힘들어야 하는가? 세상을 구하려고 하면 더 어려워지지 않는가? 말을 이렇게 하면 맞는 것 같다. 그러나 학문은 혼자 하지 않는다. 동학들도 있고 토론자들도 있다. 혼자 하는 과정에서도 학문은 힘이 드는 것만큼 즐겁다. 질병에 걸리면 즐거움이 사라진다.

아홉 가지 질병 가운데 어느 것이 경증이고 어느 것이 중증인가? 이 질문에 대해, 질병의 종류에 따라 경중이 나누어지는 것은 아니고 어느 질병이든 자각 증세가 있으면 경증이고 없으면 중증이라고 대답했다. 자각 증세가 있어 아직 경증이면 질병의 자가치료가 가능하다. 중증이 되면 치료 방법이 없다.

학문하는 것을 생업으로 삼는 전업학자가 가능한가? 전업작가만큼 저작이 팔리는 전업학자가 있기 어렵다. 전업작가는 좋은 작품을 많이 팔 수 있으나, 전업학자를 하려고 하다가 저작의 학문적 수준을 떨어뜨릴 염려가 많다. 시장에서 먹고 사느라고 저작의 내용보다 포장에 더욱 힘쓰는 것은 흔히 볼 수 있다. 학계의 평가는 기대하지 않고 대중에게 영합하는 인기인이 되려고 하니 안타깝다.

전업학자는 있기 어려워 연구교수를 대안으로 삼고자 한다. 연구교수 제도가 마련된 것은 다행이지만 제대로 정착되지 않고 있다. 연구행정 업무로 시간을 낭비하고 강의교수의 신탁통치를 받는 것이 예사이다. 연구교수로 안착하려고 하지 않고 강의교수가 되려고 한다. 강의교수 가운데 의욕과 능력이 뛰어난 사람이 연구교수로 자리를 옮기도록 해야 전기가 마련된다.

정치학교수가 말했다. 외국 이론을 따르지 말고 정치학을 토착화하고 자립화해야 한다고 해마다 학회에서 논의하지만 두드러진 성과는 없다. 수입학을 하는 데 힘이 너무 많이 들어 스스로 길을 찾기 어렵다. 어떻게 해야 하는가?

이에 대해 생애의 단계를 들어 대답했다. 젊어서는 수입학을 열심히 하다가 논문 시대에서 저서 시대로 나아가는 것이 적합하다고 한 50세가 되기 몇 해 전부터 외국 논저 읽는 작업을 축소해 두드러지게 중요한 것들만 골라 토론의 대상으로 삼고, 자기 학문의 체계를 세우고 이론을 정립하는 데 힘을 기울여 총론서를 쓰는 것이 마땅하다. 그 뒤에는 문제 중심의 저작을 몇 개 더 내놓으면서 기존 학문과의 토론을 더욱 진전시켜 이론 정립을 한층 적극적으로 하는 것이 마땅하다.

자기 학문의 체계를 세우고 이론을 정립하는 것은 화가 변시지의 그림에서 일어난 혁신과 상통한다. 변시지는 젊어서 서울에서 활동할 때에는 세상에서 유행하는 화풍을 본 대로 배운 대로 받아들여 다채로운 작품으로 호평을 받고 잘 나갔다. 그러다가 제주도에 와서 대변신을 했다. 황토색 바탕에 검은 선으로 척박한 자연 속의 고독한 삶을 자기 방식대로 그리는 결단을 내렸다. 지금까지 미술의 어느 사조나 기법에도 없는 신천지를 개척해 충격을 주는데, 모든 것들을 토론의 대상으로 삼아 얻어낸 대발견의 성과이다.

그림뿐만 아니라 학문에서도 대변신으로 대발견을 하는 데 서울보다 제주도가 유리할 수 있다. 서울에서는 밖으로부터 받아들일 것들이 너무 많아 자기를 돌볼 겨를이 없지만 제주도는 매개자 노릇을 하는 여러 학설의 잡다한 간섭을 덜 받고 마땅히 다루어야 할 대상과 치열하게 부딪쳐 득도를 하기 좋은 곳이다. 내가 경북의 구비문학에서 학문의 길을 찾은 것과 같은 작업을 하기에 더 좋은 조건을 제주도가 갖추었다. 그림이나 구비문학뿐만 아니다. 정치학을 포함한 다른 어느 학문에서도 제주도는 위대한 터전이고 대단한 가능성이다.

학문하는 자세에 모범이 있는가?

알아보려는 시도

지금까지는 기존의 지식은 되도록 배제하고 학문에 관한 논의를 그 자체로 전개하려고 했다. 사전 학습을 참가 요건으로 하고 누구나 와서 함께 토론하자고 했다. 그런데 이제부터 제시하는 두 대목에서는 기존의 작업을 재론한다. 남들은 학문을 어떻게 하는지 알아보고 우리 자신을 되돌아보면서 마무리에 다가가기 위해 어쩔 수 없다.

계명대학교 석좌교수가 되어 5년 동안 진행한 연속강의 "세계·지방화 시대의 한국학" 2008년 2학기분에서 다룬 내용을 《세계·지방화시대의 한국학 9 학자의 생애》(계명대학교출판부, 2008)로 출간했다. 학문하는 자세를 되돌아보려고 동서고금의 탁월한 학자 12인의 생애를 고찰한 내용이다. 명단을 제시하면 다음과 같다. 이름, 생몰연대, 살던 곳, 전문 분야를 든다.

司馬遷(기원전 145~기원전 87) 중국의 역사가

元曉(617~686) 한국의 철학자

가잘리(al-Ghazali, 1058~1111) 아랍의 철학자

이븐 칼둔(Ibn Khaldun, 1332~1395) 아랍의 역사가

王夫之(1619~1692) 중국의 철학자

스피노자(Spinoza, 1632~1677) 유럽의 철학자

安藤昌益(1703~1762) 일본의 철학자

崔漢綺(1803~1877) 한국의 철학자

에르네스트 르낭(Ernest Renan, 1823~1892) 유럽의 종교학자

비베카난다(Vivekananda, 1863~1902) 인도의 철학자

마르크 블로크(Marc Bloch, 1886~1944) 유럽의 역사가

라다크리슈난(Radhakrishnan, 1888~1975) 인도의 철학자

선정의 기준

탁월한 학문을 하려면 탁월한 만남이 있어야 한다. 이것이 위의 열두 사람을 선정한 기준이다. 자기 전공분야의 발전에서 중요한 기여를 한 선학과 만나 마음속으로 대화하면서, 의문을 풀고 미완의 과제를 물려받고 새로운 작업을 하는 단서를 얻는 것은 범속한 학문에서도 필수적인 과제이다. 학문의 수준을 높이려면 그 정도에 머무르지 말아야 한다.

전공분야의 범위를 넘어서서 학문의 역사에서 뛰어난 공적을 남긴 위대한 스승을 찾아 대화의 상대로 삼아야 한다. 학문이 무엇이며 왜 해야 하고 어떻게 해야 하는가 하는 논의를 밀도 짙게

전개해야 한다. 격차가 너무 커서 어울리지 않는다고 생각하지 말아야 한다. 학문을 처세로 여기지 않고 그 자체로 깊이 사랑해 일생을 바칠 각오가 되어 있으면 어떤 선학이라도 동학이나 동지로 삼을 수 있다.

지금은 위대한 스승이라고 칭송되는 사람들이 처음부터 온당한 평가를 받았던 것은 아니다. 학문 처세에 성공한 사람들이 끼워주지 않아 변두리에 밀려났다가 놀라운 가치가 있다는 사실이 나중에 밝혀진 것이 예사였다. 기득권을 가진 학문과는 배치되어 무시되게 마련이었다. 범속한 학문의 안목으로 탁월한 학문을 보면 정도에서 벗어나 있고, 괴이하기조차 하니 평가할 수 없었다. 이런 일은 지금도 있고, 앞으로도 있을 것이다. 과소평가되고 있다고 섭섭하게 여길 일이 아니다.

元曉의 경우를 들어보자. 원효는 대단한 평가를 받고 있어 원래부터 그랬다고 생각될 수 있지만 그렇지 않다. 무시당하던 시절을 되돌아보면서 "지난날 백 개의 서까래를 고를 때에는 끼이지 못하다가, 오늘 아침 대들보를 하나 가로질러 놓아야 하는 곳에서는 내 홀로 능력을 발휘하네"라고 말했다.

나라에서 백 명의 고승을 모아 법회를 열 때 원효는 참여하지 못했다. 새로운 경전이 나타나 난해한 내용을 알아서 풀이할 사람을 찾을 때에는 서까래에 견준 그 백 명 가운데 감당할 사람이 없어 원효가 나서야 했다. 백 명 고승에 끼이는 것은 서로 인정할 정도로 이름만 나면 된다. 대들보가 해야 할 일은 이름이 아닌 능력으로 감당해야 한다. 백 명의 명단은 남아 있지 않다. 한 때의 득세는 허망하다. 원효가 어떤 능력을 발휘했는지는 남긴 저작이 지금도 말해준다. 천 년 이상 빛을 내면서 학문의 길을 밝혀준다.

백 개의 서까래에 끼이지 못한다고 학문을 해서 무엇을 하는가 하는 의문을 가지는 것은 어리석다. 서까래는 대들보가 아니다. 대들보 감은 서까래를 고르는 데 끼이지 못하는 것이 당연하다. 대들보 감을 서까래로 쓰려면 도끼질을 해야 한다. 서까래 노릇을 하지 않으려고 해야 부당한 수모나 수난을 면할 수 있다. 서까래학문의 수준을 넘어서 대들보학문을 하려고 하면 당대의 서까래들을 멀리 하고 지난날의 대들보들과 만나야 한다.

더욱 중요한 사실은 불우하기 때문에 남다른 학문을 한 것이다. 행복한 조건을 누렸더라면 범속한 학문을 하고 말았을 수 있는데, 분개하고 분발하지 않을 수 없는 사정이 있어 탁월한 학문을 대응책으로 삼았다. 이런 분들이 적지 않아 학문을 한다면서 여건을 탓하는 것은 적절하지 못함을 일깨워준다.

몰이해나 역경을 무릅쓰고 학문에 일생을 바친 열정과 투지가 존경받아야 할 이유이다. 성취한 결과는 반드시 만족스러운 것이 아니다. 실패도 있고 파탄이 생기기도 했으며 과오라고 할 것도 없지 않다. 완벽에 대한 환상을 버리고 그 나름대로 최선을 다한 것을 평가해야 한다.

번거로움을 줄이기 위해 열두 사람의 경우를 모두 다시 살피지 않고 두 사람만 본보기로 든다. 견디기 어려운 조건에서도 대단한 노력을 해서 놀라운 업적을 이룩한 고대의 역사가 사마천을 먼저 살핀다. 극도로 소외되고 박해 받아 생존하기조차 어려운데 모든 것을 학문에 바쳐 근대철학으로 나아가는 길을 활짝 연 스피노자에 대한 고찰을 다음 순서로 한다. 동서고금을 다 찾아도 학문하는 자세에서 이 둘 이상의 모범이 있을 것 같지 않다.

불운과 행운

사마천은 조건이 좋아 학문을 한 사람이 아니고 그 반대이다. 아버지에 이어서 맡은 太史公은 나라에서 점을 치고 복을 비는 데 필요한 자료를 간직하는 하급 기능직이어서 멸시의 대상이 되었다. 그런 직책에서 얻을 수 있는 자료를 최대한 활용하고 분에 넘치게 관심과 지식을 넓혀 자유로운 창조자가 되는 길을 스스로 개척했다. 태사공이라면 위대한 역사가로 후대인이 알도록 하는 전환을 자기 노력으로 이룩했다.

자기 시대까지의 역사를 총괄해 서술하려고 아버지가 먼저 시도했다. 유업을 아들이 물려받아 힘들게 진행하고 있을 때 모진 수난이 닥쳐왔다. 흉노를 치러 갔다가 부득이해 투항한 장군을 옹호하다가 제왕의 분노를 사서 생식기가 제거되는 끔찍하고 부끄러운 형벌을 받았다. 그 때문에 좌절하지 않고 더욱 분발해 극한에까지 이른 의지로 불운이 행운이게 하는 전환을 실현했다. 그것을 發憤著作이라고 옛 사람들이 일컬었다.

사마천의 전례는 두고두고 교훈이 된다. 2천여 년 동안 이치가 달라지지 않았다. 학문은 역경의 산물이어야 크게 이룩된다. 오늘날 학문을 하는 사람들은 반성하지 않을 수 없다. 직책상의 기능을 넘어서는가? 역경을 분발의 계기로 삼는가?

사마천이 이룩한 《史記》는 거대한 저작이다. 자료 수집에서부터 사람의 일생에 감당할 수 없을 만큼 수고를 했다. 종이를 사용하지 않던 시절이라 대쪽에다 글을 써서 이룬 업적이니 헤아리기 어려울 만큼 엄청난 작업을 했다. 노력의 분량이 학문의 부피를 가늠하는 첫째 척도이다. 게으름을 합리화하면서 좋은 결과를 얻으려고 하는 녀석들은 학문의 도적이라고 준열하게 꾸짖는다.

자료 수집을 위한 수고가 놀랍다. 현지에 가서 구비전승을 찾아 생동한 이해를 하고자 한 노력을 특히 높이 평가해야 한다. 흥망성쇠를 밝힌 이치가 탁월하다. 역사의 필연과 주체적 의지의 관계를 타당하게 해결하는 뛰어난 견해를 마련해, 오늘날 다시 하는 작업과 바로 이어지도록 했다.

다룬 내용은 당당하기 이를 데 없다. 자기의 불운을 드러내지 않고, 당대의 정치에 대한 찬반론을 넘어서서 거대제국 한나라에 걸맞게 시간과 공간 양면에서 놀라운 규모를 가진 구조물을 만들어냈다. 위세가 너무나 압도적이어서 주눅이 들게 한다. 후대인이 할 일은 남아 있지 않은 것 같고, 작은 나라의 학자는 초라하다고 하지 않을 수 없게 한다.

그것은 불운이다. 불운이 행운이었듯이, 행운이 불운이다. 부당한 이유로 치욕을 강요한 정치권력의 정체를 파헤칠 생각을 하지 못했다. 거대제국의 영광에 대해 비판적 거리를 가지지 않고 자기가 성취하는 업적과 동일시했다. 수많은 민족 집단이 독자적인 문화를 지키면서 자기 역사를 창조하고자 하는 노력은 이해할 수 없었으므로 길게 나무라기 어렵다. 그러나 강력한 군사력으로 한나라를 위협한 흉노를 폄하하고 축소하는 서술을 한 것은 부득이한 실수가 아니고, 진실을 왜곡하고자 하는 의도가 있어 고의로 한 선택이다. 관점을 바꾸어 다시 살피면 사마천이 역사 이해를 그릇되게 했다고 하지 않을 수 없다. 대국주의 또는 패권주의의 편견을 만든 장본인 노릇을 하고 있다고 해도 지나치지 않다.

불운이 행운이게 하는 것은 처지를 바로 알고 노력하면 가능하다. 행운이 불운인 것은 알아차리지 못하고 본의 아니게 말려들게 된다. 사마천이 불운이 행운이게 한 교훈은 거듭 일컫고 자주 칭송해 새삼스럽지 않다. 사마천은 행운이 불운임도 보여준다는 사실은 알려져 있지 않아 교훈이 되지도 못했다. 새로운 발견에 더 큰 의의를 부여하고, 우리가 학문하는 자세를 되돌아보는 데 써야 한다. 이처럼 소중한 교훈을 발견하지 못하면 사마천을 공부하려고 애쓰는 보람이 없다.

사마천을 나무라면 할 일을 하는 것은 아니다. 알 것을 알고 새로운 방향을 찾아야 우리는 더 잘 할 수 있다. 제국 주도의 역사관에 맞서서 민족국가의 역사를 서술하기 위해 노력한 동아시아 각국의 선례를 검토해야 한다. 입각점의 타당성 여부와 대안으로 제시된 사실을 철저하게 검증해야 한다. 역사학을 새롭게 하는 오늘날의 방향을 힘써 찾아야 한다. 이제는 제국과 민족, 문명과 민족을 동아시아는 물론 세계 전체의 범위에서 통괄해서 논하는 역사관을 마련해야 한다. 사마천은 그렇게 하는 데 필요한 소중한 선례를, 비판해서 넘어서야 할 과제와 함께 남겼다.

사마천의 잘못이 오늘날까지 이어진다. 계급모순에서는 진보적이라도 민족모순에서는 보수적인 것이 중국학자는 피하기 어려운 한계이다. 중국 이상의 거대제국에서 하는 학문이라면 더 큰 위세를 누리지만 두 모순에서 모두 보수적인 사고형태를 지니는 것이 예사이다. 國大學小라고 하지 않을 수 없다. 나라가 크면 학문의 발상이 줄어드는 원리를 개인적인 노력으로 알아차리고 뒤집기는 아주 어렵다.

선수 교체가 가능해 인류는 희망을 가진다. 거대제국 때문에 피해자가 된 쪽에서는 작으면 크고, 불운이 행운임을 입증할 수 있다. 國小學大를 대안 정립의 출발점으로 삼아야 마땅하다. 민족모순을 계급모순과 함께 적극적으로 해결하는 진보 노선을 마련해 미래를 창조하는 대안이 되는 학문을 하는 길을 넓게 열 수 있다. 사마천 개인에게 뜻하지 않게 닥친 수난보다 월등하게 크고 무거운 시련을 역사의 전 기간 동안 겪으면서도 분발하지 않는 것은 어리석다.

성과와 가능성

스피노자는 인습을 받아들이지 않고 진리를 추구하고자 하는 의지 때문에 수난을 겪은 희생자의 좋은 본보기가 된다. 가족에게서 버림받고 동족을 잃고 소속될 곳이 전혀 없는 처지에서 홀로 살아가면서 안경 알 연마를 생업으로 삼고, 학문에다 자기가 할 수 있는 모든 노력을 바쳤다. 이러한 사실에 대해 고찰하면서 동정과 한탄, 평가와 존경을 나타낸 논저가 줄을 이었다.

스피노자는 유럽 근대철학의 창시자로 평가된다. 모든 것을 아우르는 실체가 무엇인가 하는 의문을 제기하고, 그것은 神이며 다른 무엇들은 신의 속성에 지나지 않는다고 대답해 중세신학의 용어를 가져와 근대철학을 이룩했다. 스피노자가 말한 신을 헤겔은 정신, 마르크스는 물질이라고 하면서 유럽철학사가 전개되었다.

대단한 과업을 이룩했다고 찬탄하고 말 것은 아니다. 대등한 수준의 학문을 하는 것은 가능하지 않다고 지레짐작하면 스피노자에 관심을 가진 보람이 없다. 스피노자의 전례는 재검토해야 교훈이 되는 가치가 커진다. 여러 사람의 재검토를 모아 결론을 얻으려고 한다면 어리석은 짓이다. 내가 내 학문을 위해 스피노자를 재검토하고 내 자신에게 유용한 교훈을 얻어야 한다.

스피노자의 고난이 발상의 깊이를 더한 것은 평가하면서 시야를 좁힌 사실을 알아차리고 대안을 마련하는 것이 마땅하다. 17세기 유럽인의 한계를 시간과 공간 양면에서 넘어서는 것이 더욱 적극적인 방향 전환이다. 스피노자가 이룩한 성과에서 더 나아가 내가 해야 할 과업을 발견하고 수행해야 한다.

스피노자가 이루고자 한 목표는 힌두교나 불교에서 말하는 깨달음과 견주어볼 만하다. 힌두교에서는 실체로 인식한 신이 만물이고 만물이 신이며, 하나가 여럿이고 여럿이 하나인 줄 알면 모든 의혹이 해소된다고 했다. 불교에서는 하나로 고정되어 있는 실체가 없고 변화 자체가 실체인 줄 깨달으면 부처의 경지에 이른다고 했다. 스피노자도 비슷한 생각을 했으나 기독교의 전통을 일거에 넘어서지 못해 출발점에 머물렀다고 할 수 있다. 신이라고 한 실체의 양상에 대한 분석이 단순한 편이다.

스피노자가 말한 신이라는 실체는 동아시아 기철학에서 말하는 氣와 더욱 근접되어 있다. 道니 理니 하는 말을 그대로 쓰면서 그런 것들이 따로 없고 氣 자체의 이치일 따름이라고 한 것과 발상이나 논법이 상통한다. 기철학에서는 氣의 道나 理를 천지만물에서 사회현실까지, 다시 자기 자신에 이르기까지 일관되게 인식해 처신의 지침으로 삼으면 헛된 고민에서 벗어나 보람 있게 산다고 했다. 중세의 윤리인 초탈의 의의를 인식의 발전에 맞게 다시 정립했다.

스피노자가 실체라고 한 신은 하나이기만 하지만, 氣는 하나이면서 둘이어서 음양으로 나누어 운동한다고 한다. 변증법에서 말하는 투쟁을, 투쟁을 넘어선 화합과 함께 보여주고 相生이 相克이고 상극이 상생이게 한다. 스피노자가 가장 바람직한 윤리적 자세라고 한 것은 그 양면 가운데 상생이다. 헤겔이나 마르크스가 말한 것처럼 투쟁하면서 스피노자가 희구해 마지않은 안정을 얻는 그 양면을 생극론은 동시에 갖추고 있다.

스피노자가 새로운 사상을 전개하면서 겪은 것 같은 어려움이 힌두교나 불교에는 없었다. 고대에 생겨나 중세로 이어진 오랜 사상이 진보적일 수 있었다. 氣일원론은 중세에서 근대로의 이행기의 혁신사상이었지만 정통의 위치에 있는 理氣이원론을 상대로 종교적·정치적 싸움을 정면에서 걸지는 않아서 탄압을 적게 받았다.

유럽에서 기독교가 사상 발전을 저해하는 것과 같은 일이 다른 문명권에는 없었다. 종교의 간섭을 배제하고 사상의 자유를 쟁취한 결과 혁명 사상이 나타나는 것도 유럽에만 있었던 일이다. 그러나 자기가 하는 일이 어떤 의의와 한계를 가지고 세계사상사의 전개에서 어느 위치를 차지하는지 스피노자가 스스로 알았어야 한다는 것은 무리한 요구이다.

이제 내게로 돌아오자. 나는 훨씬 후대에 살고 세계 전체를 볼 수 있는 시야를 갖추어 스피노자를 위한 자리 매김을 할 수 있다. 스피노자가 유럽인이기에 겪어야 했던 불행에 관해서도 말할 수 있다. 그러나 지금 가질 수 있는 생각을 시간을 거슬러 올라가 스피노자에게 전해줄 수는 없다. 유감스럽다고 할 것은 아니다.

스피노자보다 내 자신이 더욱 소중하다. 스피노자의 경우를 거울삼아 내가 내 위치를 알아볼 수 있기를 바란다. 자기 자신을 아는 것은 다른 사람을 아는 것보다 더 어렵기 때문에, 쉬운 데서 어려운 데로 나아가는 길을 찾으려고 고금의 학자들을 만나고 있다. 스피노자와 만나 깊은 감동을 느끼면서 이제 내 자신을 되돌아본다.

스피노자가 다른 사람들과 철저하게 단절된 조건에서 외롭게 살아가면서 학문에 전념해 새로운 철학을 커다랗게 이룩한 것은 만고의 모범이 된다. 나는 많이 모자라 깊이 반성하지 않을 수 없다. 그러나 영원한 진리를 추구하는 데 치우쳐 현실을 외면하고 역사를 무시한 것은 잘못이다. 단절과 유대를 함께 갖추고 하나가 여럿임을 밝혀야 한다고 재확인하면서 내 학문을 반성한다.

어떻게 해야 하는가?

학문하는 자세에 모범이 있는가? 있다. 모범이 있기는 하지만 절대적이지 않고 불완전하며, 고정되어 있지 않고 흔들린다. 기존의 모범을 널리 참고하면서 내 학문을 위한 모범을 스스로 창조하는 것이 마땅하다.

위에서 살핀 두 사람, 서두에서 든 열두 사람은 모범 사례로 들어 참고하기에 적합해 선택했다. 더 많은 사람을 추가할 수 있다. 우리 가까이 있는 분들은 들지 않은 잘못을 나무라고 보충하는 것이 긴요한 작업이다. 그러나 관심을 넓히는 것이 능사는 아니다. 수준 향상을 더욱 긴요하게 여기고 깨달음을 얻어야 한다.

학문하는 자세에 대한 수준 높은 깨달음은 내 자신과 맞서서 묻고 따지기를 거듭 해야 얻을 수 있다. 다른 사람들의 전례는 내 자신을 들여다보는 거울로, 내 자신을 대신하는 토론 상대로 삼아야 유용하다. 다른 사람들과의 토론, 내 자신과의 토론, 이 두 단계를 거쳐 상극이 상생인 결과를 기대해야 한다. 그러나 상생이 또한 상극이어서 끝이 있는 것은 아니다.

울산대학교 토론

계급모순은 무엇이고, 민족모순은 무엇인가? 서두에 나온 이 질문에 길게 대답했다. 지배계급이 피지배계급을 괴롭혀 생긴 모순이 계급모순이고, 지배민족이 피지배민족을 괴롭혀 생긴 모순이 민족모순이다. 인류는 지난 백여 년 동안 혁명이나 개혁을 통해 계급모순은 해결하려고 노력해 상당한 정도 완화하는 데 이르렀다. 그러자 민족모순은 더욱 심각해졌다. 계급모순을 해결한다는 혁명이 민족모순을 더욱 격화했다. 중국과 티베트나 위구르 민족의 관계가 좋은 본보기이다.

계급모순을 혁명으로 해결해야 한다는 강령인 毛澤東의 〈矛盾論〉에서 민족모순에 대해서는 한 마디도 하지 않았다. 오늘날 중국은 민족모순 때문에 피를 흘리고 있다. 모순 대신에 和諧를 내세워 민족모순을 해결하자는 것은 은폐에 지나지 않는다. 공자의 "和而不同"에서 "不同"은 제거하고 "和"만 받아들여, 상극을 배제한 상생을 이루려는 것은 부당하다.

중국학자들이 이런 사실을 알아차리고 반대의 주장을 펴지 않은 것은 국가 시책을 거스르지 못하기 때문이지만, 사마천의 망령에 사로잡혀 있는 탓도 있다. 사마천의 망령이 없으면 발상이 자유로울 수 있는 것도 아니다. 대국주의는 어느 경우에든 학문의 적이다. 오늘날 위세를 자랑하는 패권국가의 학자들이 그 불운이 행운이게 스스로 노력하기는 아주 어렵다. 國小學大에서 얻은 다양한 성과를 계속 받아들여 國大學小를 시정하는 것이 미국 학문이 잘 나가는 비결인데 차츰 퇴조를 보이고 있다.

스피노자가 말한 神이 기독교의 신인가? 아니다. 신이라는 말을 기독교에서 가져와 모든 것을 함께 지칭하는 데 사용해 창조자와 피조물의 구분을 없앴다. 그래서 범신론이니 무신론이니 하는 말을 듣는다. 모든 것을 함께 지칭하고 함께 논의하자 신학의 구속에서 벗어나 철학이 출현했다.

스피노자가 철학을 출현시킨 것과 같은 작업을 동아시아에서는 하지 않았는가? 동아시아에서는 신학과 철학이 구분되지 않아 철학의 출현을 위해 새삼스럽게 진통을 겪지 않아도 되었다. 이런 행운이 철학의 의의를 적극 평가하지 않는 불운을 가져왔다. 王夫之·安藤昌益·崔漢綺는 스피노자에 결코 뒤지지 않은 대단한 철학자인데 자기 나라에서조차 널리 알려지지 못하고 적극적으로 논의되지 않는다. 후대의 철학자들이 소중한 유산을 버려두고 수입학이나 하는 탓이다.

공과대학생이 물었다. 학자의 생애를 인문학문의 범위 안에서 고찰한 것이 온당한가? 범위를 넓혀야 하지 않는가? 당연한 말이다. 능력 부족으로 범위를 넓히지 못했다. 공학을 포함한 자연학문의 학자들의 생애를 고찰하는 작업을 다른 분들이 하기를 바란다. 모든 학문의 경우를 함께 다루는 데까지 이르러야 한다.

제주대학교 토론

지금까지 전개한 논의와 너무 다른 말을 했다. 지금까지 학문은 누구나 할 수 있다고 한 말은 어디 가고 최상의 학자라도 학문을 아주 잘 하지는 못했다고 했다. 어떻게 하라는 말인가? 학문의 구경꾼 노릇이나 하라는 말인가?

아니다. 학문에는 완벽이나 완성이 없다는 것을 말하려고 했다. 누구든지 자기 나름대로 최선을 다할 따름이다. 실망하지 않고 용기를 가지고 할 수 있는 데까지 하는 것으로 만족해야 한다. 이렇게 생각하면 학문을 어렵게 여길 필요가 없다. 어깨의 힘을 빼고 마음 가볍게 학문의 길에 들어서서 성실 이상의 지침은 없다고 여기고 실행하면 만족할 만한 결과를 얻을 수 있다.

불운했던 사람들을 들어 논한 것은 불운에 좌절하지 말하는 뜻인가? 그렇다. 사마천을 두고 發憤著作이라는 말을 흔히 한다. 분노할 사정 때문에 분발해 대단한 저작을 이룩했다는 말이다. 학문하는 모든 사람에게 해당하는 말이다. 주어진 불운을 자기 노력에 의해 행운으로 만드는 것이 학문하는 비결이고 보람이다. 苦盡甘來의 교훈을 말하는 것만 아니다.

불운은 훌륭한 스승이다. 나태하지 않고 긴장하게 하고 공상을 거두고 해결해야 할 문제를 발견하게 하고, 과감한 결단으로 일어서서 용맹스럽게 앞으로 나아가라고 일깨워준다. 혼자 불운하다고 여기지 말고, 유대의식을 가져야 할 많은 사람이 함께 커다란 불운과 만나야 가르침의 폭과 깊이가 확대된다. 사마천이나 스피노자는 이 경지에까지 이르지는 못해 행운이 불운인 역풍을 만나기도 하고, 마음의 위안을 얻는 것이 학문하는 목표라고 하고 말았다.

정치학교수가 말했다. 정치학은 이데올로기 비판을 중요한 과제로 삼는다. 학문은 창조학이어야 한다는 주장이 이데올로기로 굳어져 효도를 해야 한다는 것처럼 강요되면 역기능이 생기지 않는가? 그렇다. 아무리 훌륭한 주장이라도 이데올로기로 굳어져 강요되면 반발을 불러일으켜 역기능이 생길 뿐만 아니라 원래의 가치를 상실한다. 창조는 자발적으로 하지 않고, 추구하는 바가 다양하지 않으면 이루어지지 않아 원래의 가치를 상실한다. 창조는 시키면 되는 일이 아니다. 사이비가 아닌 진정한 창조는 사회통제의 수단이 되지 못해 이데올로기일 수 없다.

앞서나간다는 대학에서 창조학의 모범을 보일 수 있는가? 창조학에서 생기는 격차가 대학의 등급을 더 갈라놓을 염려는 없는가? 아니다. 창조는 기득권을 부정하고 관습화된 사고를 넘어서야 가능하므로 앞서나간다는 대학에서는 이룩하기 어렵다. 지켜야 할 기득권이나 자랑할 만한 관습이 없는 곳에서 모든 문제를 근저에서부터 다시 검토하는 용단을 내려야 창조가 구호 수준을 넘어서서 실제로 이루어진다.

학문의 경계를 넘어서는 것이 또한 긴요한 과제이다. 이곳 제주대학교에서 학생과 교수가 대등하게 만나는 자리를 만들고 행정학·정치학교수와 마주 앉아 논란을 계속하는 행운을 누리는 덕분에 학문학을 이룩하는 작업이 기대 이상의 진전을 보인다. 거듭 감사한다.

학문하는 여건, 무엇이 문제인가?

논의의 출처

계명대학교에서 강의하고 낸 책에 《세계·지방화시대의 한국학 8 학문의 정책과 제도》(계명대학교출판부, 2008)도 있다. 학문의 정책과 제도를 문제 삼고 잘못을 바로잡기 위해 여러 외국의 경우와의 비교론을 전개한 내용이다. 우리 현실을 검토한 다음, 소련의 과학원, 동유럽 각국의 과학원, 아시아 각국의 과학원, 독일의 국립연구기관, 프랑스의 국립연구기관, 미국 학문의 시장 경쟁, 일본에서 택하는 방식에 관한 논의를 했다. 다룬 내용을 간추리고 재검토한다.

여건이 소중한 이유

학문 후진국이 교육 선진국일 수 없다. 학문도 교육도 후진국이면서 나라는 선진국이어야 한다고 역설하는 것은 무지이거나 기만이다. 학문은 버려두고 교육부터 바로잡는 것은 불가능하다. 학문이 앞으로 나아가 질적 향상을 이룩해야 교육이 따를 수 있다.

선진국을 따르면 선진국이 될 수 있는 것은 아니다. 무엇이 잘 못 되었는지 정확하게 파악하고 남들보다 앞서는 발전전략을 세우고 실행해야 한다. 이렇게 하는 것이 우리 학문의 긴요한 과제이며, 인문학문에서 많은 노력을 해야 해결에 다가갈 수 있다.

학문 연구는 많은 시간이 필요해 다른 업무에 종사하는 여가에 할 수는 없다. 교육과 연구는 인접한 활동이지만 성격이 다르다. 지금 이 나라에서는 교수의 강의 부담이 과도한 조건에다 온갖 잡무가 추가되어 연구할 수 있는 시간을 더 빼앗아가는 장애요인이 나날이 늘어나고 있다. 연구는 교수의 채용, 승진이나 재임용에 소요되는 필요악처럼 되었다. 할 수 없는 연구를 무리하게 하니 질이 저하되지 않을 수 없고, 갖가지 사기술이 생겨난다.

도서관이 텅 비어 연구를 제대로 할 수 없다. 학문을 제대로 하려면 가족의 생계를 돌보지 않고 집안의 가용 공간을 모두 점거해 책을 사서 모으고 보관해야 하는 악조건이 거의 개선되지 않고 있다. 미국이라면 거대도서관이 여럿 있어 서로 경쟁할 수 있지만, 중간 규모의 나라는 상당한 경제력이 있어도 어느 도서관을 집중해 육성한다. 일본은 동경대학 도서관을, 프랑스는 국립도서관을 연구자료 공급처로 키워왔다. 그 둘은 득실이 분명하다.

위와 같은 악조건을 개선하지 않고 논문 편수가 모자라면 퇴출한다고 위협해 연구를 힘써 하도록 내모는 것은 무리다. 노예노동은 생산성이 낮아 폐기된 줄 알아야 한다. 여유를 누리면서 내심에서 우러나는 자발적인 욕구를 살려 오랫동안 힘쓴 연구 결과라야 진정한 가치를 가진다. 연구의 가치는 양이 아닌 질로 판정된다. 자연학문과는 다른 인문학문이나 사회학문에서는 논문이 연구의 부분 요약이나 예고편이다. 오랜 기간 동안 힘써 전작저서를 내놓아야 학문의 역사를 바꾸어놓는 수준에 이른다. 지금의 제도는 이런 작업을 하지 못하게 막고 있다.

연구비를 주면 문제가 해결되는 것은 아니다. 신청자들보다 능력이 모자라는 심사위원들이 허장성세를 일삼는 계획서를 심사해 연구비 지급 여부를 결정하고, 내용과 기간을 변경할 수 없도록 하는 제도가 진정한 탐구를 방해하고 창의력에 치명타를 안긴다. 대폭 증액된 새로운 연구비의 등장으로 사정이 개선되지 않고 더욱 악화될 수 있다. 보조인원을 다수 동원해 대규모의 연구를 진행하는 방식은 인문학문 발전에는 도움이 되지 못하고 이론 창조와는 무관하다. 적절한 방법을 찾지 못하는 투자는 숫자의 과시일 따름이고 역효과를 낸다.

인문학문 분야 연구소에 연구교수를 두고 연구하게 하는 최근의 방식은 한 걸음 더 나아갔다고 할 수 있다. 그러나 등급이 높다고 알려진 대학 위주로 지원해 기득권을 옹호하고, 특정 분야 또는 주제의 연구만 선호해 학문의 균형발전을 저해한다. 강의교수가 연구소를 지배하고 연구교수는 하위의 비정규직이고 임시직에 머무르도록 한다. 중견의 우수학자가 강의교수를 그만두고 연구소로 자리를 옮겨 충분한 시간을 자유롭게 연구하는 데 바치도록 해야 연구가 제대로 된다.

교수는 누구나 연구를 잘 하는 것이 바람직하기는 하지만 많은 어려움이 있다. 일부라도 연구를 위해 분발할 수 있어야 한다. 강의의 의무는 면제하고 연구에 전념하는 교수를 두어 필요한 지원을 하는 것이 세계 어디서나 국가 경영의 당연한 과제이다. 우리도 선수 육성으로 경쟁력을 가져야 한다. 대한민국 정부가 수립될 때 빠뜨린 일을 이제라도 해야 뒤처지지 않는다.

학문을 위한 정책과 제도는 각국의 것들이 서로 다르다. 각기 자기 특성에 맞는 길을 택했다. 우리는 우리에게 맞는 방식을 찾아야 한다. 우리 방식을 찾으려면 광범위한 비교연구를 거쳐야 한다. 어떤 방식이 있는지 알아야 한다. 선택한 방식이 문화 전통과 어떤 관련이 있는지도 고찰해야 하다.

여러 외국의 전례

소련은 과학원에서 학문을 총괄하고 산하 연구소에서 연구를 하는 제도를 마련했다. 과학원은 원사(academician)들로 구성되며, 원사는 교수보다 상위이다. 과학원 및 산하 연구소는 연구를, 대학은 교육을 맡도록 했다. 연구소는 158개나 되었다.(1985) 연구소를 구성하는 연구 인력이 3백 명 정도 되는 것이 예사여서 학자 수가 많고, 노동 강도가 그리 크지 않았다. 정적 억압을 피할 수 있으면 충분한 시간을 가지고 학문에 몰두할 수 있었다. 실용적인 연구를 하라고 요구했으나 모든 학문이 그렇게 되지 않고 순수 이론 분야의 강점이 발현되었다.

소련이 해체되자 연구 지원이 줄어들어, 자연학문이나 기술 분야의 연구 종사자들은 대거 외국으로 이주했다. 인문학문이나 사회학문 연구자들은 남아 살 길을 찾아야 했다. 연구는 대학에서 해야 한다는 주장을 받아들이지 않고 과학원과 개별 연구소를 존속시키면서 국가의 지원을 받으면서도 독립되어 민주적인 운영을 하는 방식을 마련하고 있다.

동유럽 각국도 과학원을 창설하고, 학문 연구를 국가에서 지원했다. 사회주의 체제를 버린 지금에도 과학원 제도는 청산의 대상으로 삼지 않고 유지하면서 운영 방식을 개선하고 있다. 다만 발틱해 연안의 세 나라만은 소련에 대한 반발이 특히 큰 탓에 과학원을 없애고 여러 연구소가 정부 각 부처에 속하도록 한 결과 연구의 질이 저하되었다고 평가된다.

과학원 제도는 아시아 여러 나라 몽골, 월남, 중국, 북한 등지에서도 받아들였다. 중화민국에서 1928년에 창설한 中央研究院(Academia Sinica)도 그 가운데 하나인데, 대만에 건재해 부러움을 자아낸다. 중화인민공화국에서는 1949년에는 과학원을 창설하고, 1977년에 사회과학원을 독립시켰다. 근래에는 과학원과 대학의 관계를 재조정한다. 북한에서는 1952년에 과학원을 창설하고, 1964년에 중국보다 먼저 사회과학원을 독립시켰다. 어려운 조건에서 대단위의 연구를 진행한 것이 이런 조직을 갖추고 집중적인 지원을 한 덕분이다.

독일은 카이저빌헬름학술진흥협회(Kaiser-Wilhelm-Gesellschaft zur Förderung der Wissenschaft) 및 그 산하의 연구소가 있어 대학에서 하기 어려운 연구를 했다. 제2차 세계대전 이후에는 막스프랑크학술진흥협회(Max-Planck-Gesellshaft zur Förderung der Wissenschaft)라고

총괄기관을 개칭하고, 산하 연구소를 더 많이 두어 모두 80개가 전국에 산재해 있다. 동독을 흡수한 다음에는 그쪽의 연구소를 이어받아 연구소를 더 늘였다.

독일이 자랑하는 이 연구기관과 직접 비교할 수 있는 것이 프랑스의 국립과학연구센터(Centre Nationale de la Recherche Scientifique, CNRS)이다. 독일은 총원 12,300명이고, 연구원은 4,200명이다. 프랑스는 총원 26,800명이고, 연구원은 14,416명이다. 2006년도의 총예산을 보면 독일은 약 140억 유로(약 16조 8000억 원)이고, 프랑스는 27억 유로(약 3조 2400억 원)이다.

예산에서는 독일이 프랑스의 5.1배나 되는데, 연구원 수는 프랑스가 독일의 약 3.4배이다. 독일은 자연학문의 비중이 프랑스보다 커서 예산이 많이 소요된다. 독일은 연구소마다 독립 건물과 상근 직원을 갖추고 있지만, 프랑스는 자연학문 분야의 소수 연구소만 유사한 방식을 택해 유지비가 많이 소요되지 않는다. 연구소 대신에 연구부(section)가 있는데, 유사한 분야의 연구를 하는 사람들이 협동하고 협의하는 기구에 지나지 않는다. 실험이 필요하지 않은 분야의 연구원은 출근할 곳이 없다. 자기 집에서 연구하고, 공동도서관의 자료를 이용한다.

독일에서는 연구소장(Director)이 대단한 권한을 가져 공동연구원(Mitarbeiter)을 인선하고 자기 생각에 따라 공동의 연구를 진행한다. 프랑스에는 연구소 소장에 해당하는 사람이 없다. 국립과학연구센터가 필요한 인원을 일제히 공개적인 절차를 거쳐 채용한다. 국립과학연구센터의 연구원(chercheur)은 누구나 대등한 위치에서 자기 연구를 한다. 두 나라 사람들의 특성을 잘 살려, 독일에서는 공동연구를, 프랑스에서는 개인연구를 선호한다.

대학과의 관계에서는 독일이 독립을, 프랑스는 협력을 택했다. 독일의 연구소는 대학에서 하기 어려운 연구를 한다고 표방하고 대학과 거리를 둔다. 연구소 소장은 대학 교수를 하다가 발탁되는 것이 예사이고, 공동연구원은 대학과는 무관하게 지내다가 업적이 인정되어 대학에 갈 수 있으면 다행으로 여긴다. 프랑스에서는 연구원이 대학 교수를 겸하고 있다고 할 수 있을 정도로 대학과 긴밀한 관계를 가진다. 실험에 필요한 시설을 공동으로 사용한다. 대학 교수와 같은 자격으로 대학 강의를 맡고 학위논문을 지도하기도 하며, 대학의 보직도 맡는다. 대학을 위해 일하는 것이 본래의 임무 수행이라고 간주해 보수를 더 지급하지는 않는다.

프랑스에는 이밖에도 여러 연구 기관이 있다. 고등연구학교(École des Hautes Études)라고 하는 두 곳은 대학원만 있는 대학이고 연구발표를 강의로 삼는 연구기관이다. 콜레주 드 프랑스(Collège de France)는 입학하고 졸업하는 학생은 없고, 특별히 선발된 최고의 석학 52인이 진행 중인 연구를 공개강의를 통해 알리는 곳이다. 공개강의 수강자들은 대부분 현직 교수들이다. 강의 결과를 출판한 단행본이 학문을 이끈다. 프랑스의 학자들은 콜레주 그곳의 교수가 되는 것을 최고의 소망으로 삼는다.

프랑스 학문의 현황과 장래를 각 분야 석학들이 힘을 모아 검토한 《연구의 장래가 무엇인가?》(*Quel avenir pour la recherche?*, Paris: Flammarion, 2003)가 있다. 탁월한 연구를 하는 프랑스의 전통을 지키고 범속한 연구를 양산해 미국처럼 되지 말아야 한다고 했다. 프랑스에서는 대학의 교수가 대부분 강의를 본분으로 삼고 연구에는 그리 힘쓰지 않는다. 박사논문 지도 자격을 가진 정교수로 승진하지 않는다면 별반 업적이 없어도 정년까지 일한다. 강의가 아닌 연구를 위해 진력하는 학문 선수들이 별도로 있어 프랑스는 지금도 학문대국이고 특히 인문학문 발전을 주도한다.

미국에서는 학문도 시장경쟁으로 한다. 정부가 하던 투자자 노릇을 대기업이 맡아 연구비를 대고 연구 결과를 가져가 이윤을 창출하는 방식이 확대되고 있다. 학문의 시장 경쟁이 가져오는 양적 팽창과 발전의 이면에 파탄과 차질이 있다. 경쟁에서 지는 다수의 대학, 학문 분야, 교수들은 패퇴되지 않을 수 없는 것이 문제일 뿐만 아니라, 소수의 승리자는 지나치게 거대화되어 자멸의 길에 들어선다고 하지 않을 수 없게 되었다.

투자자가 된 대기업은 학문이 사회 전체의 공동자산이어야 한다는 원칙을 깨고 자기네의 이익을 확보할 때까지 연구 결과를 비밀로 한다. 일반적인 원리의 자유로운 탐구와 더욱 멀어져 연구의 방향과 내용을 특수화하도록 한다. 학문의 보편적 이상을 저버리고, 금전의 가치로 평가될 수 없는 학문의 가치가 있다는 것을 부인한다. 교수는 자유로운 탐구자이기를 그만두고 수입이 보장되는 연구나 하려고 한다. 연구에 매달려 교육을 등한시하고 인성교육은 버리는 것이 또한 심각한 폐단이다.

그래서 생기는 여러 현상을 검토하고 비판하는 책이 쏟아져 나오고 있다. 저자는 하버드대학 총장, 하버드대학 학사과정의 학장, 다양한 분야의 교수들, 자유롭게 활동하는 언론인인데 하는 말은 거의 같다. 미국에서 벌어지는 사태가 인류 문명의 위기라고까지 말한다. 이런 책을 몇 가지라도 구해 읽고 실정을 파악하려고 하지 않고 미국에서 학문을 하는 방식에 막연한 기대를 걸고 따르자고 하는 것은 잘못이다.

소련의 제도에는 권력의 횡포가, 미국의 방식에는 시장의 횡포가 있다. 권력의 횡포는 제거할 수 있다. 소련의 뒤를 이은 러시아는 권력의 횡포를 제거하고 과학원을 자율적으로 민주적으로 운영하고자 한다. 과학원 제도를 갖춘 여러 나라도 같은 방향으로 나아간다. 미국 학문을 지배하는 시장의 횡포는 더욱 심해지고 있다. 미국 대학에서 주도하는 세계화에 편입되어 살아남고 경쟁력을 가지리라고 생각하는 것은 잘못이다. 다른 나라도 미국처럼 해서 발전하고 싶어 하지만 기본조건이 다르다. 미국과 기본조건이 다르면서 미국을 따르려고 하면 사태가 더욱 악화된다.

기본조건 가운데 첫째는 자본이다. 민간 부문의 자본이 넉넉하지 않은 나라에서 미국과 같은 방식으로 학문에 투자하는 것은 불가능하다. 학문에 투자할 자본을 국가가 마련해야 한다. 국가의 투자는 기업의 투자와 달라 공공의 이익을 우선해야 한다. 중복 투자를 줄이고 경쟁보다 협동에 더욱 힘쓰도록 해야 한다. 학문의 가치를 훼손하지 말고 옹호해야 한다.

둘째로 들어야 할 기본조건은 시장이다. 미국에서는 교수들이 시장의 법칙에 따라 움직여 교환가치에 맞게 계약이 이루어지고 보수가 책정되는데, 학문 시장이 형성되지 않은 곳에서는 교환가치가 부당하게 평가된다. 미국과 같은 방식을 택한 것 같이 보이는 계약제가 교수를 구속하는 노예문서 노릇이나 한다. 한 번 탈락하면 다른 대학으로 갈 수 없는 악조건 탓에 자유로운 창조가 극도로 위축되게 한다.

독일과 프랑스의 경우를 들어 살핀 바와 같이, 유럽 각국은 미국과 다른 방식으로 학문을 한다. 자기 전통이나 실정에 맞는 정책과 제도를 마련해 독자적인 방식의 연구를 하고 있다. 국가가 제공하는 예산으로 공공의 학문을 하는 데 힘쓰면서, 학문의 시장 경쟁을 촉구하는 미국의 영향이나 작용을 받아들이지 않는다. 학문의 시장 경쟁은 미국에 유리하고 미국의 승리를 보장하는 방식인 것을 바로 알고, 패배를 감수하지 않기 위해 자기네 방식을 경쟁력으로 삼는다. 그 덕분에 미국과는 다른 자국 학문의 창조력을 보여준다.

일본도 학문하는 제도를 독자적으로 마련했다. 교수는 강의교수와 연구교수로 이루어진다. 대학 연구소에는 반드시 연구교수가 있고, 대학 밖의 국립연구기관 종사자도 교수일 수 있다. 교수가 되기 위해 연구기관을 떠날 필요가 없고 한 자리에서 계속 연구하는 것을 천직으로 삼도록 한다. 교수는 연구계획을 제출해 연구비를 받지 않아도 배정된 예산으로 연구를 할 수 있다. 실패를 해도 되고 결과가 나오지 않아도 되므로 좋은 결과를 내놓을 수 있다.

이런 제도에 대해 비판이 일어났다. 혜택을 국립기관에서만 보고 사립대학은 지원을 받지 못하는 것이 잘못이다. 경쟁이 없어 발전이 더디다. 이렇게 지적되는 폐단을 시정하겠다고 하면서 미국과 같은 경쟁 방식을 도입하기로 했다. 21세기 COE(Center of Excellence)라는 대단위 연구비를 책정하고 어느 대학이든 경쟁해서 받아가도록 한다.

그런데 미국과 다른 점이 둘이다. 연구비 제공자가 기업이 아닌 국가이다. 대단위 연구비를 서열이 높은 국립대학에서 우선적으로 받아가고 사립대학의 참여는 미미하다. 학문 시장이 미국에서처럼 형성되어 있지 않아 경쟁의 승패를 가리는 데 정부가, 정부의 실권자인 관료집단이 커다란 힘을 가진다. 경쟁의 효과는 찾기 어려우면서 연구의 순수성을 해치는 부작용을 낳는다.

일본은 독자적인 제도로 연구소를 만들어 그 나름대로의 장점을 발휘하다가 미국식 경쟁을 택했다. 그래서 그릇되고 있지만 독자적인 제도의 장점은 없어지지 않고 있다. 우리는 일본을 나무랄 처지가 아니다. 독자적인 제도로 만든 연구소가 없다. 대학 연구소의 구성원이 강의교수이다. 대학 밖의 연구소에서 연구를 하는 사람들은 교수가 아닌 학예연구직이어서 대학에 갈 때까지 임시로 근무하려고 한다. 연구를 할 수 있게 하는 돈이 정부에만 있는데 연구비 따는 경쟁을 더 큰 규모로 벌이고는 강의교수들이 받아가 대단한 연구를 하라고 한다.

우리가 나아갈 방향

세계 여러 나라를 돌아본 것은 우리가 어떻게 해야 할 것인지 알기 위해서이다. 누가 어디서 어떻게 연구를 하도록 할 것인지 판단하고 실행하는 정책을 마련해야 한다. 교육 정책은 있어도 학문 정책이 없는 과오를 이제라도 시정해야 한다. 다른 여러 나라의 전례를 참고로 하고 우리 자신에 대한 인식을 근거로 삼아 최상의 대책을 찾아야 한다.

얻은 결과를 간추려 정리해 우리 방식대로 학문을 선진화하는 방안을 제시하기로 한다. 기본원칙은 연구를 교육에서 분리해 집중적으로 지원하고 경쟁력을 획기적으로 향상하는 것이다. 연구를 위한 중추기관과 개별연구소를 최상의 방식으로 구성해 능률을 극대화하고자 한다. 연구의 의무를 줄여 대학이 교육을 충실하게 하는 데 더욱 힘쓰도록 하는 효과도 기대한다. 소요되는 예산 총액은 현재 사용하는 연구비보다 그리 많지 않을 것이다.

구상을 제시해보자. 학문의 중추기관을 새로 설립하지 않고 학술원에 임무를 맡겨 학문 정책을 입안하고 학문 연구를 평가하고, 학문 연구에서 모범을 보이도록 한다. 정년이 없는 현재의 학술원회원 외에 정년이 있는 학술원교수를 두어 학술원의 기능을 강화한다. 학술원교수는 공개강의의 의무를 지닌다. 뛰어난 창조적 역량으로 새로운 학문을 개척한다는 것을 입증하면서 국내외의 연구를 이끌어야 한다. 국가 예산이 지원되는 연구 평가를 또한 주요 업무로 삼는다.

전국 어느 대학 연구소든 전임 연구교수가 있어 연구에 전념하도록 한다. 신규로 채용되는 연구교수 급여를 국립과 사립을 가리지 않고 국가 예산으로 지급한다. 연구를 위한 능력과 의욕이 탁월한 강의교수가 연구교수로 자리를 옮기는 것을 권장하고, 그 인원 1인당 2인씩의 신규채용 연구교수 인원을 배정하는 것이 최상의 방안이다. 연구교수로 자리를 옮긴 교수가 신규채용 연구교수를 선발해 함께 연구하고 함께 평가를 받는다. 개인연구와 공동연구의 장점을 합친 협동연구를 하는 것이 바람직하다. 연구계획을 사전에 제출하지 않는다. 5년이 적절하다고 생각되는 일정한 기간이 지난 뒤에 연구 성과를 학술원에서 평가해 지원의 계속과 중단 또는 확대와 축소를 결정한다.

대학 도서관의 경쟁에 기대를 걸지 말고 연구 자료 확보를 국가사업으로 한다. 도서관이 비어 있어 연구를 하지 못하는 실정을 타개하기 위해, 국립도서관에 학문 연구에 필요한 전 세계 출간의 전문도서를 최대한 확보한다. 외국학술잡지를 거의 다 구독해 공동으로 이용하도록 하는 것이 서둘러 할 일이다. 연구를 위해 누구나 이용할 수 있는 실험연구 시설도 큰 규모로 충실하게 만든다.

이런 제도를 시행하면 대학의 재정 부담을 상당한 정도로 덜어주어 지원을 확대하는 것과 같은 효과가 있다. 대학은 교육의 임무를 더욱 중요시하고 강의교수는 연구의 의무 때문에 시달리지 않고 강의를 잘 하기 위해 힘쓰도록 요구할 수 있다. 축적된 연구 결과를 이용해 수준 높은 강의를 하도록 한다. 강의교수는 연구를 하지 말자는 것은 아니다. 연구가 주어지는 의무가 아닌 자발적인 선택 사항이 되어, 양은 버리고 질에서 좋은 결과를 산출할 수 있다.

울산대학교 토론

교수가 하는 강의에서 무엇을 기대해야 하는가? 영문학과 학생이 대학을 다니면서 줄곧 의문을 가져왔다고 하면서 이렇게 묻는 말이 먼저 나왔다. 좋은 질문이다. 교수는 모두 창조자이기를 바라는 희망은 여건이 미비해 달성되기 어렵다. 교수는 누구나 전달자 노릇을 잘 하기를 바라는 것은 당연하다. 외국뿐만 아니라 국내에서 이루어지는 창조의 성과도 소중한 것들이 있어 적극적으로 수용해 강의해야, 휘어잡고 주물러 학생들이 소화하기 쉬운 영양소로 만들기 용이해 교육의 질이 향상된다.

옆에 있던 다른 영문학과 학생이 물었다. 경쟁을 통해 학문이 발전하는 것을 왜 부정적으로 평가하는가? 두 가지 이유가 있다고 했다. 경쟁이 치열해지면 독점에 이르러 경쟁의 장점을 없애는 것이 상례인데, 다른 상품의 생산과 유통에는 적용되는 독점 금지가 학문에서는 무력하다. 경쟁이 금전적 이익의 확대를 노리고 벌어지고 있어, 학문의 본질이 이익을 독점해 지나치게 비대해지는 극소수의 대학, 학문 분야, 교수들 쪽뿐만 아니라 그 반대쪽의 희생자들에게서도 왜곡된다. 이런 폐해가 지구 전역으로 확대되는 것이 세계화의 불가피한 추세이므로 받아들일 수밖에 없다는 주장에 독일과 프랑스가 앞장서서 제기하는 반론과 유대를 가지고, 우리도 인류를 위해 공헌하려고 노력해야 한다.

기계공학과 학생이 의문이 있다고 했다. 지금 교수들이 하고 있는 연구가 왜 잘못되었다는 말인가? 이에 대해 대답했다. 연구 계획서를 제출해 연구자보다 수준이 낮은 심사위원들의 심사를 받고 연구비를 받아 계획대로 결과를 내놓아야 하고 실패는 허용하지 않으니, 탁월한 연구는 기대할 수 없고 범속한 연구에 머문다. 연구용 기기를 사다 쓰니 뒷북을 칠 수밖에 없다. 그러면 어떻게 해야 하는가? 일본에서 하는 방식을 들어 대답할 수 있다. 일본에서는 배정된 예산에 따라 하고 싶은 연구를 하므로 실패할 수 있다. 응용뿐만 아니라 기초 자연학문 전공자들도 연구용 기기를 스스로 개발하는 훈련부터 해서 독자적인 연구를 하는 길을 연다.

사리가 명백한데 왜 개선되지 않는가? 연구 당사자들은 무엇이 잘못 되었는지 잘 알고 있어도 불평분자로 지목되어 연구비를 받는 경쟁에서 밀려날까 염려해 입을 다문다. 당사자가 아니면 국정담당자는 물론 언론이나 야당도 무지하기만 해서 가만 있다. 나서서 고발하는 책을 썼어도 독자가 없는 실정이다.

학문론을 왜 대학생인 우리를 상대로 강연하는가? 마무리를 하기 좋은 질문이다. 대학은 학문의 전당이어서 대학생은 학문의 길에 들어서고 학자가 될 수 있다. 학문행정이나 연구경영 전문가 같은 새로운 직종이 있어야 한다. 누구나 국정담당자가 될 수도 있으며, 국정담당자를 선발하고 평가하는 것은 만백성의 임무이다.

부적절한 선입견이 형성되기 전에 되도록 빨리 학문이 무엇이고 어떻게 해야 하는지 알아차려야 하는 것이 더 큰 이유이다. 학문은 비약적 창조이다. 아는 것이 너무 많으면 무거워 날아오르지 못한다. 유식이 무식이고, 무식이 유식이다.

제주대학교 토론

학문의 정책과 제도에 관한 검토가 지금까지는 없었던 이유가 무엇인가? 지나치게 세분된 수많은 학문이 모두 학문 총괄론은 자기 소관은 아니라고 미루기 때문이다. 교육학은 고등교육론에 학문을 포함시키지만 다룰 능력이 모자란다. 사회학은 지식사회학을 한다면서 범속한 수준의 학문의 평균적인 양상을 고찰하기나 한다. 행정학은 학문행정학이라는 분야를 갖추지 못하고 있다. 심리학에서는 창조에 관한 일반적인 논의나 한다. 모든 작업을 합치고 깊이를 더하는 학문론이 이제 시작되어 학문학으로 나아가고자 한다.

학문하는 방식이 미국과는 달라야 하는 이유가 무엇인가? 간추려 말하겠다. 상업주의의 간섭을 배제하고 학문이 정상적으로 발전하도록 해야 한다. 한정된 재원을 낭비 없이 사용하고 경쟁보다 협동을 더욱 중요시해야 한다. 금전적인 보상을 앞세우지 말고 신명이 나서 연구하도록 해야 한다. 한국인의 취향에 맞는 학문 조직을 만들어야 한다.

3인이 협동연구를 하는 것이 취향에 맞는 조직인가? 그렇다. 독일인은 공동연구를, 프랑스인은 개인연구를 선호하는 취향을 우리는 함께 지녀 3인이 각기 자기 연구를 하면서 서로 도우면 신명이 촉발되고 능률이 커진다. 3인이 동질적이면 피차 얻는 바가 적다. 연령, 경력, 전공, 능력 등이 달라 상보적인 것이 바람직하다. 상이한 외국어를 하면 서로 도울 수 있는 폭이 넓어진다. 3인이 진퇴의 운명을 같이 해야 하면 어느 누구도 나태할 수 없다. 서로 도와 함께 향상을 이룩한다.

국립대학 법인화에 대해서는 어떻게 생각하는가? 독자적인 운영으로 직원 인건비를 줄이는 등의 긍정적인 효과도 있으나, 교육에 치중하고 연구는 경시하며, 경영합리화를 위한 구조조정을 한다면서 잘 팔리지 않는 학문은 죽이는 잘못을 저지르는 역기능이 염려된다. 역기능 방지를 위해 반드시 필요한 일을 국가가 해야 한다. 국립은 물론 사립까지도 연구교수의 인건비는 국고에서 부담해야 한다는 것이 한 예이다. 연구교수의 인건비는 국고에서 부담해야 대학이 연구는 손해라고 여겨 방해하지 않고 이익이 되니 환영한다.

대학 교수 채용에서 자기 대학 출신자의 비율이 어느 정도가 적당한가? 3분의 1이다. 자기 대학 출신이 그 정도 되면 안정감이나 지속성을 갖추고 발전할 수 있다. 자기 대학 출신은 밖에서 온 교수들보다 더 우수해야 주인 노릇을 제대로 한다. 어느 대학이든지 자기 대학의 교수가 될 인재를 기르기 위해 특별한 노력을 해야 한다.

제주대학교 한국학협동과정을 잘 운영하는 방안은 무엇인가? 대학원 협동과정이 모두 그렇듯이, 전임교수가 한 사람 있어야 구심점을 마련하고 다른 학과에도 소속되는 겸임교수가 많아야 폭이 확대된다. 전임과 겸임을 고정시키지 않고 오고갈 수 있게 하는 것이 좋다. 전임교수는 한국학 일반론을 총괄하고, 겸임교수들은 한국학 일반론의 어느 측면이나 한국학의 여러 분야를 각기 다루어 서로 호응되게 해야 한다. 한국학 일반론에는 외국에서의 한국학도 포함되어야 한다. 전임교수가 주관하고 겸임교수나 다른 교수들 또는 외부강사가 지역을 분담해 고찰하는 것이 가능한 방안이다.

제 2 부

미래로 나아가는 지표

나라의 위상 재인식

20세기는 지구 전체의 범위에서 강대국이 약소국을, 선진국이 후진국을 지배하고 간섭한 시대였다. 분쟁을 전쟁으로 해결하는 군사력이 최상의 능력이었다. 21세기에는 강약과 선후의 격차를 줄이고, 대등한 발전을 이룩하고자 하는 나라가 늘어나고 있다. 삶의 수준과 질을 향상하는 능력이 더욱이 중요시된다.

20세기의 한국은 약소국의 처지로 떨어져 식민지가 되는 수난을 당했으며, 그 후유증으로 내전을 겪고 아직도 남북이 분단된 상태이다. 그러나 후진의 상태를 힘써 극복하고 국제적인 위상을 다시 설정하면서 21세기를 맞이하고 있다. 강약과 선후의 중간에서 양쪽이 함께 번영과 행복을 추구하도록 하는 사명을 맡고 있다. 정치보다는 경제, 경제보다 문화에 더욱 힘써야 방향 전환이 분명해진다.

한국이 아시아 국가 최초로, 신생국 최초로 G20 정상회의를 주최하고 의장국이 된 것은 전환의 징표이다. 강약과 선후의 중간에서 양쪽이 함께 번영과 행복을 추구해야 하는 과제를 제기했다. 정치적인 대결에서 경제적인 유대로 나아가자고 촉구했다. 다음 과제는 문화이다. 학문, 교육, 예술 등의 분야에서 창조적인 역량을 발휘해 인류를 위해 널리 기여하는 것이 마땅하다.

한국은 면적이나 인구에서 중간 정도의 나라이다. 한국어는 사용자 수에서 세계 제12위 정도이다. 다수 언어의 말석이고, 소수 언어의 선두이다. 어느 쪽이라고 의식하는가는 선택의 문제이다. 말석이니 희망이 없다고 하지 말고, 선두의 책임을 자각해야 한다. 영어를 공용어로 하지 않을 수 없다는 망상을 버리고, 민족어 가꾸기에서 모범을 보이면서 언어 소통의 다변화에 힘써야 한다.

역사의 오랜 기간 동안 줄곧 외침에 시달렸다고 개탄하는 말을 이따금 하지만, 정도가 그리 크지 않았음을 세계사를 널리 살펴 확인할 수 있다. 민족공동체가 파괴되는 수난까지에는 이르지 않고 더욱 공고하게 되도록 하는 작용이 닥쳐온 정도이다. 소수민족이나 소수언어의 문제가 없는 가장 큰 나라로 지내온 것이 장점이면서 단점이다. 배타적인 성향이 두드러지면 어려움을 겪는다. 이주민이 늘어나 다문화사회로 나아가는 것을 다행으로 여기면서 새롭게 획득한 역량을 적극 활용해야 한다.

가까이 있는 두 이웃 중국 및 일본과의 관계를 특히 잘 알아야 자기 인식도 심화된다. 동아시아 한문문명을 함께 누리면서, 중국은 중심부이고, 한국은 중간부이고, 일본은 주변부이다. 월남도 중간부로 볼 수 있다. 중심부·중간부·주변부는 산스크리트·아랍어·라틴어문명권 등의 다른 여러 문명권에서도 공동문명과 민족문화 가운데 어느 쪽에 얼마나 큰 비중을 두는가에 따라 단계적인 차이가 있다. 민족성론에서 벗어나 문명구조론으로 나아가야 한다.

중심부 중국은 동아시아 공동문어문학인 한문학 발전을 선도했으나 민족어문학 정립에서는 낙후했다. 주변부 일본은 한문학이 뒤떨어진 반면에 민족어문학을 일으키는 데 앞섰다. 중간부의 한국과 월남은 한문학과 민족어문학을 함께 육성하면서 양쪽의 소통에 힘썼다. 월남 한문학의 민족의식 추구가 한국과 상통한다. 하층이 이어온 구비서사시의 전통을 표출해 한문 및 국문의 영웅서사시와 불교서사시 〈東明王篇〉·〈釋迦如來行蹟頌〉·〈龍飛御天歌〉·〈月印千江之曲〉을 만들어낸 것은 한국문학사 특유의 전개이다. 朴趾源의 한문 문장과 판소리 사설이 상층의 위엄을 하층의 반발로 파괴하는 풍자를 같으면서 다른 방식으로 보여준 것도 주목할 만하다.

사상사의 전개에서도 같은 양상이 발견된다. 동아시아문명의 공유자산 불교나 유교를 힘써 받아들여 열심히 공부하면서, 기층문화에서 적극적으로 이어온 민족 특유의 발랄하고 역동적인 삶의 방식, 신명·신바람·신명풀이의 기풍과 결합해 재창조하는 작업을 다양하게 전개했다. 元曉·知訥·一然의 불교 재창조가 특별한 이유를 이렇게 이해할 수 있다. 徐敬德·任聖周·洪大容·崔漢綺로 이어진 氣철학이 중국의 전례를 넘어서서 사상의 근본을 새롭게 모색한 성과 또한 주목하고 평가해야 한다.

학구열에 대한 자각

　한국인은 학구열이 지나치다고 할 정도로 높다. 처지나 적성을 고려하지 않고 좋은 성적을 얻어 최상의 대학에 입학하고자 하는 경쟁이 치열해 사교육비 부담을 가중시키는 것이 심각한 사회문제이다. 누구나 걱정하고 해결해야 한다지만, 학구열이 높은 이유는 모르고 완화하기에 급급하니 순서가 잘못되고 효과가 없다. 역대 대통령이 패배한 싸움을 되풀이하니 안타깝다. 사태의 진상을 철저하게 파악하고 적절한 대책을 마련해야 한다고 일깨워야 한다. 정치나 언론에서 하지 못하는 일을 학문에서 맡아야 한다.

　사태의 진상을 파악하기 위해 고찰의 범위를 넓힐 필요가 있다. 학구열은 외국으로 이주한 교민에게서도 확인되는 민족의 특성이다. 중국 조선족은 교육을 민족종교로 삼는다고 한다. 구소련 여러 나라의 고려인이나 미주의 한인도 공부를 잘 해 사회 진출을 바람직하게 하는 데 남다른 노력을 바치고 있다. 카자크스탄에 갔을 때, 어린 나이에 강제이주된 고려인이 여성들까지 학교를 다니자 우수한 성적을 얻어 명문 대학을 졸업했다는 말을 듣고 놀랐다.

　자료를 추가해보자. 1866년 강화도에 침공한 프랑스 군인들이 집집마다 책이 있고 책 읽는 사람이 많은 것을 보고 자기 나라보다 크게 앞서 충격을 받았다고 하는 수기를 남겼다. 그 때 외규장각도서를 최고의 보물로 알고 탈취해 갔다. 각기 자기 문명을 이은 마지막 시기 1800년 전후 세계 각국의 상황을 비교해본다면, 공동문어와 민족어 양쪽의 글읽기와 글쓰기 능력을 가진 사람이 전 인구에서 차지하는 비율에서 한국이 가장 앞서지 않았던가 한다.

왜 이렇게 되었을까? 이유를 둘 들 수 있다. 문명권 중심부에서 거대한 자태를 자랑하는 중국에 맞서는 최상의 방법을 학구열을 높이는 데서 찾았다. 공동자산인 한문을 더 열심히 공부해 얻은 사고 능력을 민족문화의 저력과 결합해 더욱 진전된 형태로 재창조했다. 신분제를 철폐하고 평등사회를 이룩하는 과정에서 한국인 누구나 상위신분 양반이 되는 상향평준화를 택해 학업이 필수요건으로 등장한 것이 중국이나 일본과 달랐다.

중국은 과거 급제자 본인만 당대에 한해 紳士라는 상위신분을 지니다가, 신해혁명을 거치고 과거제가 철폐되자 상위신분 소지자가 없어져 하향평준화 사회가 되었다. 인민공화국이 들어서자 이발사는 노동자여서 뇌수술을 하는 지식인보다 우대받아 마땅하다고까지 하게 되었다. 일본에서는 町人이라는 상공업자를 새로운 신분으로 인정해 신분제의 동요를 막은 효과가 오늘날까지 지속된다. 누구나 분수에 맞게 처신하고 직업 이동이 적어 안정을 누리는 반면에 활력이 모자란다.

한국에서는 과거 급제를 필수 요건으로 하지 않고 양반 신분이 유지되며 자식 전원에게 상속되는 데 그치지 않고, 공식 또는 비공식의 방법으로 양반이 되는 길이 열려 있었다. 관가에서 시비를 가리려고 가져오는 족보는 거의 다 가짜라고 丁若鏞은 말했다. 그래서 신분제가 흔들리는 것은 잘못이라고 할 것이 아니고, 누구나 다 양반이 되면 반상을 구별하지 않게 되니 바람직하다고 했는데 그대로 되었다. 양반이 전 인구에서 차지하는 비중이 3분의 2 이상이다가 갑오경장을 거치고 누구나 양반이라고 할 수 있게 되었다.

양반 노릇을 하려면 글공부를 하고 과거에 응시해야 했다. 과거 응시자가 폭발적으로 늘어나 큰 혼잡이 일어났다. 한시문을 지어 문집을 만드는 일이 성행해 전적의 유산이 넘치도록 많다. 그 정도에 그치지 않고, 한문 공부의 열풍이 사회 전체로 퍼졌다. 金弘道가 남긴 풍속화에 아버지는 돗자리를, 어머니는 베를 짜는 곁에서 아이가 책을 읽는 장면을 그린 것이 있다. 어떻게 해서든지 자식은 가르쳐야 한다고 여겨 서당에 보내는 풍조를 보여준다. 중국과 일본에도 서당에 해당하는 교육 기관이 있었으나 시정 생활에 필요한 실용적인 지식을 가르쳤다. 한국에서는 상위신분에게나 필요한 고급의 지식을 누구나 습득하고자 했다. 타고난 처지에 머무르지 않고 신분 상승을 위해 일제히 분투해 생겨난 혼란과 역동성이 오늘날까지 이어진다.

일제는 식민지 통치를 하면서 우리 민족의 학구열을 낮추는 것을 주요 시책으로 삼았다. 서당을 없애고, 엄격한 선발을 해야 한다는 이유를 내세워 초등학교 입학을 제한했다. 사립학교 교육을 규제하고, 소수만 실업교육 위주의 중등교육을 받을 수 있게 했다. 일반교육을 거쳐 경성제국대학에 입학하는 조선인은 40명 정도에 지나지 않게 조절했다. 잘한 일이므로 이어받아야 한다고 할 것은 아니다. 일제의 횡포에 맞서 학구열을 높이는 것을 민족운동의 출발점으로 삼았다. 탄압과 감시를 피해 갖가지 형태의 야학을 하고, 해외망명지에서 학교부터 만들었다.

광복을 이룩하고, 전쟁의 피해에서 벗어나 어느 정도 여유가 생기자, 억눌렸던 학구열이 분출했다. 과거 응시자가 폭발적으로 늘어난 사태가 바로 이어져 오늘날의 입시 경쟁이 치열하다. 돗자리나 베를 짜서 살아가면서 자식을 가르친 선례를 이은 오늘날의 부모는 자식의 명문대학 입학을 열망한다. 이런 증세를 대증요법으로 치료하거나 근시안적인 정책으로 바로잡는 것은 가능하지 않다. 학구열을 완화해 정상화하는 것을 기대하지 말고 근본적인 해결책을 찾아야 한다. 교육 정책을 잘 하면 될 일이 아니다. 행정의 힘을 과신하지 말아야 한다.

학구열이 모자라 걱정인 나라가 많다. 고양시키려고 해도 되지 않는다. 더러 방법을 물어오지만 당대에 노력해 얻은 성과가 아니어서 대답할 말이 없다. 학구열이 조상이 물려준 유풍인 줄 전혀 모르고, 축복이 아닌 재앙으로 여기기까지 한다. 미국의 오바마 대통령이 한국의 교육이 부럽다고 하면서 가끔 언급하는 것이 사실은 학구열이다. 공부를 열심히 하는 것을 보고 교육을 잘 한 성과라고 여긴다. 공부를 열심히 하면 되는 것은 아니다. 어떤 공부인지 문제이다. 그리 긴요하지 않는 공부에 열의를 쏟지 말고, 마땅히 해야 할 공부를 열심히 하도록 해야 교육을 잘 한다고 할 수 있다.

학구열은 치유해야 할 단점이 아니고, 바람직하게 살려나가야 할 장점이다. 치유도 완화도 가능하지 않고, 가능하다고 해도 이득이 없다. 역대 정부가 가능하지도 않고 이득도 없는 시도를 하면서 학구열이 더욱 왜곡되어 비정상적으로 분출되도록 만들었다. 학구열의 물줄기가 위로 올라가지 못하게 막아 옆으로 터진 것이 사교육 홍수이다. 학구열의 물줄기가 위로 올라가 학문을 제대로 해야 교육이 정상화되는 줄 알아야 해결이 가능하고, 해결해서 얻는 이득이 크다.

학문입국의 과업

학구열이 우리 민족의 최대 장점으로 평가되고, 정상적으로 분출되어 바람직한 결과를 가져오도록 하는 방안은 분명히 있다. 넘치는 학구열로 탁월한 학문을 이룩해 나라를 바로잡고 세계를 이끄는 것이다. 이것이 바로 학문입국이다. 학문입국을 높은 수준으로 성취해 인류를 위해 널리 공헌하겠다는 목표를 세워야 한다. 선진국의 학문을 본뜨면 되는 것은 아니다. 우리가 지닌 남다른 능력을 알아차리고 최대한 발휘해 남들보다 앞설 수 있는 길을 찾아 나라를 바로잡고 세계를 이끌어야 한다. 이에 대한 연구가 최우선의 과제여서 여기 시안을 내놓는다.

나라를 바로잡고 세계를 이끄는 탁월한 학문은 수입학이 아닌 창조학이어야 하고, 총체적 인식을 갖춘 일반이론이어야 하고, 역사의 방향을 제시하는 통찰력이어야 한다. 지난 시기 元曉에서 崔漢綺까지의 선학들이 이룩한 업적을 이어받아 세계화시대의 새로운 요구에 맞는 인류의 학문을 이룩해야 한다. 지나쳐 말썽스럽기까지 한 학구열을 학문에 온통 바치고 최대한 고양해야 가능한 일이다. 이 목표를 달성하면 공교육이 학문 발전을 바짝 따라 함께 향상되어 사교육의 홍수는 자연스럽게 해결된다.

학문의 분야를 자연과학·사회과학·인문학이라고 하는 수입품 용어를 자연학문·사회학문·인문학문이라고 바꾸어야 학문이라는 공통점을 분명하게 하면서 창조학으로 들어설 수 있다. 과학은 냉철하게 진행되는 탐구이지만, 學問은 學과 問을 함께 지녀 탐구이면서 질문이고, 연구이면서 토론이고, 이론이면서 실천이다. 이에 근거를 두고 독자적인 학문론을 이룩해 과학론 수입에 의존하는 폐단을 시정하고, 밖으로 내놓아 널리 기여하는 지적 창조물의 좋은 본보기를 보여야 한다.

자연학문은 국력과 직결되어 우선적으로 지원해야 하고, 사회학문은 현실 문제와 직결되어 소홀하게 할 수 없으나, 인문학문은 여유나 취미의 영역이라고 여기는 것이 잘못이다. 인문학문은 20세기까지와 다른 21세기 학문의 임무를 수행해서, 총체적 인식을 갖춘 일반이론을 창출하고 역사의 방향을 제시하는 통찰력을 다른 두 학문보다 앞서서 보여주는 선도자일 수 있다. 자연학문은 學에 치중하지만 인문학문은 問을 소중하게 여긴다. 많은 사람이 참여해 질문·토론·실천하는 작업이 광범위하게 진행되어 학문이 바로 교육일 수 있다.

자연학문 발전을 위해 앞선 쪽과 경쟁하려면 감당하기 어려운 예산이 소요되므로, 비용이 적게 들고 효과는 큰 인문학문이 앞서 나가 학문의 전반적인 발전이 용이하게 하는 작전을 쓰는 것이 현명하다. 일본은 자연학문에서 우세를 보이고, 중국은 군사과학 대국으로 등장하는 것을 그냥 따르려고 하지 말아야 한다. 국력의 차이를 고려해야 한다는 것만이 아니고, 다른 길로 나아가 후진이 선진이 되도록 해야 한다. 한국은 그 두 나라가 상대적으로 소홀하게 하고 두드러진 성과가 없는 인문학문에 힘을 기울여 균형을 취하고 널리 도움이 될 수 있게 해야 한다. 과학입국에서 학문입국으로 방향을 바꾸고, 인문학문이 학문입국의 선두에 나서서 전반적인 수준 향상을 위한 견인차가 되게 하는 것이 최상의 방안이다.

한국학에서 동아시아학으로, 동아시아학에서 세계학으로 나아가야 한다. 민족문화의 풍부한 유산이 한국학의 성장 가능성을 보장한다. 동아시아문명권 중간부에서 축적한 지식이 새로운 총괄론을 위해 유용하게 쓰일 수 있다. 동아시아 문명을 민족문화와 결합해 재창조한 전례가 유럽문명권 학문의 수용과 극복에 적용될 수 있어 자신감을 가질 만하다. 동아시아와 유럽의 토론을 성과 있게 진행하면서 다른 여러 문명의 경우까지 널리 아울러 세계적인 일반론을 다시 정립하는 더 큰 목표를 세우고 이룩할 수 있다.

유럽과의 토론이 인식의 범위에 관한 것만은 아니다. 이론 구성을 위한 기본논리가 더욱 긴요하다. 형이상학이냐 변증법이냐 하는 논란을 상생이 상극이고 상극이 상생이라고 하는 生克論으로 넘어서는 것과 같은 시도가 다양한 영역에서 적극적으로 이루어져야 한다. 동아시아철학의 전통을 한국에서 더욱 발전시킨 최상의 성과를 이어받아 오늘날 학문이 당면한 문제를 해결하는 데 널리 활용해야 세계적인 일반이론을 다시 이룩하는 작업을 성과 있게 할 수 있다.

지금 연구라고 하면서 하고 있는 것들은 진정한 연구를 방해하고 있다. 대학 교수는 과도한 강의를 해야 하고 다른 업무도 나날이 늘어나 연구를 제대로 할 수 없다. 그런데도 업석 점수를 일세히 요구해 본의 아니게 함량 미달이나 가짜일 수밖에 없고 중복

되기도 하는 논문을 양산한다.

교수가 고위공직자 후보로 등장해 자격검증 과정에서 발표한 논문의 진실성이 문제되는 것을 흔히 본다. 연구를 제대로 하지 않고 평가를 얻었으니 능력이 있다고 할 것인가? 능력이 그 정도 되지 않는 대다수의 교수는 연구를 잘 하고 있다고 할 것은 아니다. 지나치게 많이 요구되는 업적의 양을 채우기에 급급해 질이나 수준은 돌아보기 어려운 것이 숨길 수 없는 사실이다. 연구라는 것이 교수를 결박하는 필요악처럼 변질되어 망국을 재촉하지 않을까 염려된다.

연구계획서를 제출해 심사에 통과하면 연구비를 지급하고 연구를 하게 하는 방식이 또한 연구를 제대로 하지 못하게 한다. 획기적인 의의를 가진 일반이론 창조는 제목을 붙이고 계획서를 작성할 수 없는 단계에서 시작해 어디로 가는지 모르는 기간이 한동안 지속되고 시행착오와 실패를 겪게 마련이다. 연구자보다 뒤지는 것이 예사인 심사위원들이 이해하고 인정할 수 있도록 작성한 연구계획서를 충실하게 따라 예정된 결과를 제출하라는 것은 무리이다.

사정이 이렇기 때문에 자연학문을 대단하게 여겨 많은 투자를 해도 기대하는 성과가 없다. 일본과의 격차가 더 벌어지는 중요한 이유가 연구비 액수의 차이에 있는 것만 아니다. 일본에서는 구체적인 계획서를 내서 연구비를 따게 하지 않는다. 연구 능력을 믿고 연구비를 지원해 실패가 허용되고 결과를 내지 않아도 문책하지 않으니 탁월한 연구가 가능하다. 인문학문은 시간과 자료만 확보되면 연구비가 없어도 할 수 있는데 자연학문에서와 같은 방식으로 얽어 범속한 수준에 머무르게 잡아 둔다. 연구비 횡령을 적발해 엄단하면 연구가 잘 되는 것은 아니다. 잘못 된 제도가 연구를 망치는 줄 알아야 한다.

잘못을 시정하려면 획기적인 전환이 있어야 한다. 교수는 잘 가르치는 것을 본분으로 해야 한다고 선언해야 한다. 모든 교수가 다 연구를 잘 해야 한다는 나라는 이 세상에 없다. 교육과 연구를 어느 정도 갈라 둘 다 잘 되게 하는 제도를 어디서든지 채택하고 있는 줄 알아야 한다. 한국에서는 체육에서는 국민체육은 버려두고 선수체육에만 힘쓰면서, 학문에는 국민체육 같은 것만 있고 선수체육에 해당하는 것이 없으니 양쪽 다 잘못되었다.

연구중심대학을 따로 두면 된다는 것은 위험한 발상이다. 어느 대학이든지 교육을 소홀하게 할 수 없다. 연구교수로 적합한 사람들이 어느 한 대학에 모여 있을 수도 없고, 모을 수도 없다. 강의교수에 견주어 훨씬 적은 수의 연구교수가 전국 각 대학에 고루 분포되어 있는 것이 강의와 연구가 다 잘 되게 하는 방안이다. 연구교수와 강의교수는 기능이 구분되지만 긴밀한 관계를 가져야 하므로 가까이 있어야 한다. 연구교수의 연구에 강의교수들이 토론자로 참가하고, 연구교수가 연구한 결과를 강의교수가 바로 받아 강의에 활용하면서 서로 돕는 것이 마땅하다.

연구는 강요되는 필수가 아닌 자발적인 선택으로 해서, 양에서 질로 나아가야 한다. 질 높은 연구를 누구나 다 해야 한다고 무리하게 요구하지 말고, 말려도 하겠다고 하는 사람이나마 할 수 있게 해야 한다. 탁월한 업적을 이룩하는 데 일생을 걸고자 하는 선도자는 연구의 절대적인 조건인 시간을 충분히 확보하고, 하고 싶은 작업을 자유롭게 할 수 있게 풀어주는 것이 마땅하다. 학과의 구속이나 인습에서 벗어나 해방구 노릇을 하는 연구소로 자리를 옮길 수 있게 해야 한다. 연구소는 학문의 생산공장이어야 하고 전시판매장은 아니어야 한다. 학문 생산은 공정이 복잡하다. 의욕과 능력이 남다른 일꾼들이 좋은 조건에서 충분한 시간을 가지고 실패를 각오하면서 탐구한 성과를 내놓고 토론의 범위를 단계적으로 확대해야 좋은 결과를 얻을 수 있다. 이럴 수 있게 하는 것이 연구를 제대로 지원하는 첫째 방법이다.

실현하기가 어렵지 않으면서 효과는 큰 제도를 구상해본다. 전국 어느 대학 연구소에든 연구교수가 있어 연구에 전념하면서, 스스로 택한 내용과 방식으로 한 강좌 정도 강의도 할 수 있게 하자. 연구 능력과 의욕이 탁월한 강의교수가 연구교수로 자리를 옮기는 것을 권장한다. 희망자 신청을 받아, 학술원 같은 공인기관에서 주관해 최상급 심사위원들이 실명을 밝히고 공개적으로 평가해 선정한다. 편중을 피하고 되도록 많은 대학에 재직하는 교수들에게 기회를 준다. 전국 모든 대학이 동일한 조건에서 경쟁해 성과에 따라 등급이 바뀌게 한다.

연구교수로 자리를 옮긴 인원 1인당 2인씩의 신규채용 연구교수 인원을 배정한다. 연구교수로 자리를 옮긴 교수가 신규채용 연구교수를 선발해 함께 연구하고 함께 평가를 받는다. 연구교수의 급여 및 연구에 통상적으로 소요되는 비용을 국립과 사립을 가리지 않고 국가 예산에서 부담한다. 지금 하고 있는 방식의 연구비 지급은 축소해 추가로 소요되는 재원에 보탤 수 있다.

3인이 함께 일하는 것이 한국인의 기질에 맞는 최상의 조직체이다. 3인이 능력을 서로 보완하고 토론을 깊이 하면서, 개인연구와 공동연구의 장점을 합친 협동연구를 하는 것이 바람직하다. 3인은 연령과 경력이 상이해도 대등한 관계를 가지고 學과 問을 서로 돌아가면서 함께 한다. 한 사람이 연구발표를 하고 두 사람이 토론하는 작업을 오랜 기간 동안 계속해 공동의 성과를 축적하고 각자의 연구를 가다듬는다.

연구계획을 사전에 제출하지 않는다. 스스로 선택한 과제를 두고 할 수 있는 연구를 해서 결과를 보여주면 된다. 5년이 적절하다고 생각되는 일정한 기간이 지난 뒤에 이룩한 연구 성과를 양이 아닌 질의 측면에서, 학술원 같은 공인기관에서 주관해 최상급 심사위원들이 실명을 밝히고 공개적으로 평가한다. 그 결과에 따라 지원의 계속과 중단 또는 확대와 축소를 결정한다. 성과가 상급이면 3인이 각기 2인씩 신규채용 연구교수를 선정해 도합 9인의 연구진을 구성하도록 한다. 성과가 중급이면 3인의 연구를 계속하도록 한다. 성과가 하급이면 연구진에 대한 국가의 지원을 중단한다.

산출하는 업적의 형태도 바꾸어야 한다. 인문학문이나 사회학문 연구의 결과는 전작저서로 출판해야 할 일을 제대로 한다. 논문은 부분적인 시험이거나 예고편이라고 하겠는데 절대적인 가치를 부여해 평가에서 높은 점수를 주는 것은 자연학문에나 적합한 방식의 남용이다. 등급이 높은 외국학술잡지에 논문을 발표하라고 자연학문에서는 요구할 수 있으나, 인문학문에서 획기적인 의의를 가진 일반이론을 새롭게 창조한 성과는 밖에서 쉽게 받아들일 수 없다. 그 쪽 학계의 관습을 따르고 편집자들의 기호에 맞는 논문을 쓰면서 앞서 나가는 것은 가능하지 않다. 학문의 역사가 다시 시작되도록 하는 저작을 우리말로 내놓고 국내에서 치열한 논란을 벌이면서, 외국어로도 내놓고 외국어로 해설 논문을 쓰기도 해서 토론을 확대하는 것이 마땅하다. 세계 학문의 역사를 바꾸어놓고자 하는 최종 목표 달성을 위해 훈련과 연습의 경기를 여러 차례 거쳐야 한다.

주저하지 않고 앞으로 나서서 학문의 꼭짓점을 높이는 비약이 있어야 모든 것이 달라진다. 선두에 선 탐구자가 동참하는 토론자들이 함께 노력하는 것을 거대한 신명풀이로 삼고, 그 파장이 밖으로 널리 퍼지게 해야 한다. 이룩한 성과를 받아들여 동참을 확대하고 토론을 다변화하는 작업을 대학원·대학·고등학교·중학교·초등학교 순서로 진행하면 교육이 정상화되고 바람직한 발전을 한다.

획기적인 의의를 가진 일반이론을 새롭게 창조한 저서를 토론의 범위가 넓어질 수 있게 써 낸 것이 여럿 있어, 대학원이나 대학은 물론 고등학교 교육에서까지 활용하면 학문입국이 교육입국으로 확대된다. 學과 問을 함께 활성화해 최상의 교육 방법이 토론일 수 있게 하는 토론 거리를 제공하는 것이 학문의 임무이다. 이 과업을 인문학문이 앞서서 수행해 인성을 계발하고 가치관을 바로잡고 창조력을 기르는 데 적극 기여하는 것이 마땅하다.

교육을 받으면서 토론에 참여하는 후진이 기존의 업적을 능가하는 창조력을 발휘할 수 있게 훈련하고 준비하는 작업을 고등학교 시절부터 하도록 하면 대학입시 준비가 따로 필요하지 않고,

대학의 간판이 문제되지 않는다. 각자 자기가 선택해 최상의 토론 상대로 삼는 저자를 찾아 전국적인 이동을 하는 것이 바람직하다. 학문입국이 교육입국으로 확대되는 작업이 공교육에서는 계속 이루어지고 사교육은 따르지 못하면 교육 정상화의 숙원이 해결된다.

시대변화에 대한 대응

지금은 세계화시대이니 국산품을 만들려고 하지 말고 수입품을 쓰면 되지 않는가? 이렇게 말할 멍청이는 없다. 국산품은 만들지 않고 수입품만 쓴다면, 수입품을 살 돈은 어떻게 마련하는가? 이런 초보적인 질문을 누구나 한다. 국산품을 잘 만들어 수출해서 벌어들이는 돈으로 수입품을 사야 한다. 이 정도의 계산은 아무나 한다. 국산품을 잘 만들어 수출에 힘써야 한다. 세계적인 경쟁력을 가진 수출품을 개발해야 한다. 목표를 이렇게 정하고 열심히 뛰고 있다.

그런데 상품은 수출하자면서 학문은 수입하자고 한다. 세계적인 명품을 수입하면 우리 학문을 선진화한다고 착각한다. 상품은 수출하고 학문을 수입한다면, 수출품을 무슨 능력으로 만들 수 있는가? 수입한 학문으로 세계적인 경쟁력을 가진 수출상품을 만들 수 있는 것은 아니다. 물건을 만드는 데 직접적으로 소용되는 공학만 그런 것이 아니다. 공학의 기초나 근거가 되는 학문이 모두 그렇다. 학문이 선진화해 산업을 이끌어야 한다. 학문의 선진화는 남들에게 이기는 경쟁력을 갖추는 것만이 아니고 널리 도움이 되는 보편적 가치 창조를 더욱 긴요한 사명으로 한다.

상품도 수출하고, 학문도 수출해야 한다. 학문 수출을 위해 외국에 가야 하는 일이 많아졌다. 내가 외국에 가서 학술 발표를 한 나라 이름과 회수를 들어보자. 일본 11회, 중국 10회, 프랑스 5회, 네덜란드 4회, 미국 3회, 인도, 영국, 독일, 러시아 각 2회, 대만, 카자크스탄, 스웨덴, 스위스, 오스트랄리어, 이집트, 남아프리카 각 1회이다. 국내에서 개최한 국제학술회의에서 외국인 참가자들을 위해 영어로 발표를 한 일도 여러 번 있었다. (외국에 가서 발표한 글 몇 가지는 영문 저서 두 권에 수록되어 있다. *Korean Literature in Cultural Context and Comparative Perspective*, Jipmoondang, 1997; *Interrelated Issues in, East Asian and World Literature*, Jipmoondang, 2006. 《세계·지방화시대의 한국학 3 국내외 학문의 만남》, 계명대학교출판부, 2006에서는 대외활동의 경험을 정리해 논하고 필요한 자료를 제시했다.)

인도 네루대학(Jawaharal Nehru University)에 초청되어 가서 발표한 것을 구체적인 예증으로 삼기로 한다. 네루대학은 인도가 독립한 뒤에 자존심을 걸고 1970년대에 만들어 특별히 육성하는 대학이다. 영국인이 설립한 델리대학, 독립운동 지도자들이 전국의 성금을 모아 만든 바라나시힌두대학과 함께 삼대명문 대학을 이루고 있다. 델리대학은 서양학문 수입에 힘쓰고, 바라나시힌두대학은 전통학문 계승을 선도한다면, 네루대학은 오늘날의 인도가 나아가는 방향을 제시한다고 할 수 있다.

네루대학은 대학원대학이다. 어문문화대학(School of Language, Literature and Culture Studies)에만 여러 외국어를 기초부터 공부해야 하므로 학사과정이 있다. 학생 4천 명, 교수 5백 명 정도이다. 학생 전원이 기숙사에서 생활한다. 학비는 거의 무료이고, 기숙사 숙식비에 해당하는 금액을 장학금으로 받는다. 다른 장학금도 여럿 있어 우수한 학생이면 누구나 아무 어려움 없이 공부할 수 있다. 델리대학은 학생 총수가 12만이나 되어 기숙사가 모자라고 장학금 혜택이 네루대학만 못하다고 한다.

네루대학의 어문문화대학은 11개 학과로 구성되어 있다. 명단에 적힌 순서대로 들면, 아랍 및 아프리카, 중국 및 동남아시아, 불어권, 독일, 인도 여러 언어, 일본 및 동북아시아, 언어학 및 영어, 페르시아 및 중앙아시아, 러시아, 스페인 포르투갈 이탈리아 라틴아메리카, 철학이다. 한국학은 일본 및 동북아시아 학과에 소속된 한 전공(programme)이다.

네루대학 총장과 함께 식사를 하는 기회에 그 문제를 거론했다. 한국학이 일본학과에 소속되어 있는 것은 한국이 일본의 식민지 통치를 받았으므로 일종의 굴욕이라고 했다. 학과가 독립되어야 하고, 독립 전에도 학과 이름을 "일본 및 한국학과"라고 해주기 바란다고 했다. 그래 보았자 이름뿐이라고 하는 것이 총장의 대답이었다. 우리에게는 이름이 중요하다고 나는 말했다. 이름뿐이라는 것은 교수진의 능력 부족으로 내실이 모자란다고 넌지시 이른 말이다.

일본 및 동북아시아, 중국 및 동남아시아, 이 두 학과가 합동으로 학술회의를 개최했다. "동아시아문학에 관한 국제학술회의: 일본, 중국, 남한의 경향과 발전, 인도와의 상호작용"(International Seminar on Literatures in East Asia: Trends and Developments in Japan, China and South Korea – an Interface with India)을 2005년 2월 16일부터 18일까지 진행했다. 16일 오후에 대학이 아닌 시내의 회의용 건물에서 개회식이 있었다. 주최 측의 인사말에 이어서, 각국 대사가 연설을 하고, 기조강연이 있었다. 일본·한국·중국·인도 순이었다.

나의 기조발표는 한국문학사를 동아시아문학사와 관련시켜 고찰하는 내용이었다. ("Korean Literary History in the East Asian Context") 한국문학사가 동아시아문학사에서 어떤 위치를 차지하고, 무슨 의의를 가지는지 설명하는 내용이다. 중국 및 일본의 문학사에 관해서는 어느 정도 알고 있는 사람들이 한국문학사를 이해하는 데 필요한 사항을 갖추었다.

외국 가서 발표하는 논문은 예상 청중이 누구이며, 어떤 예비 지식을 가지고 무슨 문제에 관심을 보일지 미리 헤아려 마련해야 한다. 평소에 하고 있는 작업을 그대로 가지고 가면 전달하기 어렵고 관심을 끌지 못해 허사가 되고 만다. 이번에는 중국문학과 일본문학을 전공하는 인도인 교수들이 청중의 중심을 이룬다. 한국문학에 대해서 아무 주제나 들고 나가 얘기하면 되는 것은 아니다.

중국문학과 일본문학의 경우를 들어 동아시아문학의 전반적인 상황과 관련시켜 한국문학의 위치와 특성을 논해야 관심을 끌고 이해와 공감을 얻을 수 있다. 미지수만으로 이루어진 논의는 관심을 끌 수 없고 이해 불가능하다. 기지수를 근거로 해서 미지수를 풀어나가야 한다. 중국문학이나 일본문학에 대한 기존의 이해를 기지수로 삼아 한국문학에 대한 새로운 탐구를 제시하는 것이 마땅하다.

한국문학 또는 한국학은 국제학계에서 생소한 만큼 뒤떨어졌다고 할 수 있다. 바로 그 점을 전화위복으로 삼아 동아시아비교문학론의 관점에서 한국문학을 다루는 연구를 해서, 중국문학이나 일본문학 전공자들보다 앞서야 한다. 한국이 중국이나 일본보다 훌륭하다고 하지 말고, 한국학이 중국학이나 일본학보다 앞선 것을 보여주어야 한다. 나는 선택한 주제를 사실 차원에서 다루는 데 그치지 않고, 민족문학사에서 문명권문학사로 나아가 문학사에 대한 새로운 이론을 정립한 성과를 제시했다. 동아시아문학의 동질성에 대해 진지한 관심을 가지고 중국문학과 일본문학을 다시 고찰하게 하고, 월남문학에 대한 이해도 갖추어야 한다고 했다.

2005년 10월에 인도에 다시 초청되어 갔다. 7일부터 9일까지 인도 네루대학에서 열린 한국문화 학술회의(Perspectives on Korean Culture)에 참가하기 위해서였다. 7일 저녁의 개회식에서 그 대학 어문대학장의 인사말에 이어서 다음과 같은 기조강연을 했다. 내 다음에 주인도 한국대사, 그 대학 총장이 인사말을 했다. 우리의 관습과는 다른 순서이다.

기조강연에서 세계화 시대의 한국학에 관해 고찰했다. ("Korean Studies in the Global Age") 서두에서 행사의 의의와 성격에 관해 말했다. 한국학 학술회의가 인도 네루대학에서 열린 것은 획기적인 일이지만 주최자가 "일본 및 동북아시아 학과"인 것은 유감이라고 했다. 한국이 일본의 식민지 통치를 받던 과거를 기억하지 않을 수 없다고 했다. 나라이든 학문이든 독립을 해야 정상적인 발전을 하고, 다른 쪽과 상호이해와 협력을 바람직하게 할 수 있다고 했다. 한국학 전공이 일본학과에서 벗어나기를 바라고 한 말이다.

그런데 어문대학장이 앞서서 인사말을 하면서 그 문제에 관해 먼저 언급했다. 학과 이름을 "Japanese, Korean and Other North East Asian Studies"(일본, 한국, 여타 동아시아 연구)로 개명하기로 했다고 말했다. 나는 원래 준비한 말을 그대로 하고서 방금 들은 소식이 반갑고 고맙다고 했다. 학과가 독립되지 않아도 이름에서 일본과 한국을 병칭해 한국학이 일본학과 대등한 위치를 차지하게 된 것이 다행이라고 했다.

그 다음 대목에서 식민지 통치를 회고했다. 한국은 일본의 식민지가 되어 두 가지 더 큰 불행을 겪었다고 했다. 직접 언급하지 않았지만 특히 인도의 경우와 비교해서 한 말이다. 유럽의 근대 지식을 간접적으로 받아들여 제대로 이해하기 어려웠다. 일본은 지배를 합리화할 명분이 없어 폭압을 일삼았다.

그런데도 한국은 독립을 되찾고, 사회가 근대화하고, 경제가 발전한 것은 무슨 까닭인가? 이에 대해 두 가지 대답을 했다. 문명권 전체의 정신 유산을 충실하게 잇고, 민족문화의 다양한 창조력을 발휘한 덕분이다. 이 의문은 국내에서는 의식하지 않고 있으나 외국에 나가면 흔히 받는다. 평소에 깊이 생각해 두었다가 납득할 만한 대답을 해야 한다.

그렇다면 민족문화의 다양한 창조력이란 무엇인가? 이에 대해서 대답하는 것이 그 다음 과제이다. 남북이 분단되어 군사적인 긴장과 정치적인 대립을 겪지만, 그 때문에 민족문화의 전통이 더욱 소중하다고 하고, 相克이 相生이게 하는 능력이 특히 뛰어나다는 것을 여러 예증을 들어 설명했다.

한국학은 민족의 역사와 문화에 대한 탐구 성과를 축적하고, 관심을 넓혀 비교연구에 힘쓰면서 보편주의를 지향하고 있다. 상반된 것들이 공존하면서 상보적인 작용을 하는 것이 동아시아문명의 정수를 이어받아 재창조한 한국문화의 소중한 유산이다. 生克論이라고 일컫는 철학에서 그 원리를 오늘날의 학문에서 계승해 갖가지 분쟁으로 시달리는 인류를 위해 기여하고자 한다.

계급모순 때문에 빚어진 참사가 어느 정도 시정되거나 완화되자 이제 민족모순이 격심해져 심각한 사태가 벌어지고 있다. 생극론에서 상극이 상생이고 상생이 상극이라고 하는 원리에서 민족모순 해결을 위한 최상의 방안을 찾을 수 있다. 제기되는 여러 문제를 구체적으로 다루기 위해 한국문화의 여러 양상에서 한국문화의 여러 향상이 원용될 수 있다.

인문학문은 무용하다. 역사는 종말에 이르러 거시적인 전망은 무의미하다. 유럽 전래의 근대학문은 숭상하다가 빠진 이 두 가지 함정에서 벗어나 학문론을 다시 정립해야 한다. 인문학문이 학문통합을 선도하면서 근대를 넘어선 다음 시대를 전망하고 설계하는 데 힘써야 한다. 이것이 세계화 시대의 한국학이 맡아 수행해야 할 사명이다. 이런 결론을 맺었다.

미래를 위한 설계도

신뢰할 만한 통찰력을 가지고 미래를 설계하는 학자가 있는지,

몇 백 년이 지나도 계속 읽힐 노작을 내놓는다고 자부할 수 있는
지 진지하게 묻고 싶다. 설계도 없이, 설계도를 두고 토론하는 과
정을 거치지 않고 무리하게 시공을 서두르다가 예기치 못한 차질
을 빚어내고 불필요한 희생을 되풀이하는 잘못을 이제는 청산해
야 한다.

제시해야 할 설계도에서 통일을 하면 나라를 어떻게 만들어야
하는지 밝혀 논하는 것이 필수 과제이다. 통일된 조국의 국호를
'우리나라'라고 하자고 주장한다. 조선·한국·고려가 모두 역사
적 유래가 분명한 좋은 말이지만 선호하는 정도가 달라 지나친
시비가 일어나므로 모두 별칭이나 애칭으로 쓰고, 정식 국호는
'우리나라'로 하는 것이 바람직하다.

우리나라는 월등하게 훌륭한 나라여야 한다. 월등하게 훌륭한
나라를 만드는 방안을 다른 데서 가져올 수는 없다. 기존의 설계
도를 빌려 건국을 한 실수를 되풀이하지 말아야 한다. 지금은 모
범 답안이라고 할 것이 세계 어디에도 없어 다시 만들어야 한다.
다시 만들기 위해 우리가 앞서야 한다.

프랑스혁명에 연원을 둔 제1세계의 강령, 러시아혁명에서 실현
되기 시작한 제2세계의 이념이 이제 근대의 종말을 맞이해 한계
를 드러내고 있다. 둘 다 넘어서서, 다음 시대로 나아가는 역사의
방향을 다시 설정하고자 하는 세계사의 소망 실현에서 우리나라
가 앞장서는 것이 마땅하다. 제1세계와 제2세계에 각기 따르다가
격심한 고통을 겪고 있는 불운을 분발의 원천으로 삼아 커다란
비약을 이룩해야 한다.

훌륭한 나라를 만들어 우리만 잘 되자는 것은 아니다. 인류를

위해 널리 공헌해야 더욱 훌륭하다. 인류를 불행하게 하는 갖가지 충돌을 해결하는 방안을 제시하는 데 힘써야 한다. 충돌하지 말고 화합하자고 역설하면 문제가 해결되는 것은 아니다. 최상의 통찰력을 가지고 사태를 바로 파악하고 적절한 해결책을 제시해야 한다.

문명의 충돌은 어느 시기에도 있었으나, 유럽문명권이 근대에 차지한 우위를 유지하고 세계 제패를 지속시키려고 해서 특히 심각해졌다. 문명은 충돌만 하지 않고 화합하기도 해왔다. 다른 문명들끼리 같은 이상을 추구한 사실을 밝혀 반론의 근거로 삼아야 한다. 근대에 이르러 지나치게 확대된 차등에 의한 경쟁을 넘어서서 대등에 의한 화합을 다시 이룩하는 지침을 마련해야 한다.

문명의 충돌과 세계화는 표리를 이루고 있다. 문명과 국가의 범위를 넘어서서 지구상의 모든 지역을 경제·정보·문화를 단일화하겠다는 세계화는 미국이 앞장서서 유럽문명권의 주도권을 확고하게 하겠다는 전략이다. 그 쪽에서 하는 말을 들어보자. "세계화는 강력한 힘을 가지고 추진되어 어느 쪽에 막대한 이익을 가져다준다. 그렇기는 하지만 방향이 잘못 되어, 혜택을 입지 못하고, 더 나빠진 쪽도 많다"고 하고, "부유한 선진산업국"이 이익을 나누어 "가난하고 발전되지 못한 나라"를 도와주어야 한다고 했다. (Joseph E. Stiglitz, *Globalization and Its Discontents*, New York: W. W. Norton, 2003, 253면)

시혜를 바라는 것은 어리석다. 피해자가 스스로 각성해 대응책을 찾아야 한다. 사태가 절망적이라고 하면서 물러날 수 없고, 가해자를 비난하면 할 일을 하는 것도 아니다. 세계화를 거부하고 고립 노선을 견지하면 무사할 수 있는 것도 아니다. 피해자이기를 그만두고 가해자의 대열에 들어서는 것이 해결책이라고 하면 과욕이고 오판이다.

성과가 보장되는 가능한 방법을 찾아 산업과 경제를 가능한 대로 발전시켜 피해를 줄이고 경쟁력을 확보하자는 것이 마땅하다. 그러나 이것만으로는 소극적인 대책이라고 하지 않을 수 없다. 적극적인 대책을 찾으려면 사고의 비약이 필요하다. 산업이나 경제에 국한된 협소한 시야를 벗어나 사태를 총체적으로 파악하고 역사 발전의 방향을 예견하면서 미래를 설계하는 통찰력을 갖추어야 한다.

산업·경제·정치의 경쟁에 정면으로 나서서 승리를 거두겠다고 하지 말고, 문화·사상·학문에 더욱 힘쓰면서 우리가 앞설 수 있는 지혜를 지금까지와는 다르게 찾아 방향을 바꾸어야 한다. 획기적인 의의를 가진 커다란 학문을 해서 선진이 후진이 되고 후진이 선진이 되는 전환의 당위성을 인식하고 실현해야 한다. 지금은 근대가 끝나가고 다음 시대가 시작되어야 하는 시기이므로 대전환이 있어야 한다.

이 엄청난 주문을 남들에게 하고 말 수는 없다. 나는 내가 할 수 있는 일을 힘자라는 데까지 해왔다. 한국문학사에서 동아시아문학사로, 동아시아문학사에서 세계문학사로 나아가면서 감추어진 진실을 해명하고 근본이 되는 문제를 획기적으로 해결하는 방안을 찾았다. 문학사가 무어 대단한가 하고 의심스럽게 여기지 말기 바란다. '부유한 선진산업국' 학자들은 기권하고 물러난 영역에서 인류의 미래를 설계하는 지혜를 얻을 수 있음을 입증했다. 여기서 우선 최소한의 개요를 소개해 이해를 구하고, 다른 분들이 널리 동참해 더욱 분발할 것을 촉구한다.

역사가 시작된 이래로 줄곧 있어온 우세집단과 열세집단, 중심부와 변방, 다수민족과 소수민족 사이의 불평등, 근대 이후 세계를 제패한 유럽열강과 그 피해지역의 불행한 관계에 대해서 반론을 제기하는 것이 문학의 사명이다. 정치나 경제에서의 우위가 사상과 의식에서는 역전된다는 것을 보여준다. 표리의 역전이 선후의 역전으로 바뀐다. 이렇게 말할 수 있는 결과를 구체적인 증거를 갖추어 제시하는 연구를 했다.

경제성장에 의한 물질생활의 향상, 정치적 자유의 확대와 신장뿐만 아니라, 대등한 관계로 이루어지는 공동체의 결속, 내심의 표현을 함께 즐겨 얻는 만족의 고조, 세계인식의 역동적인 경험 축적 또한 역사발전이다. 그 가운데 앞쪽의 일방적인 발전은 뒷쪽의 후퇴를 가져온다. 외면의 발전을 지나치게 추구하면서 남들과의 경쟁에서 승리하는 것을 능사로 삼다가 내면이 황폐화되어 세계사의 장래를 암담하게 한다.

피해자는 그냥 물러나지 않고, 인간의 존엄성과 문화의 주체성을 지키기 위한 힘든 노력을 하면서 평화의 이상을 더욱 고양시켜 인류의 지혜를 향상할 수 있다. 그 가치를 스스로 인식하면 세계를 변혁하고 재창조할 수 있는 활력을 얻는다. 다른 한편으로 가해자는 가해에 반드시 수반되는 자해 행위는 스스로 알아차리지 못해 계속 키우다가 회복되기 어려운 지경에 이르러 자멸의 원인이 된다. 그렇게 해서 승리가 패배이고, 패배가 승리이게 하는 커다란 전환이 이루어진다.

자기 시대에 이르러 역사가 완결되었다고 한 말은 모두 허위로 판명된 착각이다. 근대가 역사의 도달점이라는 생각을 버리고, 역사가 끝났다고 하는 말에 현혹되지 말고, 다음 시대를 예견하고 창조하는 방안을 마련해야 한다. 현재에서 미래로 나아가기 위해서는 과거에서 현재까지의 변화과정에 대한 탐구가 반드시 필요하다.

근대를 이룩하면서 중세를 부정하고 고대를 계승한 것이 당연한 일이었듯이, 근대를 극복하기 위해서는 중세를 긍정하고 계승해야 한다. 중세의 신분차별을 시정하고 국가의 구성원은 원칙적으로 평등하다고 한 근대의 공적은 평가해야 한다. 그러나 그 때문에 중세의 이상이었던 보편주의를 부정하는 자국 우월의 배타적 민족주의를 내세워 침략과 억압을 일삼는 근대의 과오를 용납할 수 없다.

고대에는 뒤떨어진 민족이 중세를 만드는 데 앞섰다. 중세의 열등생이 근대화를 선도했다. 근대를 극복하는 과업 수행에서도 같은 원리가 작용한다. 근대의 피해자이면서 중세 이전의 역량을 충분히 지닌 곳에서 전환을 선도하는 것이 마땅하다. 이것이 우리에게 부과된 사명이다.

전통철학을 재창조에서 얻은 지혜 생극론이 그 지침이 된다. 과거 사실에 대한 인식을 미래의 설계에 응용해서, 다음 시대를 이룩하는 작업에서도 후진이 선진일 수 있는 원리를 정립하고, 실제 작업에서 입증할 수 있다. 상생이 상극이며 상극이 상생이며, 발전이 순환이고 순환이 발전임을 밝혀 막힌 길을 활짝 열어야 한다.

거대이론의 시대는 끝났다는 말에 현혹되지 말자. 이것은 근대의 지배자들이 파탄에 빠지고 인식 능력을 잃어 하는 절망감을 나타내는 수작이다. 한쪽에서 해가 지면 다른 쪽에서 해가 뜬다. 학문의 선수가 교체되어 근대를 극복한 다음 시대를 맞이하는 커다란 설계도를 만드는 데 우리가 앞서 나가면서 분발을 촉구해 동지를 많이 모으자.

고향 회귀에서 출발점을 찾아

회귀의 경과

나는 불문학을 하다가 국문학으로 전공을 바꾸고, 경상북도 동북부 지방의 구비문학 조사연구에서 학문에 입문했다. 그 때 얻은 성과를 확대해 고전문학·한국문학·동아시아문학·세계문학으로 나아갔다가, 처음으로 되돌아와 지방화시대의 학문을 해야 한다고 역설하고 있다.

"공부한다고 고향을 떠났는데, 공부란 다름이 아니라 고향에 돌아오기 위한 멀고 험한 시련이라는 것을 알았다."《우리문학과의 만남》(홍성사, 1978)의 〈민요의 고향에서 만난 사람들〉에서 한 말이다. 이것이 무슨 말인가? 앞뒤 대목을 더 소개하고 설명을 보태기로 한다.

내 고향은 경상북도 영양군 일월면 주곡리 주실이다. 주실에서 영양읍으로, 영양읍에서 대구로, 대구에서 서울로 나아가 1958년에 대학 진학을 할 때 불문과를 택하고 독서여행을 통해 멀리까지 갔다. "샤를르 보들래르가 즐겨 노래한 프랑스의 음산한 가을 풍경이 마음의 고향이라도 되는 듯한 착각에 사로잡히기도 했다." 이러한 착각에서 지적 우월감을 느끼면서 "촌에 남아 있는 벗들은 이 오묘한 세계를 모르리라. 그러나 나는 이미 떠났노라"고 독백했다.

이런 착각이 시대 변화를 겪으면서 무너졌다. 1960년에 4.19를 겪고 환상에서 현실로 되돌아왔다. 우리는 누구이며, 어디로 가야 하는가? 이런 의문이 절실하게 제기되었다. 기성세대는 기대할 수 없어 스스로 답을 찾아야 한다고 여겼다. 탈출에서 자성으로 방향을 바꾸어 탐구의 주체가 되어야 했다. 대학이니 학문이니 하는 것이 떠나기 위한 길이 아니고 돌아오기 위한 길이라는 것을 깨닫는 진통을 겪었다.

상징주의에서 초현실주의까지 나아간 불문학 공부에 깊은 회의를 느끼고 정반대의 전환을 하는 결단을 내렸다. 초현실주의와는 극과 극의 거리가 있는 우리 민요가 진정한 문학이다. 책을 던져버리고 민요를 찾아 현장으로 가자. 이해의 단절에서 벗어나 깊은 소통으로 나아가는 큰 길을 찾자. 민요를 전승하고 있는 시골 할아버지·할머니들을 스승으로 모시고 문학이 무엇인지 다시 배우자.

아직 불문과 대학원에 적을 두고 있던 1963년 여름에 뜻한 바를 실행하려고 몇몇 동지와 함께 길을 떠났다. 민요 조사를 어떻게 하는지 돌아다니면서 물어도 알 수 없어 닥치는 대로 해보기로 했다. 녹음 시간이 15분에 지나지 않은 릴 테이프 녹음기를 구한 것이 커다란 자랑이었다. 수집한 자료는 남아 있지 않아 이용할 수 없지만 새로운 경험에서 얻은 충격은 아직도 생생하다.

처음 찾아간 마을이 충북 보은군 보은읍 종곡리 북실이었다. 그 곳에서 며칠 동안 땀을 흘리면서 민요가 진정한 문학임을 깨달아 개종의 절차를 치렀다. 마을을 옮겨 다니면서 강원도 정선까지 갔다가 양식도 돈도 다 떨어져 강변에 늘어져 누워 있으면서 구원의 손길을 기다리는 신세가 되기까지 했다.

새야 새야 북궁새야, 니 어디서 자고 왔노?
수양청청 버들가지 이리 흔들 자고 왔다.

그 해 1963년 겨울에는 고향 마을로 갔다. 동네 명창을 찾아 모내기 노래를 청해 들으니 이런 사설이 있었다. 참으로 오랫동안 잊고 있던 가락이고 사설이었다. "니 어디서 자고 왔노?"는 나를 두고 하는 말 같았는데, 상념이 복잡하게 얽혀 대답할 말이 없었다. 민요를 듣고 또 들으면서 따라 부르기를 오래 한 다음에야 "수양청청 버들가지 이리 흔들 자고 왔다"고 가뿐하게 대답할 수 있게 되었다.

1964년에 국문과에 편입하고 구비문학을 전공하기로 작정했다. 성균관대학교 국문과 안동문화권 조사에 참여해 민요반을 지도했다. 서울대학교 국문과 소백산맥 서록지대 영동군에서 제천군까지의 조사를 기획하고 진행했다. 민요반에 동참한 후배들과 보은군을 다시 찾아 여러 마을에서 놀라운 자료를 채록하고 답사반 전체의 집결지 속리산 법주사까지 걸어서 간 기억이 생생하다.

뜻을 함께 하는 서대석·조희웅·최내옥과 대학원에서 만나 장덕순 선생 문하에서 구비문학이라는 새로운 분야를 개척해 공부했다. 민속학이나 문화인류학의 소관으로나 여기던 구비문학이 문학이며 문학으로 연구해야 한다고 선언하고, 문학을 기록문학만으로 여기던 잘못을 시정했다. 신앙고백을 교과서 형태로 펴낸 장덕순·조동일·서대석·조희웅 공저 《구비문학개설》(일조각, 1971, 개정판 2006)이 지속적인 의의를 가지면서 학문의 역사를 바꾸었다.

현지에서 얻은 성과

구비문학은 오랜 내력을 가진 고향의 소리이고 마음속 깊이 숨어 있는 자각의 원천이다. 이런 깨달음을 연구를 통해 입증하는 사명을 지니고 학자의 삶을 시작하려고 할 때 행운이 찾아왔다. 1968년 3월에 석사학위를 취득하자 바로 대구 계명대학으로 오라는 부름을 받았다. 대구는 초등학교 3학년부터 고등학교 졸업할 때까지 살아 오래 정이 들고 잘 아는 곳이다. 고향을 드나들면서 조사연구를 할 수 있는 최적의 근거지이다.

행운이 겹쳐 당시로서는 아주 드문 연구비를 받게 되었다. 이숭녕 선생이 특별히 배려한 결과이다. 연구비는 세계 최초로 나온 필립스 카세트 녹음기를 사고, 현지 조사 여비를 하기에 넉넉한 액수였다. 민요를 조사하고 연구하는 작업을 본격적으로 할 수 있는 조건을 다 갖추었다. 안동문화권 조사에서 더러 만나 소중하게 생각하고 있던 서사민요를 탐구의 대상으로 삼는 현지연구의 계획을 면밀하게 세워 충실하게 실현했다.

1969년 7~8월, 1970년 1~2월에 영양·청송·영천군으로 갔다. 북쪽에서 남쪽으로 뻗어 있는 길이 약 80킬로미터, 폭 약 20킬로미터의 계곡에서 전에 길쌈을 많이 하던 마을 10개를 찾아, 길쌈을 하면서 부르는 노래, 특히 이야기가 있는 민요를 채록했다. 14개 유형을 반복해 조사해 170편의 자료를 얻었다. 이에 대해서 장르론·유형론·문체론·전승론의 고찰을 했다.

얻은 결과를 《서사민요연구》(계명대학출판부, 1970)로 출간했다. 앞은 연구편이고 뒤는 자료편이다. 이것이 나의 첫 저서이다. 계명대학에 출판부가 생겨 처음 낸 책이기도 하다. 그 뒤에 이미 다룬 비극적 서사민요와는 다른 자료에 관해 논의한 〈희극적 서사민요 연구〉를 추가해 증보판을 냈다.(1983)

1977년 봄에는 영남대학교로 자리를 옮겼다. 신설된 민족문화연구소 운영의 실무를 맡고, 영남지방 전통문화에 대한 현지연구로 전작저서를 집필하도록 하는 연구비를 지원했다. 그 가운데 하나를 맡기로 하고, 이번에는 설화를 연구 대상으로 삼고 인물전설을 조사하기로 했다. 조사 지역을 정하고 조사를 진행하는데 영남대학교 중문과 이휘교 교수가 많은 도움을 주었다.

1977년 8월 경상북도 영덕군 영해면 5개 마을에 가서 먼저와는 다른 방법으로 현지조사를 했다. 영해면 소재지 일대에는 가까운 거리 안에 과거에 민촌·아전촌·반촌이었던 곳이 있고, 민촌의 생업이 농업·어업·상업이다. 마을마다 집회 장소 노릇을 하는 사랑방 이야기판을 찾아다녔다. 그 고장 역사적 인물이거나 그 고장 사람들이 잘 알고 있는 인물에 관한 전설을 이야기판에 따라서, 이야기하는 사람마다 어떻게 다르게 말하고, 어떤 논란을 벌이는지 조사했다. 목표로 하는 현지연구를 할 수 있는 최적의 장소에서 쉽게 성과를 올렸다.

선택된 인물은 김부대왕, 박세통, 우탁, 나옹, 박경보, 남사고, 지체 높은 분들, 신유한, 방학중, 신돌석이다. 신라시대부터 최근까지의 인물이 망라되었다. 신라의 마지막 인물 경순왕을 김부대왕이라고 하면서 아주 잘 아는 사람으로 취급했다. 박세통에서 나옹까지는 고려 시대 인물이다. 박세통은 관원이고, 우탁은 유학자이며, 나옹은 승려이다. 조선시대 인물인 박경보는 효자이고, 남사고는 도사이고, 신유한은 시인이다. 지체 높은 분들이라고 한곳에서 여러 양반을 함께 다루었다. 근래의 인물인 방학중은 건달이고, 신돌석은 의병장이다.

다양한 성격의 인물이 망라되었다. 시대와 인물에 관한 다양한 논의를 갖추고 이야기하는 사람들의 가치관 논란을 전개했다. 인물 하나하나에 대한 논란을 자료를 들면서 고찰하고, 총론을 뒤에 붙였다. 총론을 구조적 이해, 사회적 이해, 역사적 이해로 구성해, 《인물전설의 의미와 기능》(영남대학교출판부, 1979)을 출간했다.

한국정신문화연구원(현재의 한국학중앙연구원)이 생기자 어문연구실장을 맡은 유창균 교수에게 건의해 전국 구비문학 조사를 하게 되었다. 조사에 참여해 1979년 2월에는 경상북도 월성군(현재는 경주시) 현곡면 가정리에 갔다. 동학을 창건한 崔濟愚의 마을이다. 설화와 민요를 다양하게 조사한 자료 가운데 최제우에 관한 전설이 특히 소중한 성과였다.

최제우 이야기는 아버지 崔鋈, 친척 崔琳에 관한 전승과 연결되어 대조적인 성격을 지녔다. 글공부를 해서 과거에 거듭 낙방하기만 한 최옥, 도술을 익혔어도 쓸 데가 없는 최림의 실패를 뒤집고, 최제우는 근본을 밝히고 바로잡는 득도의 길을 택했다. 현지조사 성과를 문헌자료와 견주어 살피고, 자연발생적인 설화와 교단에서 공식화한 것과의 차이를 문제 삼으면서 알려진 사실의 이면에 접근했다. 왜 동학을 창건했으며 동학이 어떤 의의를 가지는가 하는 의문에, 교단에서 교리화해서 고정시키기 전의 생동하는 전승이 더욱 설득력 있게 응답해준다는 것을 밝혀냈다.

얻은 성과를 《동학 성립과 이야기》(홍성사, 1981, 모시는 사람들, 2011)라는 이름의 단행본으로 내놓았다. 채록한 자료를 표준어로 바꾸어 인용하고, 원문은 《한국구비문학대계》 7-1(한국정신문화연구원, 1980)을 보도록 했다. 책이 절판되어 2011년 도서출판 모시는 사람들에서 다시 내고 채록 자료를 수록했다.

위에서 든 세 작업은 최적의 장소에서 이루어진 현지조사이다. 노동요로 전승되는 서사민요, 역사적 인물을 두고 논란을 벌이는 전설, 새로운 종교가 생겨나는 현장의 전승은 한국에 국한되지 않고 세계적인 보편성을 가진 자료이다. 조사할 수 있는 곳이 세계 도처에 있겠지만, 여러 가지 조건을 더 잘 갖춘 곳을 찾기는 어려울 것이다. 경북의 지방문화는 세계학문을 발전시키는 데 적극 기여할 수 있어 아주 소중하다.

먼 나라, 생소한 곳에 가서 조사연구를 하기에 좋은 조건을 갖춘 현지를 찾기 위해 애쓰는 사람들이 적지 않지만 여기까지 오지는 못했다. 외국인은 물론이고 외지 사람도 진가를 모르고 접근하기 어려운 곳이다. 속내까지 알아 심도 있는 고찰을 하는 것은 기대하기 힘들다. 나는 그 속에서 나고 자라고 일하고 있으니 얼마나 행복한가. 세계가 부러워하고 따르는 연구를 할 수 있는 자격을 타고났다.

자격을 잘 타고났으면 저절로 좋은 결과를 얻을 수 있는 것은 아니다. 조사하고 연구해 무엇을 해명하고자 하는가 하는 문제의식을 분명하게 하고 연구방법을 잘 갖추어야 자료가 가진 가치를 제대로 발현할 수 있다. 연구 결과는 사실 고찰에 그치지 않고 이론 정립에까지 이르러야 한다. 이론 정립이 학문의 목표이고, 사실 고찰은 그 과정이거나 수단이다.

사실과의 관계에서 이론은 세 등급으로 나누어진다. (가) 특정 사실에서 발견된 이론, (나) 여러 사실에서 타당성을 가지는 이론, (다) 취급 대상을 최대한 확대하는 포괄적인 이론이 있다. (가)는 아직 이론이기에는 부족하고, (나)는 이론일 수 있는 필요조건을 갖추고, (다)는 충분조건까지 갖춘 일반이론이다.

(다)가 목표라고 해서 바로 이를 수 있는 것은 아니다. (다)는 (나)에서 이루어지고, (나)는 (가)를 출발점으로 삼는 것이 예사이다. 지방문화 연구는 (가)를 생동하고 심오하게 이룩할 수 있어 (나)를 거쳐 (다)에 이르는 확대와 발전이 보장된 출발점을 마련한다고 할 수 있다.

일반이론 창조는 학자의 소망이다. 우리 학문이 아직 그 단계에 이르지 못한 것을 개탄하는 말을 자주 듣는다. 세상이 온통 달라져야 한다고 요구하지 말고, 스스로 길을 열어야 한다. 수입해 온 이론을 적용하고 가공해 더 나은 것을 만들어 재수출하겠다는 망상을 버려야 한다. 우리문화를 깊이 연구해 인류 공통의 창조력을 밝히고 키우는 것이 가장 확실한 출발점이다.

전국을 일거에 다루려고 하지 말고 가까이 있어 가장 잘 알 수 있는 지방문화의 구체적인 양상을 집중적인 연구 대상으로 먼저 선택해야 한다. 과거와 현재를 연결시키고, 문헌과 구전이 보완작용을 하도록 하고, 체험과 논리를 함께 키워야 한다. 그래서 얻는 결과를 다루는 대상을 넓혀 적용하고 비교해 연구 작업을 한국학·동아시아학·세계학으로 확대하는 것이 마땅하다.

이런 작업에서 특수성과 보편성에 관한 오랜 논란이 해결된다. 보편성을 그 자체로 숭상하고, 특수성을 그것대로 존중하는 잘못을 되풀이하지 말아야 한다. 보편성을 새롭게 탐구하고 바람직하게 발전시키려면 남다른 능력인 특수성이 있어야 한다. 그것을 지방문화 연구에서 얻는 길이 가장 빠르고 확실하다.

연구 확장의 세 작업

고향 회기는 그 자체로 끝나지 않고 멀리까지 나아가기 위한 새 출발이었다. 《서사민요연구》에서 전개한 율격론을 들어보자. 율격에 관한 그 전의 작업은 늘 빗나갔다. 일본의 자수율, 영시의 강약율이나 따르려고 하고, 우리말 노래의 실상을 외면했기 때문이다. 글로 씌어진 자료가 아닌 말로 전하는 자료를 분석해야 타당한 결과를 얻는다고 깨닫지 못하다가, 《서사민요연구》에서 전환을 마련했다. 한국 시가의 율격을 다시 해명하고, 세계문학사 이해를 위해 긴요한 문제를 새롭게 해결하는 데까지 이르렀다.

《서사민요연구》의 뒤를 이어 《한국민요의 전통과 시가 율격》(지식산업사, 1996)에서 전반적인 고찰을 했다. 이미 밝힌 원리를 《한국문학통사》(지식산업사, 제1판 1982~1988, 제4판 2005)에서 활용해 율격의 형성과 변천을 문학사의 전폭에 걸쳐 고찰했다. 《하나이면서 여럿인 동아시아문학》(지식산업사, 1999)에서는 동아시아 다른 나라의 경우와 비교해 고찰했다. 《세계문학사의 전개》(지식산업사, 2002)에서는 다른 여러 문명권의 경우까지 다루었다.

조사 대상으로 삼은 서사민요라는 특정 사실에서 발견된 이론을 근거로 삼아, 한국 문학 전반에서 타당성을 가지는 이론을 마련했다. 거기서 더 나아가 동아시아 여러 민족의 경우를 함께 다루고 서로 비교하고, 취급 대상을 세계 전역으로 확대하는 일반 이론을 창조했다. 이미 한 작업을 연속시키면서 원래의 성과를 줄곧 중심에다 두었다.

한국 시가의 율격을 이루는 단위는 음보이다. 지금은 '토막'이라는 용어를 쓰고 있으므로 고쳐 일컫는다. '토막'은 2에서 6까지의 음절수로 이루어진다. 4가 중위수이고, 최빈수이다. 평균수는 3과 5 사이이다. 토막은 둘씩 결합되는 것이 예사이고, 셋씩 결합되기도 한다. 결합의 양상이 민요에서보다 기록문학의 시가 갈래에서 더욱 제한되어 있다.

민요에 있는 형식 가운데 어느 것을 택해 다듬어 향가·경기체가·시조·가사가 이루어졌다고 하는 것은 자료 자체에 근거를 둔 대안이다. 기존의 시가에 불만을 가진 새로운 문학담당층이 민요의 형식 가운데 적절한 것을 다시 선택해 기록문학 영역의 시가 갈래를 재정립했다고 보면, 창조의 원천과 주체, 과정과 결과를 밝힐 수 있다. 문학사의 전개에 관한 많은 의문을 풀 수 있다.

율격을 정비하는 데 한시가 상당한 자극이 되었으리라고 추정된다. 한시와 대등한 수준의 율격을 갖추어야 격조 높은 노래일 수 있다고 생각했을 것이다. 그런데 한시의 전례를 재현하려고 하지 않고 민요의 율격을 가다듬어 규칙화했다. 어디서나 그렇게 한 것은 아니다. 한시와 맞서는 민족어시의 율격을 마련하기 위해 동아시아 여러 민족이 각기 택한 방식 가운데 우리 것이 민요와 가장 밀착되어 있다는 사실을 밝혔다.

변방의 여러 민족은 중심부에서 가져온 공동문어시를 같은 방식으로 창작하려고 하다가, 공동문어시의 율격을 자기네 민족어시에서도 재현해 품격을 높이려고 했다. 그 희망이 이루어질 수 있는가는 민족어의 특성에 달려 있었다. 공동문어시의 율격을 받아들일 수 있는 자질이 민족어에 있는 경우와 그렇지 않은 경우가 각기 달랐다. 공동문어시의 율격을 받아들일 수 있는 경우에도 다소의 변형이 불가피하고, 그렇지 못한 경우라고 해도 가능한 재현을 부분적으로 시도했다.

한문문명권의 여러 민족은 한자를 이용해서 민족어를 표기하는 방법을 일제히 고안했다. 한국에서 鄕札로 지은 시는 鄕歌라고 했다. 일본에서 假名으로 지은 시는 和歌라고 했다. 白族이 白文으로 지은 시는 白文詩라고 했다. 월남에서 字喃으로 지은 시는 國音詩라고 했다.

한시와 민족어시가 율격 형성의 조건에서 유사한 경우에는 그 둘을 결합시키기 쉬웠다. 白文詩가 바로 그런 경우여서, 민요의 율격을 사용하면서 한시와 '음절수'와 '정보량' 양면에서 대등할 수 있었다. 國音詩에서도 한시와 정보량과 음절수 양면을 대등하게 하려고, 음절수에서 민요를 버리고 한시를 따랐으나, 그 차이가 그리 크지 않았다.

鄕歌나 和歌의 경우에는 율격을 형성하는 조건이 한시의 경우와 달라서, 정보량을 대등하게 하는 것과 음절수를 대등하게 하는 것 가운데 하나를 택하지 않을 수 없었다. 그 둘 가운데 鄕歌는 정보량을, 和歌는 음절수를 한시와 대등하게 해서, 서로 다른 길로 나아갔다. 鄕歌는 음절수를 민요에서 가져와 민요와 연결되었으나, 和歌는 정보량에서도 민요와 멀어졌다.

공동문어시의 율격을 민족어시에서 재현하고자 해도 언어의 특성이 달라 뜻대로 되지 못하는 것은 세계 공통의 현상이다. 그 모두를 포괄해서 다루는 일반이론 정립을 처음으로 시도했다. 각기 그것대로 알려져 있는 개별적인 사실을 일관성을 가지도록 연결시켜 이해하는 것이 이론의 기능이다. 모든 사례를 검토하지는 못했지만 일반이론을 구성하고 그 기능을 확인하는 것은 확보된 성과이다.

산스크리트문명권에서 타밀과 캄보디아가 대조가 되는 길을 택했다. 타밀 시에서는 산스크리트 시의 장단율을 이으면서, 모음으로 끝나는 음절과 자음이 첨가된 음절을 교체하는 특별한 방식을 추가했다. 캄보디아어 시는 언어의 특성 때문에 장단율일 수 없고 단순율이다.

팔리어 시가 민족어 시에 수용된 양상은 타이와 라오스의 경우를 통해 살필 수 있다. 두 곳의 시는 원래 음절수의 규칙을 가진

단순율이다. 그런데 타이 시에서는 장단율을 자기네 방식대로 받아들여 독자적인 율격을 이루었다. 라오스 시에서는 장단율을 받아들였으나 규칙화하지는 않고 경우에 따라 선택할 수 있는 것으로 했다.

아랍어 시의 장단율을 페르시아어 시에서 재현하면서 어느 정도 융통성이 있게 고쳤다. 터키에서도 그렇게 하려고 했으나, 자기네 시의 율격이 원래 단순율이어서 뜻대로 되지 않았다. 상이한 율격이 공존하면서 갈등을 빚어내다가 결국 단순율이 승리했다. 아프리카의 하우사인은 구비시에서 이미 사용하던 장단율을 아랍어 시의 전범을 받아들여 재창조했다. 스와힐리 시는 아랍시의 영향을 하우사 시 못지않게 받았으면서 단순율로 일관했다.

라틴어 시의 장단율은 문명권 전체 여러 민족의 시에서 그대로 따르려고 했지만 그 어느 쪽에서도 이을 수 없었다. 라틴어를 이어받은 이탈리아어와 프랑스어의 시는 장단을 상실한 탓에 단순율에 머물러야 했다. 게르만 민족의 언어는 강약이 의미 구분에 관여하므로 라틴어 시를 강약율로 읽는 과정을 거쳐, 라틴어 시 장단율을 자기네의 강약율로 바꾸어 계승했다.

서사민요는 '고난', '해결의 시도', '좌절', '해결'이 이어져 나오는 단락구조를 가지고 있다. 어려운 조건을 무릅쓰고 사람답게 살아가려고 하는 의지를 나타낸다. 인물전설은 '고난', '해결의 시도', '좌절', '해결의 시도', '좌절'로 이루어진 것이 예사이다. '좌절' 다음에 '해결의 시도'가 한 번 더 있고, 결말은 '좌절'이다. 고난이나 좌절이 더 커서 극복하지 못하고 패배한다.

차이점에 대해서 두 가지 이해가 가능하다. 서사민요는 자아의 민담적 가능성을 보여주고, 인물전설은 전설 일반의 특징인 세계의 횡포에 의한 자아의 패배를 나타낸다. 서사민요는 개인의 삶을 다루지만, 인물전설에서는 역사적이고 사회적인 갈등을 문제 삼는다. 이러한 사실을 근거로 서사문학의 여러 모습에 대한 포괄적인 이론을 마련할 수 있다.

인물전설에서 발견한 중요한 개념은 '구조의 층위'이다. '해결의 시도'를 거쳐 '좌절'에 이르는 주역이 누구인지 하나로 정해져 있지 않다. 처음 생각한 것과 다른 하위의 층위가 있고, 다시 살피면 그 하위의 층위가 있다.

신유한의 경우를 들어보면 세 층위가 나타난다. 층위 1은 서자로 태어나 과거에 급제한 신유한이 아까운 인물이라는 것이다. 층위 2는 신유한은 서자로 태어났으므로 적자인 일가친척보다 뛰어날 수 있었다는 것이다. 층위 3은 신유한보다 더 천하게 태어났으므로 더 뛰어난 인물이 얼마든지 있을 수 있다는 것이다.

신유한을 어느 층위에서 이해하는가는 이야기를 하고 듣는 사람이 선택할 수 있는 권리이다. 하층일수록 아래의 층위를 선호한다. 그 때문에 개인 사이에 또는 집단 사이에 논란이 일어난다. 구조가 고정되어 있지 않고 상황에 따라 달라져, 현장론적 구조분석이 필요하다.

인물전설에 대한 조사연구와 병행해서 소설을 문제 삼았다. 《한국소설의 이론》(지식산업사, 1977)에서 시작한 소설론을 《소설의 사회사 비교론》(지식산업사, 2001)으로 발전시키는 데 작용했다. 그러는 동안에 생극론을 마련해 이론의 철학적 근거로 삼았다. 서사문학에서 심각하게 문제되는 갈등과 논란의 양상과 전개에 대한 포괄적인 이해가 생극론이다.

율격론 연구는 서사민요에서 한국시가 전반으로, 다시 한국에서 동아시아를 거쳐 세계로 나아가는 작업이 연속되었다. 그런데 인물전설론에서 소설론으로 나아간 과정은 연속이 아닌 대응을 기본 원리로 삼았다. 서사 구조에서 전개되는 논란을 계속 문제 삼으면서, 새로운 관심사로 부각되는 소설의 이론을 마련하는 데 힘을 기울였다. 전설과 소설은 서사문학의 다른 갈래여서, 서사문학의 공통점을 상이하게 구현한다.

서사문학의 공통된 특징은 자아와 세계의 대결을 가치관의 논란을 갖추어 전개하는 것이다. 전설은 자아에 대한 세계의 우위가 전제되고, 소설에서는 자아와 세계가 상호우위의 관계를 가진다. 전설에서는 이야기를 하고 듣는 사람들이 벌이는 논란을 소설은 작품에서 구현한다. 인물전설이 이야기를 하고 듣는 사람들과 가지는 관계에 대한 현장론적 구조분석이 소설론에서는 작품이 창작과 소비의 양면과 연관되어 있는 양상에 관한 문학사회학적 고찰로 확대해야 한다. 인물전설을 조사·연구하면서 작은 범위에서 분명하게 파악하고 경험과 성과를 한 시대나 사회에 대한 포괄적인 이해에 전용해 대응이 되는 소설 이론을 마련할 수 있었다.

《소설의 사회사 비교론》을 다시 보자. 인접한 다섯 마을에서 그 고장의 인물전설을 어떻게 이야기하는지 조사해 밝힌 성과를 최대한 확대해 세계 일주를 했다. 한국, 아시아 다른 나라, 유럽, 아랍, 아프리카, 라틴아메리카 등지에서 소설의 문제작을 광범위하게 찾았다. 고찰의 시각을 다양하게 잡아 소설의 전모를 입체적으로 파악하고자 했다.

인물전설 조사연구에서는 민촌·아전촌·반촌, 농업·어업·
상업을 하는 민촌들끼리의 논란이 문제가 되었는데, 소설사에서
는 고찰의 단위를 최대한 확대해 동아시아·유럽·제3세계의 대
결을 파악해야 한다. 동아시아소설이 앞서다가 유럽소설이 추격
하고, 제3세계소설이 선두에 나서는 과정을 거쳐 선진이 후진이
되고 후진이 선진이 되었다. 그것이 생극론의 전개이고, 선진과
후진의 구분이 생극론의 구현 여부로 판정된다.

소설은 생극론을 구현하면서 등장했다. 그런데 중간에 상생과
상극이 서로 어긋나는 사고가 생겼다. 상극만의 소설, 상극과는
이질적인 상생을 갖춘 소설이 나타난 것은 그리 심한 일탈이 아
니다. 유럽에서 상극을 피해나가고자 하는 작가소설, 상극을 내면
심리 속에서만 추구하는 내면심리소설, 상극을 무효로 만드는 신
소설이 차례로 등장해 소설의 생극구조를 해체해 소설을 망치는
것이 문제이다. 그런 위기를 극복하는 대안은 생극소설을 되살리
는 것이다.

제3세계에서 널리 시도하고 있는 생극소설 창조의 과업을 아
프리카에서 특히 모범이 되게 수행해 아프리카소설이 세계사의
희망이게 한다. 세계의 경제사나 정치사에서는 아프리카가 희망
일 수 없고 절망의 이유가 된다. 그러나 절망의 이면에는 희망이
있고, 절망이 바로 희망이다. 아프리카의 절망적 상황에서 인류
전체가 희망을 가지게 하는 위대한 소설이 자라나고 있다.

가장 처참하게 절망해야 할 곳에서 가장 희망에 찬 소설이 이
룩되는 것이 당연한 이치이다. 유럽문명권 제1세계는 경제적인

번영과 정치적인 발전을 자랑하고 있어 소설이 망쳐진 것과 정반대의 상황이 그렇게 나타나고 있다. 인류 역사는 그처럼 극적인 대조를 거치면서 예상하지 못할 반전을 거듭해왔다.

최제우의 득도를 두고 현지에서 전하는 이야기는 최제우가 지은 노래에서 말하고자 하는 내용이나 말하는 방식이 다르지 않았다. 말하고자 하는 내용이 사상이나 철학이라고 하면서 분리되어 나가지 않고, 말하는 방식은 문학이라는 이름을 내걸고 딴 집 살림을 차리지 않았다. 둘이 하나여서 철학이 문학이고 문학이 철학이므로 혁신을 이룩하고 감동을 줄 수 있었다. 그것이 바로 득도의 실상이다.

인류 역사를 널리 살피면 그런 시기는 여러 번 있었다. 득도를 해서 새로운 것을 말할 때에는 언제나 그랬지만 교리가 정형화되면서 문학의 자유로움을 배격했다. 철학과 문학이 나누어지는 불행한 시대가 시작되었다. 행복하던 시대의 마지막 소식을 최제우가 전한다. 종교의 창건자들이 모두 거쳤겠으나 사라지고만 과거를 최제우가 생생하게 보여준다.

그런 생각을 오래 하고 있다가, 철학과 문학이 합치고 갈라진 양상을 통괄해서 고찰하는 작업이 필요하다고 판단해 많은 준비를 하고《철학사와 문학사 둘인가 하나인가》(지식산업사, 2000)를 이룩했다. 최제우 연구에서 얻은 문제의식을 멀리까지 확장시켜 서로 무관한 것 같은 일을 했다. 최제우와 유사한 새로운 종교 창건자들의 사례가 여럿 있어 비교고찰을 할 수 있기를 바랐으나 만족할 만큼 찾아내지 못했다. 적절한 짝이 없어 최제우는 빼놓고, 철학과 문학의 관계를 널리 알려진 사례를 들어 논했다.

사례는 새삼스러운 것들이 아니지만 접근하는 시각이 새로워 내세울 만한 업적을 이룩했다고 생각한다. 학문의 역사에서 하원 갑의 괴질을 치유하고 상원갑의 大道를 열었다고 하면 지나친 말일지 모른다. 최제우의 득도와 현장에서 만나 내 나름대로 득도한 바 있어 전에 누구도 하지 않은 작업을 과감하게 시도했다.

율격 이론에서는 연속, 서사 구조와 가치관 논란은 대응의 원리를 갖추었다고 했다. 이 경우는 그 둘과 달라 선행 작업을 전용했다고 할 수 있다. 선행 작업을 구체적인 내용은 가져오지 않고 기본 원리의 차원에서만 활용해, 다루는 대상에서는 상당한 차이가 있는 새로운 연구를 진행했다. 연속·대응·전용의 방법에 관한 일반론을 전개할 필요가 있다.

책 서두에서 철학과 문학은 합쳐지기도 하고 나누어지기도 하는 과정을 되풀이했다고 했다. 합쳐졌다가는 나누어지고, 나누어졌다가는 합쳐진다고 했다. 그 과정이 어떻게 전개되어왔는지 한문·산스크리트·아랍어·라틴어문명권의 경우를 모두 들어 자세하게 고찰하고 오늘날의 상황을 문제 삼았다. 철학과 문학의 분리가 극도에 이르러 둘 다 생기를 잃은 잘못을 시정하기 위해 그 둘이 하나였던 시기를 되돌아보고 미래를 전망하기까지 했다.

이성이 다른 정신활동에서 분리되어 독점적 의의를 가지도록 하면서 오늘날의 철학은 문학에서 아주 멀어졌다. 이성에서 통찰로 나아가고, 철학과 문학을 함께 해서, 철학이라는 것이 따로 없어 사람이 살고 활동하는 모든 행위가 철학일 수 있게 해야 한다. 새로운 창조의 원천을 여러 문명권에서 고루 가져와서 인류의 지혜를 한데 합쳐야 한다.

각성의 핵심

2004년 8월 말에 서울대학교에서 정년퇴임하고 9월 초부터는 계명대학교 석좌교수가 되어 다시 강단에 섰다. 여러 곳을 거치면서 많은 것을 겪은 다음 처음으로 돌아가 "세계·지방화 시대의 한국학"이라는 강의를 했다. 세계화와 지방화가 함께 요구되는 시대를 맞이해 한국학이 민족국가의 학문으로 머무르지 말고 세계학이기도 하고 지방학이기도 해야 한다는 내용이다. 강의 원고를 홈페이지에 올렸다. 누구나 청강할 수 있는 공개강의를 했다. 서두에서 한 말을 보자.

세계·지방화 시대의 한국학이란 이중으로 상반된 말이다. 세계화와 지방화가 어긋나고, 세계·지방화와 한국학이 또한 따로 논다. 한국학은 지금까지 그 자체로 완결되어 있는 민족국가의 학문이라고 여겼다. 개방을 거부하면서 세계화에 동조하지 않고, 해체를 바라지 않아 지방화를 받아들이지 않아야 온전한 모습을 지닌다고 했다.

세계·지방화 시대의 한국학을 하자는 것은 말이 되지 않는다. 세계학으로 나아가는 한국학은 한국학이 아니다. 지방학으로 나누어지는 한국학도 한국학이 아니다. 그러나 모순 속에 진실이 있다. 상극이 상생을 이루어 생극론의 이치를 구현한다.

한국학은 한국학이 아니어야 한국학이다. 위축되고 고갈된 상태에서 벗어나 새로운 생명을 누리려면 자기 부정의 과정을 거쳐 다시 태어나야 한다. 한국학이면서 한국학이 아닌 신천지를 찾아가면서 얻는 자유로운 발상을 마음껏 펼치는 학문을 해야 한다.

벅찬 과제를 안고 새로운 창조를 하는 감격을 누려야 마땅하다.

강의 원고를 강의한 다음 수정하고 토론을 첨부해 계명대학교 출판부에서 순차적으로 출간했다. 책의 명단을 든다. 《세계·지방화 시대의 한국학 (1) 길을 찾으면서》(2005); 《세계·지방화 시대의 한국학 (2) 경계 넘어서기》(2005); 《세계·지방화 시대의 한국학 (3) 국내외 학문의 만남》(2006); 《세계·지방화 시대의 한국학 (4) 고금학문 합동작전》(2006); 《세계·지방화 시대의 한국학 (5) 표면에서 내면으로》(2007); 《세계·지방화 시대의 한국학 (6) 비교연구의 방법》(2007); 《세계·지방화 시대의 한국학 (7) 일반이론 정립》(2008); 《세계·지방화 시대의 한국학 (8) 학문의 정책과 제도》(2008); 《세계·지방화 시대의 한국학 (9) 학자의 생애》(2009); 《세계·지방화 시대의 한국학 (10) 학문하는 보람》(2009)

제9권 서두에서 전체 구상을 설명한 말도 함께 든다. 세계·지방화시대의 한국학이 나아갈 길을 찾기 위해 동서고금의 체험을 근거로 학문학 일반론을 이룩하는 작업을 세 단계로 전개한다. 첫 단계 작업 제1권에서 제3권까지에서는 학문 밖에서 안으로 들어갔다. 둘째 단계 작업 제4권에서 제7권까지에서는 학문 안을 다졌다. 셋째 단계 작업 제8권에서 제10권까지에서는 학문 안에서 밖으로 나왔다.

학문 안에서 밖으로 나온다는 것은 학문하는 사람에 관해 논의한다는 말이다. 이 작업은 세 단계로 전개된다. 지난번의 제8권의 학문의 정책과 제도에서는 세상 형편을 시비했다. 이번의 제9권 학자의 생애에서는 본받을 만한 선례를 찾았다. 다음번의 제10권

학문하는 보람에서는 내 자신을 되돌아본다.

제10권 마지막 대목에서 내 학문을 총정리했다. 창조학의 길이 어디 있는지 간추려 말할 수 있는가? 이 의문에 대한 대답을 다음 대목에서와 같이 말했다. 이것이 각성의 핵심이다.

창조학은 崔漢綺의 용어를 사용하면 一國一鄉을 위한 학문이 아니고 天下萬歲公共을 위한 학문이다. 천하만세공공을 위한 학문은 앞서 나가는 쪽에서 맡아서 하니 우리는 일국일향을 위한 학문에 힘쓰면 된다고 하는 후진의 사고를 청산해야 한다. 우리의 경우를 연구해 얻은 성과를 출발점으로 삼고 광범위한 비교연구에서 공통점을 찾아 널리 타당한 일반이론을 새롭게 마련해야 한다. 세계 학계를 위해 큰일을 할 때가 되었다는 것을 알고 보편적 의의가 높이 평가되는 창조학을 하려고 힘써야 한다.

수입학・자립학・시비학을 넘어서서 창조학으로 나아가는 것이 새로운 학문의 길이다. 수입학은 남들이 이미 한 결과를 가져와 자랑하는 학문이다. 자립학은 우리 것을 그 자체로 연구하는 데 머무르는 학문이다. 시비학은 기존의 연구가 잘못 되었다고 나무라는 것을 능사로 삼는 학문이다. 창조학은 창조를 내용으로 하는 이론이면서 창조하는 길을 제시하는 학문론이다. 선행하는 세 학문, 수입학・자립학・시비학을 나무라고 물리치면 넘어설 수 있는 것은 아니다. 각기 이룬 바를 받아들여 발판으로 삼아야 창조학으로 나아갈 수 있다. 수입학으로 시야를 넓히고, 자립학에서 연구를 실제로 수행하고, 시비학으로 잘못을 가리는 작업을 합쳐서 발전시켜야 창조학을 할 수 있다. 수입학・자립학・시비학을 하는 사람들이 창조학을 질투해 손상을 입히지 않고 창조학을 위해 기여하는 것을 보람으로 삼으면서 창조학에 다가오도록 하는 것이 마땅하다.

학문은 역사적 성격을 지닌다. 보편적 진실을 역사적 조건에 맞게 추구하고 실현하는 작업을 학문이 선도한다. 현재의 상황을 판단하고 미래를 전망하는 역사의식을 분명하게 해야 학문을 제대로 할 수 있다. 유럽문명권 주도로 이룩한 근대학문을 청산하고 근대를 넘어선 다음 시대의 학문을 이룩하는 것이 이제부터 하는 창조학의 사명이다. 역사는 종말에 이르고 거대이론의 시대는 끝났다고 하는 말에 현혹되어 동반자살을 하려고 하지 말고, 선수 교체를 수락해야 한다. 선진이 후진이 되어 생기는 공백을 후진이 선진이 되는 전환을 이룩해 메우면서 세계학문의 주역으로 나서야 한다. 정치나 경제는 아직 후진이므로 학문에서는 선진이어야 하는 사명을 수행해야 한다.

다음 시대로 나아가는 창조학은 지난 시기의 학문에 대해서 이중의 관계를 가진다. 근대학문에서 이성의 가치를 최대한 발현해 역사, 구조, 논리 등에 대해 분석적 고찰을 한 성과를 폐기하는 데 동의하지 않고 이어 발전시키면서, 근대학문이 부정한 중세학문에서 이성 이상의 통찰로 모든 것을 아우르고자 한 전례를 되살려 두 시대의 학문이 하나가 되게 하는 것이 마땅하다. 중세에 뒤떨어진 곳에서 중세를 부정하고 고대를 긍정하면서 근대화에 앞섰듯이, 이제 근대의 피해자가 된 곳에서 근대를 비판하고 중세를 계승하면서 다음 시대 만들기를 선도하려고 분발해야 한다.

근대에 이르러 고착화된 자연과학·사회과학·인문학의 구분을 바로잡는 것도 긴요한 과제이다. 먼저 학문을 공통개념으로 삼아 용어의 불균형을 시정하고 과학의 횡포를 제어해야 한다. 자연학문·사회학문·인문학문으로 구분된 세 학문 가운데 인문학문이 앞서서 학문 혁신의 주역 노릇을 해야 한다. 인문학문이 배격되는 세태에 자각으로 맞서 전반적인 상황을 검토하고 조정하는 학문학을 하는 것이 창조학의 긴요한 내용이다. 자연학문·사회학문·인문학문 순서로 정해져 있는 우열에 따라 직분이 상이하다고 하는 차등론을 뒤에서부터 뒤집어 우열을 부정하고 직분을 통합하는 방향으로 나아가야 한다.

창조학은 철학의 소관이라고 하지 말아야 한다. 학문학 일반론이었던 철학이 개별학문의 하나로 자처하면서 영역과 방법을 따로 마련하다가 자폐증에 사로잡혀 창조의 역량을 잃고, 지나치게 신중해 혁신을 기대할 수 없게 되었다. '철학하기'로 나아가는 넓은 길을 폐쇄하고 뒤로 물러나 '철학 알기'를 궁벽하고 난삽하게 하면서 학과의 밥벌이로 삼다가 인문학문은 무용하다는 증거를 제공하기나 한다. 철학이 따로 있다고 하지 말고 철학과 다른 여러 학문을 연결시켜 함께 다루는 것이 철학이 이론 창조의 기능을 살리고 자폐증에서 벗어나게 하는 최상의 방안이다. 이 일은 다른 학문에서 시작해야 한다. 밖에서 반란을 일으켜 안으로 쳐들어가는 것이 모든 혁명의 공통된 전략이다.

창조학의 발상은 갑자기 떠오를 수 있으나 직접 서술하는 것은 힘들고, 설득력이 부족해 수고한 보람이 없을 수 있다. 근대학문에서 부정하고 폐기한 선행학문의 유산 가운데 어느 것을 가져와 자기 것으로 만드는 고금학문 합동작전을 하는 것이 여러 모로 현명하다. 고인의 학문을 다시 고찰해 새롭게 활용할 가치를 발견하고 자기가 하고자 하는 작업의 지침으로 삼아 말을 보태고 이론을 발전시키는 것이 합동작전의 요령이다.

고급학문 합동작전의 대상으로 삼을 만한 유산의 가치 등급이 미리 정해져 있는 것은 아니다. 모든 문명권이나 어느 나라의 것들이든 다 소중하다고 할 수 있다. 그러나 이용 가치에는 등급이 있다. 남들이 이미 충분히 써먹은 것들을 다시 들추어내면 수입학에 머무르고 말 수 있다. 멀리 있어 절실하게 이해하기 어려운 것들에 다가가면 수고는 크고 소득이 적다. 이 두 가지 것들은 연구가 상당한 정도로 진행된 다음 비교대상으로 삼아야 한다. 한국 또는 동아시아의 유산에 새롭게 활용할 여지가 많이 남은 것이 흔히 있어 출발점으로 삼기에 적합하다. 숭앙을 요구하는 우상은 멀리해 구속받지 않고, 자유로운 논의가 가능한 대상을 찾아 마음대로 휘어잡아야 소득이 크다.

徐敬德에서 崔漢綺까지의 氣철학에서 생극론을 이어받아 문학사의 이론으로 발전시킨 것이 내가 시도한 창조학의 가장 긴요한 작업이다. 《소설의 사회사 비교론》에서 특히 진전된 성과를 제시했다. 이것은 고금학문 합동작전의 본보기이고, 우리의 경우를 연구해 얻은 성과를 출발점으로 삼고 광범위한 비교연구에서 공통점을 찾아 널리 타당한 일반이론을 다시 마련한 사례이며, 문학·역사·철학을 연결시켜 함께 다룬 실제 작업이다. 변증법이 상극에 치우친 편향성을 시정하고, 상극이 상생이고 상생이 상극임을 밝히는 대안으로 생극론이 소중한 의의를 가진다는 것을 소설사에서 상론해 효력을 입증하고 설득력을 갖추었다. 생극론은 누구나 자기 것으로 삼을 수 있는 공유재산이고 다른 여러

측면에서 크게 기여할 수 있다. 찾아내 이용할 유산이 생극론만
은 아니다.

한국문학에서 동아시아문명으로

논의의 출발점

한국문학사를 일관된 체계와 자세한 내용을 갖추어 집필하는 작업을 나는 오랫동안 했다. 그 결과《한국문학통사》(지식산업사) 전5권을 1982년에서 1988년까지 완간하고, 1989년에 제2판, 1994년에 제3판을 냈다. 제3판부터는 색인이 별책부록을 이루어 전6권이 되었다. 전면 개고 제4판을 2005년에 냈다.

《한국문학통사》는 한 사람이 자국문학사를 길고 자세하게 쓴 점이 小西甚一의《日本文藝史》와 상통한다. 길고 자세한 문학사는 쓰기 아주 어려워 한국과 일본에 각기 하나씩만 있다.《日本文藝史》를 읽고 저자를 만날 수 있기를 바랐는데, 기회가 왔다. 1994년 2월에 일본 京都의 국제일본문화연구센터에 초청되어 小西甚一과 함께 문학사에 대한 견해를 발표했다.

청중 가운데 일본인 및 서양인 석학들이 있었다. 일본비교문명학회 회장이고, 《比較文明》이라는 저서로 잘 알려진 伊東俊太郎의 질문이 문학사관의 차이를 명확하게 할 수 있게 했다. 小西甚一은 일본의 고대는 일본 고유문화의 시대, 중세는 중국화한 시대, 근대는 서양화한 시대라고 하는데, 한국의 경우는 그렇지 않은가? 다른 소리를 하는 것이 무슨 까닭인가? 이것이 질문의 요지이다. 이에 대해 내가 대답한 말을 다음과 같이 정리할 수 있다.

그렇다면 중국의 중세도 중국화된 시대이고, 서양의 근대도 서양화된 시대인가? 나는 한국, 일본, 중국, 서양 등 그 어느 곳에서든지 함께 통용되는 시대구분을 한다. 고대는 공동문어 이전의 시대, 중세는 공동문어의 시대, 근대는 공동문어 대신 민족구어를 공용어로 삼은 시대라고 하는 것이 보편적인 이론이다. 小西甚一은 일본문학사의 특수성을 밝히려고 하고, 나는 한국문학사의 보편성을 발견해 동아시아문학사 또는 세계문학사에 대한 새로운 이해를 하려고 한다고 했다.

《한국문학통사》를 일단 완성하고 수정하는 동안에, 연구 영역을 동아시아문학사로, 세계문학사로 확대하고, 문학사와 문명사의 관계를 해명하는 작업을 시도했다. 그 결과 《동아시아문학사 비교론》(지식산업사, 1983, 豊福健二 日譯, 東京: 白帝社, 2010), 《동아시아 구비서사시의 양상과 변천》(문학과지성사, 1997), 《하나이면서 여럿인 동아시아문학》(지식산업사, 1999), 《공동문어문학과 민족어문학》(지식산업사, 1999), 《문명권의 동질성과 이질성》(지식산업사, 1999), 《철학사와 문학사 둘인가 하나인가》(지식산업사, 2000), 《소설의 사회사 비교론》(지식산업사, 2001), 《세계문학사의 전개》

(지식산업사, 2002) 등 10여종의 저작을 이룩했다. 얻은 성과를 간추려 《한국문학통사》 제4판에 수록했다. 그 뒤에 다시 《동아시아문명론》(2010, 豊福健二 日譯, 2011)을 냈다.

기본이 되는 사실

구비문학·한문학·민족어기록문학을 대등하게 다루고 상호관계를 밝힌 것이 《한국문학통사》의 기본 내용이다. 구비문학만 있다가 한문학이 수용되어, 둘이 상극이면서 상생인 생극을 빚어내 민족어기록문학을 산출하게 된 것이 한국문학사 전개의 과정임을 밝혀 논했다. 이러한 사실은 동아시아 각국 문학사, 다른 문명권 여러 곳의 문학사에 그대로 해당되어 세계문학사 전개의 근간을 이룬다고 후속 연구에서 입증했다. 문학사 전개의 보편적인 과정을 근거로 문명사 일반론을 모색하는 데 이르렀다. 그 가운데 동아시아문명에 관한 논의를 여기서 간추리면서 다른 여러 문명권과의 비교를 곁들인다.

한국 특유의 용어가 보편적인 견해의 정립에 장애가 된다고 할 수 있으므로 해명이 필요하다. 우선 구비문학이 문제일 수 있다. 일본에서는 口承文藝, 중국에서는 民間文學이라고 하는 것을 구비문학이라고 일컬어 기록문학과 짝을 이루게 한다. 기록문학과의 관계를 탐구하고 서술하는 데 구비문학이 구승문예나 민간문학보다 유리하다.

'한문'은 자명한 용어인 것 같지만 그렇지 않다. 오랫동안 '文'이라고만 하던 글을 '漢文'이라고 일컬은 것은 자국어 글 '國文'의

가치를 인정하게 된 근대에 등장한 용어이다. 일본에서 漢文(kanbun), 한국에서 漢文(hanmun), 월남에서 漢文(hanvan)이라는 것이 말은 달라도 글은 같아, 세 나라는 용어 통일을 이루었다. 그런데 중국에서는 아직도 '漢文'이 '漢代之文章'이다. '白話'가 아닌 글을 '古文', '文言文', '古漢語' 등으로 지칭해 혼란이 심하다. 이제 중국이 용어 통일에 참가해야 한다. 중국한문학이라는 말이 정착되어야 동아시아한문학을 함께 논할 수 있다.

동아시아 밖의 다른 문명권은 한문을 사용하지 않았으므로, 문학사 전개의 보편적인 과정을 논의하려면 한문을 공동문어라고 해야 한다. 한문은 산스크리트·아랍어·라틴어와 함께 네 가지 커다란 공동문어를 이루었다. 공동문어를 공유하는 곳이 동일한 문명권이다. 동아시아의 한문문명권은 동남·남아시아의 산스크리트문명권, 서남아시아·북동아프리카의 아랍어문명권, 유럽의 라틴어문명권과 유사한 시기에 이루어지고 많은 공통점을 가졌다.

공동문어는 보편종교의 경전어이기도 하다. 한문은 유교와 불교, 산스크리트는 힌두교와 불교, 아랍어는 이슬람교, 라틴어는 기독교의 경전어이다. 종교를 들어 유교·불교문명권, 힌두교·불교문명권, 이슬람문명권, 기독교문명권이라는 말을 사용할 수 있다. 언어나 종교를 지칭하지 않고, 동아시아문명권, 동남·남아시아문명권, 서남아시아·북동아프리카문명권, 유럽문명권이라고 하는 것이 널리 사용할 만한 용어이다.

한문문명권을 한자문명권이라고도 하는 것은 적절하지 않다. 한자는 로마자처럼 문자에 지나지 않는다. 문자는 문명의 소속을 판별하는 기준이 아니다. 터키, 인도네시아, 월남 등지도 로마자를 사용하지만 유럽문명권에 들어갔다고 하지 않는다. 라틴어를 공동문어로 사용한 유럽 여러 나라만 라틴어문명권을 이룬다.

문자에서 언어로 고찰의 대상을 바꾸고, 현재가 아닌 과거에 근거를 두어, 중세시기에 한문을 공동문어로 하던 곳이 동아시아라고 해야 한다. 공동문어와 민족어가 兩層言語(diglossia)의 관계를 가진 시대가 중세이다. 한문을 규범화된 문학어로, 보편종교의 경전어로 함께 사용한 여러 나라, 많은 민족이 동아시아문명을 이루어, 그 유산이 오늘날까지 계승된다.

문명과 문화

사람이 살아가면서 이룩한 가치관 및 그 실현방식 가운데 포괄적인 성격의 상위개념이 문명이고, 개별적 특성을 지닌 하위개념이 문화이다. 문명은 여러 민족이나 국가가 공유한다. 문화는 민족이나 국가 또는 집단이나 지역에 따라 특수화되어 있다. 그러면서 문명과 문화는 공존하고 서로 영향을 준다.

이런 의미의 문명은 중세의 산물이다. 고대문명이라는 것은 어느 곳에서 특별하게 발달한 문화가 대단한 영향력을 가져 장차 중세문명을 만들어내는 원천 노릇을 했다고 인정된다는 이유에서 문명이라고 할 수 있다. 고대에 이룬 것들은 아무리 크고 놀라워도 중세인이 수용하지 않았으면 유적이나 유물로만 남아 관광의 대상이 될 따름이지만, 중세문명은 가시적인 외형보다 내면의 의식이나 가치관에서 더욱 생동하는 기능을 수행하고, 중세가 끝난 뒤에도 지속적인 영향을 끼친다.

동아시아문명에 대한 옛 사람들의 인식을 여러 자료를 들어 자세하게 논할 수 있으나, 최상의 본보기를 17세기 일본인 학자 藤原惺窩의 언행을 제자 林羅山이 다음과 같이 기록한 데서 찾을 수 있다. (〈惺窩問答〉,《林羅山文集》 권32)

理之在也 如天之無不幬 似地之無不載 此邦亦然 朝鮮亦然 安南亦然 中國亦然 東海之東 西海之西 此言合此理同也 南北亦然 是豈非至公至大至正至明哉

理가 있음은 하늘이 덮지 않은 것이 없고, 땅이 싣지 않은 것이 없음과 같다. 이 나라에서도 그렇고, 조선에서도 그렇고, 안남에서도 그렇고, 중국에서도 그렇다. 동해의 동쪽이나 서해의 서쪽에서도 이 말이 이 理와 합치되는 것이 같다. 남북에서도 그렇다. 이것이 어찌 지극히 공정되고, 지극히 크고, 지극히 바르고, 지극히 밝지 않겠는가.

무엇을 말했는지 번호를 붙여 정리해보자. (1) 모든 것을 하늘이 덮고 땅이 싣는 것만큼 보편적인 理가 있다. (2) 일본·조선·안남·중국에서 모두 그렇게 여긴다. (3) 동서남북 다른 곳들에서도 다를 바 없다. (4) (이처럼 보편적인 원리인 理는) 지극히 공정하고, 크고, 바르고, 밝지 않을 수 없다. '理'를 '원리'라고 하면서 무엇을 말했는지 풀이해보자.

(1) 보편적인 원리를 갖추어야 문명이 이루어질 수 있다고 했다. 어느 지역, 어떤 사람들에게만 통용되는 특수하거나 배타적인

사고는 문명일 수 없다.

(2) 동일한 원리를 일본·조선·안남·중국에서 함께 인정한다고 하면서, 동아시아문명권의 범위를 밝혔다. 일본을 가장 먼저 든 것은 자기가 일본 사람이기 때문일 것이다. 일본이 동아시아문명권의 일원임을 강조해서 말할 필요가 있었던 것이 더 중요한 이유일 수 있다. 조선은 가까이 있고 일본 학문의 직접적인 원천을 제공했기 때문에 두 번째로 들었을 것이다. 안남을 빼놓지 않은 것은 식견이 넓은 증거이다. 중국을 맨 뒤에 둔 것은 무슨 까닭인가? 중국은 중심에 있다거나 우월하다든가 하는 생각을 버리고, 네 나라가 모두 대등하다고 해야 동질적인 보편주의가 제대로 인식된다고 여긴 것으로 보아 마땅하다.

(3) 동서남북을 들어 무엇을 말하려고 했는가? 동아시아에서 공유하는 원리가 지역의 한계를 넘어서서 보편적인 의의를 가졌다고 확인한 것으로 이해된다. 자기네가 지향하는 바를 세계의 다른 모든 곳에서 널리 받아들여야 한다고 여긴 것이 모든 문명권의 공통된 사고이다.

(4) "이것이 어찌 지극히 공정하고, 지극히 크고, 지극히 바르고, 지극히 밝지 않겠는가"라는 말로 동아시아문명의 원리를 칭송했다. "지극히"라는 말을 되풀이해 비교 대상이 될 수 있는 다른 무엇보다도 훌륭하다고 했다. 다른 문명에 대한 동아시아의 우위를 자랑한 말이라고 이해된다.

국가가 강성해지면 독자적인 문명을 이룩할 수 있는 것은 아니다. 일본에서 문명을 논한 대표적인 저작(伊東俊太郎, 《比較文明》, 1985)에서 중국문명으로부터 일본문명이 독립되었다고 한 것은 이중으로 잘못이다. 동아시아문명을 중국문명이라고 한 것은 명칭 사용의 잘못이라면, 일본문명이 독립되었다는 것은 문명의 본질에 대한 오해이다. 공동문어와 보편종교를 이룩해 여러 민족이 공유할 수 있게 하는 작업을 하지 않아 일본문명이라고 할 것이 이루어지지 않았다. 동아시아 공유의 공동문어와 보편종교를 일본에서 특수화한 것은 일본문화에서 한 작업이다. 일본어나 神道는 그런 특수화를 촉진한 일본문화의 고유영역이고, 널리 인정되는 보편적인 의의를 가진 문명과는 거리가 아주 멀다.

미국이 강성해졌다고 해서 유럽문명권에서 벗어나 독자적인 문명을 이룬 것은 아니다. 문명의 충돌에 관한 근래의 문제작 (Samuel P. Huntington, *The Clash of Civilization and the Remaking of World Order*, 1996)에서 유럽과 미국이 같은 문명권임을 강조해서 말한 것은 당연하다. 그러면서 일본은 독자적인 문명을 이루었다고 했다. 문명의 이론을 다시 만들어 일본의 경우를 논한 것은 아니다. 저자가 국제정치학자여서 깊은 이치를 찾으려고 하지는 않고 당면한 문제 해결에 기여하는 정책을 내놓으려고 했다. 문명의 충돌에서 자기네가 유리한 위치를 차지하려고 동지는 단합시키고 적은 분열시키는 작전을 짰다.

중심부 · 중간부 · 주변부

구비문학 · 한문학 · 민족어기록문학을 대등하게 다루고 셋의 상관관계가 전개되어온 내력을 고찰하는 것이 문학사 서술의 과제이고 내용이라고 했다. 《한국문학통사》에서 전개한 이런 논의에 동아시아 다른 나라 문학사 서술은 동조하지 않는다. 구비문학을 문학사에 포함시키지는 않고, 한문학과 민족어기록문학을 대등한 위치에 두지 않는 것이 예사이다.

구비문학을 포함시키지 않는 것은 기록문학만 문학이라고 여기는 거의 세계 공통의 오랜 관습 탓이어서 특별히 문제되지 않는다. 그러나 한문학과 민족어기록문학의 비중 차이는 힘써 고찰할 만하다. 중국문학사는 한문학 위주로 서술하고, 민족어기록문학은 다룬 것이 얼마 되지 않는다. 일본문학사에서는 민족어기록문학이 주류를 차지하고, 한문학은 주변영역이다. 그런데 월남문학사에서는 한국의 경우처럼 한문학과 민족어기록문학을 함께 중요시하고, 중국에 대한 저항을 한문으로 표현한 작품의 풍부한 유산을 높이 평가한다.

이것은 문학사 서술 이전 문학사 자체의 특징이다. 동아시아문명권에서 차지하는 위치에서 중국은 중심부이고, 일본은 주변부이며, 한국과 월남은 중간부인 차이가 문학사 자체에 나타나 있다. 문명권의 중심부일수록 공동문어문학이 오래 지속되고, 주변부일수록 민족어기록문학이 일찍 생겨난 것은 어디서나 볼 수 있는 공통된 현상이다. 공동문어문학은 중심부에서 생겨나 주변부로 전해졌으므로, 기록문학의 역사가 중심부에서 먼저 시작되었음은 물론이다. 주변부에서 민족어기록문학이 일찍 생겨난 것은 중세화 과정에서 공동문어문학을 받아들이면서도 공동문어문학에 경도되지 않고, 공동문어문학에서 문자와 글쓰기 방식을 배워 민족어기록문학을 일으키는 데 힘써 독자적인 특징을 구현하려고 했기 때문이다.

	중심부	중간부	주변부
공동문어문학	1	2	3
민족어기록문학	3	2	1
평 균	2	2	2

　공동문어문학과 민족어기록문학이 발달한 정도가 중심부·중간부·주변부에서 일정한 편차를 나타내므로 이런 표를 그릴 수 있다. 숫자는 앞서고 뒤떨어진 등수이다. 한쪽에서 선진이면 다른 쪽에서는 후진이어서, 등수의 평균은 동일하다. 모든 문명권에서 동일하게 확인되는 사실이다.

　위의 표에서 중심부·중간부·주변부라고 한 것을 중국·한국·일본이라고 바꾸어놓아도 된다. 중국·한국·일본은 1·2·3등이면서 3·2·1등이다. 공동문어문학과 민족어기록문학 가운데 어느 것이 더욱 소중한가는 시대 또는 관점에 따라 다르므로 일률적으로 말할 수 없다. 중국이 중심부이고, 한국은 중간부이고, 일본은 주변부여서 생긴 차이를 우열론의 시각에서 파악하는 것은 부당하다. 문명권의 중심부·중간부·주변부에 대한 고찰을 세계적인 범위로 넓혀 일반론을 마련해야 근시안적인 이해의 잘못을 피하고 보편타당한 연구를 할 수 있다.

　문명의 판도는 시대에 따라 변천했다. 고대에서 중세로 넘어오면서 커다란 변동이 있었다. 고대에는 중심부에서만 일방적으로 문명이 발달했으며, 중간부는 어딘지 말하기 어렵고, 넓게 펼쳐져 있는 주변부는 어둡기만 했다. 그런데 중심부의 고대문명 가운데 중세문명으로 이어지지 못하고 사멸한 것이 적지 않다. 고대의 주변부였던 아라비아에서 새로운 중심부의 사상 이슬람교를 창건했다. 중세에서 근대로 넘어오면서 세계 전체의 중심부·중간부·주변부가 새롭게 형성되었다.

중세 동안에는 일단 설정된 중심부·중간부·주변부의 관계가 오래 지속되었다. 그러면서 역사 창조의 활력이 점차 중심부에서 중간부로, 중간부에서 주변부로 이동했다. 그래서 선진이 후진이고 후진이 선진임을 입증했다. 중세전기에 중심부가, 중세후기에는 중간부가, 중세에서 근대로의 이행기에는 주변부가 창조적인 재능을 더욱 적극적으로 발휘하는 것이 상례였다.

중세전기는 중세보편주의를 중간부나 주변부에서도 중심부와 대등하게 구현하고자 하는 시대였다. 그 희망은 달성되지 않아, 중심부의 위세가 더 높았다. 중세후기는 중세보편주의를 중간부나 주변부에서 독자적으로 구현하는 시대였다. 중간부나 주변부가 다 그렇게 하는 데 성공했으면서 강조점이 서로 달랐다. 중간부에서는 중세보편주의를 구현한다는 점이 강조되고, 주변부에서는 그것을 독자적으로 구현한다는 점이 강조되었다. 중세에서 근대로의 이행기에 이르면, 중세보편주의를 근대민족주의로 대치하려고 하는 움직임이 광범위하게 일어났다. 그렇게 하는 데 중간부보다 주변부가 앞서는 것이 당연한 일이었다.

중심부에서 이룩한 공동문어문학은 중세 동안에 최상의 권위와 가치를 자랑했다. 중심부는 위세가 당당하고 중간부나 주변부는 위축되어 있었다. 중심부에 가서 견문을 넓히고 문장 수련을 하고 인정을 받기까지 하는 것이 다른 쪽 문인들의 한결같은 희망이었다. 주변부는 중심부와의 격차가 워낙 커서 그런 소원을 이루기 어려운 줄 알았지만, 중간부에서는 조금만 노력하면 성공할 수 있다고 믿고 단념하지 않았다. 주변부에서는 그 대신에 민족어기록문학을 존중하는 독자노선을 선포했으나, 중간부에서는 변화를 지연시켰다.

공동문어문학에 힘쓰지 않고 민족어기록문학을 광범위하게 이용하는 것은 중세보편주의의 가치기준에서 보면 공부를 계속하지 않고 학교를 중퇴하는 것과 같은 일탈행위였다. 정도를 벗어나서 쉬운 길을 택하니 나무라고 멸시해야 마땅했다. 일본에 간조선통신사가 일본인은 한문학에 능하지 못해 일본어문학으로 대용품을 삼으니 한심스럽다고 여긴 것이 그 나름대로 당연하다. 중세이념에 입각해서 그렇게 판단한 것을 근대의 관점에서 나무랄 수는 없다.

중세보편주의를 버리고 근대민족주의를 새로운 시대의 이념으로 삼자, 공동문어문학은 버려야 할 유산 또는 부끄러운 실수라고 매도되고 민족어기록문학만 일방적으로 평가하게 되었다. 중세 동안에도 공동문어문학보다 민족어기록문학에 더욱 힘쓴 것이 자랑스럽다고 하게 되었다. 가치 기준을 그렇게 바꾸자, 중세의 열등생이 근대의 우등생이 되었다. 중세 동안에 열등생 노릇을 한 과거의 성과가 민족어기록문학을 발전시키는 근대의 과업수행을 선도할 수 있는 밑천으로 직접 활용되었다.

지금은 민족어기록문학을 근대문학으로 삼고, 국어교육에서 민족어 사용을 가르치는 일이 일반화되었다. 민족어 자체가 생성되지 못한 곳은 계속 진통을 겪지만, 공동문어 때문에 민족어가 억압되고 있다고 하는 곳은 없다. 공동문어의 횡포는 끝났다. 공동문어를 비난하고 배격해야 민족어를 육성할 수 있다고 하는 것은 시대착오의 사고방식이 되었다. 민족어를 사용하는가 하는 것이 문제가 아니고 민족어 글쓰기에서 무엇을 나타내야 하는지 고민해야 할 때가 되었다.

민족어 사랑만 내세우고 공동문어로 이룩한 문화유산을 배격하고, 공동문어 사용이 민족주체성을 저버린 과오였다는 주장은 사상의 빈곤을 가져온다. 공동문어문학에 힘쓰지 않아 공부를 중도에 폐지한 후유증이 이제 심각하게 나타난다. 사상의 근본을 문제 삼는 철학은 문명권 단위로 공동문어를 통해서 창조하고 혁신해왔다. 문학에서는 공동문어와 민족어가 함께 사용되거나 민족어 쪽이 더욱 중요한 구실을 할 때에도 철학은 공동문어의 영역이었다. 공동문어보다 민족어를 더 많이 사용한 것은 문학을 위해서는 다행이어도, 철학을 위해서는 불행이었다.

철학은 문명권의 공유재산으로 성장했다. 어느 문명권이든 문학에서는 양층언어를 사용하는 동안에도 철학은 공동문어의 전유물이었다. 고전은 물론 한문을 공동문어로 삼아 후대에 이룩한 철학도 동아시아 문명의 공유재산이다. 공유재산을 독자적으로 활용하고 발전시킨 성과는 사유재산의 성격도 지니지만 공유재산에서 분리되지는 않았다.

동아시아 각국이 고립되고 각기 고유문화만 존중하면 유럽문명권과 경쟁할 수 없다. 특수성으로는 보편성을 이겨내지 못해 추종자가 되고 만다. 한문문명의 보편적 가치를 힘써 되찾아 새롭게 활용해야 유럽과 대등해져 선의의 경쟁을 하는 학문을 할 수 있다. 공유재산으로 사유재산을 만들고, 사유재산이 공유재산이게 하는 작업을 민족문화의 활력을 살려 적극적으로 진행해야 한다.

유럽철학이 인류의 공유재산이 된 것은 중세문명의 공유재산이었던 라틴어철학을 민족어철학으로 이어받아 재창조하는 과정을 오래 겪었기 때문이다. 라틴어를 사용하다가 민족어로 철학을 하면서, 라틴어 용어를 그대로 노출하던 단계를 거쳐 민족어로 받아들여 용해하는 데 이르렀다. 한문철학을 민족어철학으로 이어받아 재창조하는 작업을 같은 과정을 거쳐 수행해야 동아시아의 공유재산을 인류의 공유재산으로 키울 수 있다.

근대에 생긴 혼미와 진통

보편주의 시대인 중세를 무너뜨리고 민족주의를 이념으로 한 근대가 시작된 것은 세계사의 대변동이다. 중세에는 상대적으로 뒤떨어졌던 유럽문명권이 배타적인 우월성을 자랑하는 근대국가를 먼저 만들어 다른 나라와 치열하게 경쟁하는 것이 선진이라고 했다. 그 충격이 지구 전역에 미쳐 뒤떨어진 곳들이 분발하지 않을 수 없게 했다.

근대유럽이 내세운 이념은 'nationalism'이라고 통칭되고 번역하면 '민족주의' 또는 '국민주의'인데, 구체적인 양상은 경우에 따라 달랐다. 문명권 주변부인 영국은 근대국가를 만드는 데 앞장서서 후진이 선진임을 입증했으면서, 고립을 자랑으로 삼고 자기네의 애국주의는 민족주의의 일반적인 개념으로 이해할 수 없는 특수성이 있다고 했다. 중심부의 프랑스는 민족주의를 보편적 가치로 고양시켜, 자유·평등·박애에 관한 인류의 이상 실행이 자기 나라의 사명이라고 했다. 중간부라고 할 수 있는 독일은 민족주의의 실현을 위해 통일을 최상의 과업으로 삼았다.

동아시아 각국은 유럽의 전례에 따라 후진에서 벗어나 선진의 길을 가야 한다고 여겨 문명권의 동질성을 버리고 민족문화를 발전의 동력으로 삼고자 했다. 그 작업을 수행하는 구체적인 방법은 나라마다 달랐다. 동아시아문명에서 차지했던 위치와 근대에 들어서서 새롭게 형성된 처지라는 두 가지 요인이 결합되어 상이한 노선을 선택하도록 했다.

동아시아의 주변부 일본이 먼저 변화를 보이면서 영국의 전례를 받아들여 더욱 극단화했다. 문명의 공유재산은 발전에 장애가 된다고 여겨 폄하하고, 자기네 고유문화가 배타적인 우월성을 지닌다고 했다. 萬歲一系 天皇이 이어온 신성국가의 정신이 절대적 가치를 지닌다고 자부하고, 'nationalism'은 원래의 의미를 존중해야 된다는 이유에서 번역하지 않고 'ナショナリズム'이라고 하는 것이 관례이다. 자기 인식에 지나치게 신경을 쓰다가 자폐증이라고 할 수 있는 증상에 사로잡히기까지 하고 일본인론을 거듭 저작하고 지나칠 정도로 탐독한다.

다른 한편으로는 새 시대의 공유재산이 유럽문명에 있다 하고, 아시아에서 벗어나 유럽의 일원이 되어 미개한 이웃을 다스릴 자격을 가진다고 했다. 이것이 바로 脫亞入歐의 논리이다. 福澤諭吉

은 〈脫亞論〉에서 古來舊習에 머무르고 있는 "두 惡友" 중국 및 조선과 결별하고, 음양오행 같은 미신을 버리고, 일본은 유럽의 과학을 새로운 가치로 삼아야 한다고 했다. 그 뒤에 일본인은 백인의 혈통을 지녔다고도 하고, 일본의 언어를 영어로 바꾸어야 한다고도 하는 주장이 나왔다.

중국은 문명권 중심부의 영역을 최대한 확대하고, 위세를 한껏 높인 근대국가를 만들었다. 孫文은 民族主義를 으뜸 이념으로 삼고 정당 이름은 國民黨이라고 해서, 'nationalism'의 두 가지 번역을 함께 사용했다. 중국 대륙에서 이룩된 문명의 전폭을 민족문화로 하고, 상이한 거주자를 모두 포괄하는 거대한 국민국가를 만들어 中華民國이라고 했다. 중화인민공화국이 그 뒤를 이어 국민을 인민이라고 했다.

동아시아 공유재산을 모두 중국이 독점해 마땅한 사유재산이라고 했다. 한문고전 經史子集에 대한 탐구가 모두 중국의 國學이라고 하는 주장을 계속 편다. 중국의 국학이 동아시아학과 어떤 관련을 가지는지 말하지 않고, 동아시아학은 존재하지 않는다고 여긴다.

중국의 국민 또는 인민은 지배적인 위치에 있는 다수자 漢族만이 아니다. 많은 민족이 공존한다는 것을 공식적으로 인정한다. 문학사 서술에서는 중국문학은 한족의 문학이라고 하고, 소수민족의 기여는 무시한다. 소수민족문학은 무시하다가 중국의 용어로 民間文學이라고 하는 구비문학으로 남아 있는 것들만 인정하고 문학사의 주변영역으로 고찰한다.

중화민족이라는 가상의 민족을 만들어 중국문학은 중화민족의

문학이라고 하기도 한다. 국가와 민족을 동일시해 중국인을 중화민족이라고 하는 것이다. 한족과 다른 여러 민족의 집합체가 한 민족일 수 없다는 사실을 무시하고, 여러 민족이 각기 지닌 문학의 상이한 유산을 모두 중화민족문학이라고 한다.

월남은 앞의 두 나라와 다른 길을 택했다. 식민지 통치자 프랑스가 유럽문명의 우월성을 내세워 통치를 정당화하는 데 맞서서, 자기네 사유재산만으로는 역부족인 것을 알고 동아시아의 공유재산까지 들어 반론을 제기했다. 프랑스가 자랑하는 자유·평등·박애의 이상이 식민지 통치에서는 허위임을 潘佩珠가 《越南亡國史》에서 증언했다.

월남인은 대응 논리를 마련해야 했다. 위선적인 통치가 악랄하게 자행되는 것을 비판하는 데 그치지 않고 자유·평등·박애에 대응하는 가치관을 제시해야 했다. 유교의 가치관이 중국의 것이라고 하지 않고 월남인의 자랑이며 능력의 원천이라고 했다.

널리 알려진 월남사 개설서에서는, 유학자에 두 부류가 있어 한쪽은 국왕을 위하고 민중을 억누르고 특권을 옹호했으나, 다른 쪽은 올바른 도리에 입각해 국가와 사회를 위한 책임을 수행하고자 했다고 했다. (Nguyen Khac Vien, *Vietnam, une longue histoire*, Hanoi: Éditions en Langues Étrangères, 1987) 외세의 침공을 물리치고 주권을 되찾을 때에는 둘이 하나가 되다가, 왕조가 쇠망의 길에 들어서서 민중을 억압하기만 하면 뒤의 유학자들이 항거의 선두에 섰다고 했다. 같은 논자의 월남유교론에서는, 월남은 무인이 아닌 유학자가 존경받고 국가 요직을 담당하는 나라라고 하고, 시골 선비들이 유학의 인간주의와 도덕주의에 입각해 왕조의 폭정에 항거하는 민중운동의 선두에 섰다고 했다. (Nguyen Khac Vien, "Le Confucianisme", Alain Ruscio ed., *Viet Nam, L'histoire, la terre, les hommes,* Paris: L'Harmattan, 1989)

월남 학계에서는 학문하기 어려운 여건을 무릅쓰고 당대인의 정신적 각성을 촉구하는 학문적 저작을 거듭 이룩했다. 민족사관에 입각해 민족문화의 우월성을 높이 평가했다고 하면 일방적인 이해이다. 동아시아문명의 유산을 민족문화로 발전시킨 성과를 소중하게 여기고, 공유재산의 가치를 드높인 것을 자랑으로 삼았다. 사상사를 특히 중요시해 힘써 내놓은 것이 그 때문이다. 그 가운데 사회과학원 철학연구소에서 낸 공동저작 《월남사상사》를 대표적인 업적으로 들 수 있다. (Nguyen Tai Thur 편, *Lich su tu tuong Viet Nam*, Hanoi: Nha xuat ban khoa hoc xa hoi, 1993) 거기서 몇 대목을 든다.

"월남은 여러 강대국의 침략을 당한 천여 년 동안 동포면 서로 사랑하고 비호하는 의무가 있으며, 단결하면 힘이 있고, 힘을 합쳐서 협력하면 산을 움직이고 바다를 메울 수 있다는 원리를 정립했다." "중세시대의 유럽 각국의 세계관은 천주교라면, 옛날의 베트남의 세계관은 유교·불교·도교의 결합체이다. 이 셋은 서로 다른 종교여서 다툴 때도 있었지만, 친밀한 관계를 가지고 서로 보완해 하나의 세계관을 이루는 것이 예사였다." "월남인은 사회와 인생 문제에 관심을 많이 기울이고, 정치나 사회윤리를 중요시했다."(21~23면)

일본이 사유재산의 가치를 주장하고, 중국이 공유재산에 대해 독점권을 주장하면서 자부심을 키우고자 한 것은 극단적인 선택이다. 그러나 그 때문에 공유재산의 의의가 무시되고, 공유재산과 사유재산의 관계 인식이 흔들렸다. 이런 잘못을 둘 다 바로잡는 길을 월남이 제시했다. 동아시아 공유재산에서 방어력을 찾은 것이 그 가치를 높이는 적절한 선택이었다. 한국은 방향을 정하지 못하고 방황을 겪었다.

일본의 침략에 맞서 싸우는 동안에는 동아시아 공유재산의 가치를 들어 새로운 공유재산은 유럽문명에 있다는 일본의 주장을 반박하고자 했다. 의병의 지도자 柳麟錫은 《宇宙問答》에서 "正學術 以正人心之不正而一之也"(학술을 바르게 해서 바르지 못한 마음을 바로잡아 하나가 되게 해야 한다)라고 했다. 동아시아 사상의 정수를 이어받아 그릇된 세상을 바로잡아야 한다고 했다. 이것은 지나친 이상주의여서 설득력이 부족했다.

그 다음 세대는 일본의 전례를 따라 민족고유문화인 사유재산만 소중하게 여겨 마땅하다고 하면서, 사유재산이 일본보다 못하다고 여겨 내심으로 고민했다. 일본보다 풍족하게 지닌 공유재산을 중국의 사유재산이라고 여겨 넘겨주고 가난을 자초했다. 그래서 일본에 대항할 힘이 약화되고, 유럽문명을 주체적으로 수용할 수 있는 능력을 많이 잃었다.

일본과 중국이 빚어낸 양극단의 일탈을 바로잡고 한국의 혼미를 깨우치기까지 하려면, 월남의 선택에서 교훈을 얻어 공유재산의 가치를 재발견해야 한다. 문명권의 중간부가 이미 지닌 강점을 살리면서, 유럽문명권과 정면으로 맞서 동아시아 전체의 각성을 선도한 것을 평가하고 따라야 한다. 그러나 이룬 성과는 크지 않고, 출발점을 확인하는 정도에 그쳤다. 동아시아철학의 전통을 적극적으로 활용해 근대를 넘어서서 다음 시대로 나아가는 커다란 작업을 확인하고 함께 분발해야 한다.

동아시아학문 건설

동아시아에 대한 인식이 본고장에서는 흐려진 기간 동안, 유럽문명권에서 동아시아에 대한 고찰에 열의를 가지면서 범위를 세가지로 잡는 저작을 내놓았다. (가) 중국·한국·일본을 동아시아라고 한다. (나) 중국·한국·일본·월남을 동아시아라고 한다. 두 경우에는 동아시아가 동남아시아나 남아시아와 구별된다. (다) 중국·한국·일본·월남에다 동남아시아 여러 나라를 보태 동아시아라고 하기도 한다. 이 경우에는 동아시아가 남아시아나 서아시아와 구별된다.

(가)는 정치사 위주의 관점이다. 중국과 일본이 힘겨루기를 하는 사이에서 한국인은 힘겹게 살아왔다고 하는 것이 예사이다. (나)는 지리학의 관점에서 문명의 내력을 고찰했다. (다)는 오늘날의 경제 상황을 말할 때 흔히 사용하는 개념이다. 동아시아의 경제 발전이 유럽에 위협이 된다고 경계하는 것을 흔히 볼 수 있다.

유럽문명권에서 관심을 가지기 전에 동아시아문명은 (나)의 범위에서 존재했다. 동아시아는 한문을 공동문어로 삼은 한문문명권이다. 한자문명권이라고도 하는 것은 적절한 용어가 아니다. 현재가 아닌 과거에 근거를 두어, 중세시기에 한문을 공동문어로 하던 곳이 동아시아라고 해야 한다. 공동문어와 민족어가 兩層言

語의 관계를 가진 시대가 중세이다. 공동문어를 규범화된 문학어로, 보편종교의 경전어로 함께 사용하는 여러 민족이 한 문명을 이루어, 그 유산이 오늘날까지 계승된다.

오늘날의 동아시아 각국 상호관련에 관해 정치나 경제를 들어 고찰하면서 협력의 필요성을 말하는 언설은 흔히 들을 수 있다. 그러나 동아시아를 하나이게 하는 오랜 내력은 관심 밖에 두어 피상적인 수준에 머문다. 논의를 심화하려면 동아시아문명론을 제대로 갖추어야 한다. 문명 일반론에 입각해 동아시아의 과거와 현재를 연결시켜 고찰하는 데 힘써온 성과를 널리 알리지 않을 수 없다.

근대국가를 만들고 민족주의를 주장하는 데 앞장선 유럽이 이제 하나가 되고 있다. 두 차례 세계대전을 일으켜 피를 흘린 과거를 잊고 통합을 실현하고 있다. 동아시아 각국이 단독으로 그 쪽과 맞서 경쟁하는 것이 더욱 불가능하게 된 상황이다. 동아시아의 통합도 필연적인 과제로 등장한다. 동아시아가 하나가 되어야 유럽과 선의의 경쟁을 하면서 세계가 하나가 되도록 하는 데 적극적으로 기여할 수 있다는 것을 누구나 인정하고 바란다.

동아시아 여러 나라는 크기, 정치체제, 경제 형편이 서로 많이 달라 통합이 어렵다. 정치나 경제의 통합을 앞세운다면 실현이 가능할지 의문이다. 정치·경제와 구별되는 문화가, 문화를 대상으로 하는 학문이 앞서서 문화공동체 또는 학문공동체를 만드는 것이 실현 가능하고 효과가 큰 방법이다. 이런 지론을 자세하게 풀어 밝히는 작업을 《동아시아문명론》에서 했다. 제1부 서장 〈논란을 벌이면서〉에서 한 강연 원고를 수록하고 동아시아문명의 재

인식을 위한 전반적인 문제점을 검토했다. 제2부에서 제4부까지에서는 文史哲 순서로 각론을 전개했다.

제2부에서는 어문을 고찰했다. 〈한문의 유산 재평가〉, 〈한문학과 민족어문학〉에서 광범위한 논의를 폈다. 〈華夷와 詩歌의 상관관계〉는 중국에서 열린 국제학술회의에서 발표한 한문 논문이며 동아시아 시가사 전개의 핵심 맥락을 제시했다. 〈한·일 시가의 산과 바다〉는 일본에서 열린 학술회의에서 발표하고 두 나라 시가사의 공통된 전개를 찾았다.

제3부에서는 역사에 관한 논의를 했다. 〈책봉체제와 중세문명〉에서는 천자와 국왕 사이의 책봉체제와 같은 것이 동아시아뿐만 아니라 다른 여러 곳에도 모두 있던 중세문명의 공통된 특징이었음을 광범위한 비교고찰을 통해 밝혔다. 〈한·월 국사서의 근접 양상〉에서는 책봉체제 인식의 공통점을 중심으로 두 나라 국사서를 고찰했다. 〈신분제 해체 과정 비교〉에서는 동아시아 각국의 양상을 유럽 여러 나라와 견주어 살폈다.

제4부에서는 철학을 문제 삼았다. 〈儒·佛·道家의 사고형태〉에서는 철학의 연원을 찾았다. 〈동아시아 철학사를 위하여〉에서는 동아시아 철학이 하나이면서 여럿인 양상을 들어 철학사 서술의 방향을 제시했다.

제5부는 마무리이다. 〈동아시아학문의 길〉이라는 표제를 내걸고 동아시아 각국의 학문이 각기 장점을 살려 협동하면서 유럽문명권 학문보다 앞서 나아갈 수 있는 길을 찾았다.

〈동아시아학문의 길〉에서 편 논의를 간추리면서 말을 보태기로 한다. 동아시아 각국의 학문이 잘못 되고 있다고 비판하면 끝이 없다. 비관에 빠져 동아시아 학문은 희망이 없는 것처럼 보인다. 동아시아의 학문이 유럽문명권과 대등한 수준에 이르리라고 기대하지 말자. 이렇게 생각하기 쉽다.

동아시아 각국은 단점만 지니지 않았으며, 장점도 있다. 장단점은 국면 또는 관점에 따라 다양하게 존재하고, 상대적인 관계를 가진다. 각기 자기 장점을 살려야 상극을 상생으로 만든다. 각국의 학문이 지닌 장점을 함께 살려야 동아시아 학문을 크게 이룩한다. 어느 한 나라는 가능하지 않은 기대 이상의 과업을 이룩해 인류를 행복하게 한다.

일본의 장점은 정확한 지식이다. 다루는 대상을 세분하고 특수화해서 사실 고증을 엄밀하게 한다. 망원경은 성능이 좋지 못해 큰 문제에서는 혼미를 겪어도, 현미경은 아주 우수하다. 천년 가까운 기간 동안 노력한 결과 한문고전에 대한 정밀한 고증과 번역을 큰 자랑으로 삼는다. 불교학에서 한 걸음 더 나아가 인도철학을 공부하면서 산스크리트를 열심히 익혀, 한역 불교경전을 원전과 대조해서 검토하는 작업을 다른 어느 곳보다 먼저 대단한 수준으로 한다. 유럽문명권학문 수용에서도 번역 주해를 정확하게 해 기초를 철저하게 다진다. 일본 학자들은 성실하고 부지런하다. 탐구의 의욕과 정열을 바쳐 미세한 작업을 정밀하게 하는 데 일생을 바치는 모범생이 적지 않다.

중국은 어떤가? 중국은 서쪽이 열려 있어 서역, 인도, 유럽 등지의 문명과 문화를 계속 받아들였다. 이슬람교가 당나라 시절 이래로 면면하게 살아 있다. 또한 많은 소수민족이 있다. 각기 자기 언어·풍속·문학을 간직하고 있다. 중국인이라는 사람들, 중국어라는 언어도 지역에 따라 크게 다르다. 다양한 경험 자체가 높이 평가해야 할 장점이다.

학문이 다양한 문화를 제대로 인식하고 포괄한다고 하기는 어렵다. 워낙 방대하고 다양해 미처 수습하지 못하고 있다. 체계화 작업에서는 漢族 중심의 단일화가 진행되어 실상에서 멀어진다고 비판해야 할 측면이 있으나, 자료 조사를 부지런히 한다. 소수민족의 삶에 대해 자료 보고를 하는 작업이 이어지고 있어 다양한 문화를 알아보게 한다.

월남을 빼놓지 말아야 한다. 월남이 프랑스의 식민지 통치와 투쟁해 해방을 얻고, 미국의 침공에 맞서서 승리한 충격을 잊지 말아야 한다. 신구 제국주의의 주역인 유럽문명권의 두 강자를 물리친 위업을 다른 데서는 이룩하지 못했으므로 충격을 교훈으로 삼는 것이 마땅하다. 정치 노선은 다르더라도 강약과 우열을 뒤집는 용단이나 비결을 밝혀서 얻는 성과를 동아시아학문을 비약적으로 발전시키고, 유럽문명권의 세계 제패를 종식시키는 학문혁명을 이룩하는 데 활용하는 것이 마땅하다.

월남은 유럽문명에 대한 이해를 번역을 통하지 않고, 식민지 통치를 당하면서 배운 프랑스어를 이용해 직접 했다. 호랑이 굴에 끌려들어가 호랑이를 잡은 격이다. 미국에 의존하려고 하지 않고, 미국과 정면으로 맞서 과감하게 투쟁했다. 크나큰 시련을 용기와 힘의 원천으로 삼아 중국의 거듭된 침공을 물리친 전례를 되살렸다. 세계 최강자의 장점뿐만 아니라 약점까지 알아야 했던 지혜를 되살렸다.

일본의 정밀한 고증, 중국의 다양한 문화 체험, 월남이 보여준 충격은 전혀 이질적이다. 서로 어떤 관계인지 그 자체로 두고서는 알 수 없다. 서로 연결시켜 이해하고 장기를 합치는 이론적인 작업이 있어야 한다. 이를 위해 생극론이 적극적인 기여를 할 수 있다. 생극론은 일본학문의 현미경과 함께 소중하다고 할 한국학문의 망원경에서 보여주는 시야이다.

생극론은 동아시아문명의 공유재산임을 재확인한다. 공유재산을 한국에서 발전시킨 성과를 내가 이어받아 오늘날의 학문을 위한 기본원리로 삼고 있다. 앞에서 한국의 장기는 들지 않았는데, 바로 이런 것이 한국의 장기이다. 한국인은 대담한 발상을 하고, 거창한 가설을 세우는 것을 좋아하는 경향이 있다고 할 수 있다.

왜 그런지 묻는다면 철학을 열심히 하고 철학의 쟁점에 대한 토론을 적극 전개해서 이런 취향을 키운 것이 그 이유라고 할 수 있다. 중국에서 받아들인 철학을 독자적인 사고를 보태 더욱 발전시키는 성과를 마련했다. 元曉가 보여준 독자적인 불교학, 李滉과 李珥에서 비롯한 두 학파 사이의 끈덕진 논란, 徐敬德에서 崔漢綺까지 수백 년 이어 발전시킨 氣철학, 崔濟愚가 새롭게 이룩한 동학이 좋은 본보기이다.

인도·중국·유럽 같은 방대한 영역이 아닌 중소 규모의 민족국가 가운데 오랫동안 철학에 힘쓴 성과가 누적되어 자국철학사를 거듭 서술하는 곳은 한국뿐이다. 월남이나 일본과 견주어보자. 월남은 사상을 소중하게 여겨온 유산을 높이 평가해야 마땅하지만 서술의 범위를 철학사로 좁혀 다루기는 어렵다고 한다. 일본의 경우에는 철학사가 있어야 다룰 수 있는 자료도 철학사를 서술하려는 오늘날의 노력도 확인되지 않는다.

한국이 자랑스럽다는 것은 아니다. 오히려 반대일 수 있다. 한국은 철학에 대한 관심이 지나쳤다고 나무랄 수 있다. 극렬한 주장으로 상극을 키우는 공리공론에 정신이 팔려 발전이 정체되고 나라를 잃게 되었다는 비판이 잘못이 아닐 수 있다. 일본의 실리추구를 본받아야 한다는 주장이 설득력을 지닐 수 있다.

그런데 이제는 한국의 공리공론과 대조가 되는 일본의 실리추구가 장점이기만 하지 않고 단점이 된다. 일본이 실리추구의 학문을 하면서 고도로 발달한 정밀고증을 그 방법으로 삼은 것은 큰 장점이지만, 유럽문명권학문과 겨루어 앞서야 하는 단계에서는 단점이 된다. 지탄의 대상이 된 한국의 공리공론에서 유래한 대담한 발상이 그 단점을 넘어서는 활로를 열 수 있다. 대담한 발상이 무엇이든지 도움이 되는 것은 아니다. 철학적 타당성을 확보하고, 정밀고증과 맞아 들어가 생극의 작용을 제대로 할 수 있어야 유효하다.

한국인뿐만 아니라 일본인도 체험의 폭이 좁아 상이한 문화를 다양하게 경험하고 이해하지 못한다. 이런 한계를 넘어서는 데 중국이 직접적인 도움이 된다. 다민족국가의 실상을 멀리까지 가지 않고 중국에서 알 수 있어 다행이고, 현지 체험이 쉽게 가능해 큰 도움이 된다. 중국이 제공하는 자료가 비교연구를 근거로 삼아 일반이론을 이룩하는 데 결정적인 기여를 한다. 국가의 경계를 넘어서 지구촌 많은 사람들과 사귀는 방법을 가까이서 익혀 세계화에 적극적일 수 있게 한다.

월남의 승리는 불가능으로 생각되던 것을 가능하게 만든 대사건이었으며, 세계사의 전환을 마련했다. 발상의 폭을 크게 넓히도록 하는 충격을 받고 생각해보지 않을 수 없었다. 어째서 그럴 수 있었으며, 어떤 의의가 있다고 할 것인가? 유럽문명권의 지배를 무너뜨리는 힘이 동아시아에 있음을 보여주었다고 할까? 군사력이 강하면 무엇이든지 할 수 있다는 근대의 이념을 좌절시키고 다음 시대로 나아가는 계기를 만들었다고 할까?

이런 의문을 풀어주는 연구를 월남에서 제대로 하는 것 같지 않다. 자기 나라에서 일어난 일을 되돌아보는 데 몰두하고 더 나아가려고 하지 않는 것 같다. 월남이 미처 하지 못하고, 할 수 있을지 의문인 더 커다란 연구를 널리 개방된 공동의 과제로 삼아야 한다. 비교연구를 거쳐 일반이론 정립으로 나아가는 작업을 뜻이 있고 능력을 갖추었으면 누구든지 해야 한다.

월남이 제기하는 과제는 학문의 비약을 촉구한다. 동아시아학문이 그 자체에 머무르지 않고 제3세계학문으로 나아가고, 사실을 총괄하는 일반이론의 수준을 대폭 높여 세계학문으로 발전하게 한다. 한국은 월남과 함께 식민지통치에서 해방된 제3세계의 일원이고, 일반이론 창조로 나아갈 수 있는 철학을 장점으로 삼는 두 가지 근거를 거듭 확인하면서, 나는 내가 할 일을 과감하게 시도했다.

동아시아학문을 크고 훌륭하게 이룩하는 과업은 개인이 감당할 수 없다. 내가 해온 작업은 얼마 되지 않아 가능성 탐색에 지나지 않는다. 그 범위를 넘어서서 논의를 일반화해보자. 누구든지 실행할 수 있는 원리를 정립해야 동아시아학문이 바람직하게 이루어질 수 있다. 이 작업은 학문 일반론을 도출하는 데 관건이 되는 의의가 있다.

동아시아 각국의 장기인 과감한 설계, 정밀한 고증, 다양한 문화체험, 세계사를 바꾼 충격까지 보태면 빠진 것이 없다. 그 이상 바랄 것이 없다. 다른 어느 문명권에도 없는 행복한 조건을 동아시아에서는 갖추었다. 그러나 각자의 장점은 아주 이질적이어서 상극의 관계를 가진다. 과감한 설계는 다른 셋을 무시해야 가능하다. 정밀한 고증, 다양한 문화체험, 세계사를 바꾼 충격에 관해서도 같은 말을 할 수 있다. 바로 그 배타성이 결정적인 단점이다. 단점을 시정하려면 상극의 관계를 가진 다른 것들과 만나 상생을 이루어야 한다.

이치가 이렇다고 밝히면 할 일을 다 하는 것은 아니다. 이론을 실천에 옮기려면 비상한 노력이 필요하다. 지식을 확대하고 교류를 빈번하게 하면서 상호간의 이해를 증진하는 것이 필수적인 과제이다. 학술회의를 자주 열어 발표하고 토론하는 데 힘쓰면서 서로 다른 견해를 모아 더 크고 훌륭하게 만들어야 한다. 공동연구를 해서 이룬 저작을 함께 출판해야 한다.

근래 '베세토하'(Besetoha)라는 약칭을 사용하면서 北京·서울·東京·하노이대학이 공동의 행사를 개최하는 것은 평가할 일이다. 그러나 서로 상대방에 대해서 잘 알지 못하고, 여러 방향의 통역을 거쳐 의사교환을 한다. 동아시아학문으로 나아갈 수 있는 준비를 어느 하나도 하지 못한 행정책임자나 다른 문명권 학문 수입업자들이 모임을 주도하니 친선을 도모하는 것 이상의 성과가 없다.

각국의 학문을 제대로 하는 전문가들이 교류를 빈번하게 하고 공동연구를 진행하는 단계를 넘어서서, 동아시아 학자를 길러내야 한다. 동아시아 각국의 언어에 능통하고, 서로 다른 학풍을 깊이 이해해 통합할 수 있는 학자가 동아시아학자이다. 北京·서울·東京·하노이대학 또는 네 나라의 다른 네 대학이 짝을 지어, 협력을 강화하고 유학생의 상호 교류에 힘쓰는 것이 좋은 대책이다. 네 나라에서 모두 공부하고 네 나라 학문에 모두 정통해야 동아시아학자가 된다.

동아시아학문을 이룩해야 하는 이유가 무엇인가? 동아시아는 정치나 경제 통합에 상당한 난관이 있으므로 문화를 앞세우고 그 중심을 이루는 학문 통합을 위해 먼저 노력해야 한다. 유럽문명권학문의 지배에서 벗어나 자립하는 과업을 동아시아 각국의 개별적인 역량으로는 성취하기 어려우므로 협동해야 한다.

동아시아학문은 그 정도에 그치지 않고 한층 적극적인 사명을 달성하고자 한다. 유럽문명권이 선도한 근대학문의 한계를 극복하고 다음 시대 학문을 이룩하는 데 동아시아가 앞서서 다른 문명권의 분발을 촉구하는 것이 마땅하다. 국가끼리의 쟁패를 청산하고 보편적인 진리를 위해 하나가 되는 새로운 학문을 하는 모범을 보여 근대 다음 시대를 설계하는 지침이 되게 해야 한다.

유럽중심주의를 넘어선 세계문학사

과제와 해결 방안

유럽은 세계사의 중심이고 가치 평가의 척도여서 우월하다는 주장이 '유럽중심주의'(eurocentricism)이다. 유럽과 미국이 함께 포함되므로 '유럽문명권중심주의'라고 해야 정확하지만, 줄여 일컬어도 무방하다. 유럽중심주의는, 서양이라고 자칭한 유럽이 동양이라는 범칭에 포함시킨 다른 모든 문명권을 일제히 낮추어보는 '동양주의'(orientalism)와 표리를 이룬다. '동양주의'는 낯선 번역어이고 무엇을 뜻하는지 알기 어렵다. '동양폄하주의'라고 할 것을 동양주의라고 약칭한다고 해야 오해가 시정된다. 유럽중심주의와 동양주의는 불행한 시대의 유산이어서 비판하고 극복해야 한다.

유럽중심주의나 동양주의를 자주 들먹이면서 청산의 대상으로 삼는 논의가 이제 유행이 되다시피 하고 있다. '탈식민주의'(post-colonialism)이라는 말도 함께 애용하면서 식민지 통치의 시대는 지났다고들 한다. 수많은 논저가 나와 필요한 논의가 다 이루어진 것 같지만, 읽어보면 부분적이고 표피적인 언설을 산만하게 늘어놓아 실망스럽다고 하지 않을 수 없다. 말의 낭비가 또한 문제로 삼아야 할 증세이다.

이에 관한 진단을 먼저 할 필요가 있다. 청산의 대상이 청산의 주역일 수는 없다. 환자가 자각증세를 말하는 것으로 진단과 치료를 대신하지는 못한다. 성실한 자세로 반성을 한다고 해도 인식이 치우치고, 자기네 문명권이 아닌 다른 문명권에서 무엇을 할 수 있는지 모르는 탓에 대안 제시가 가능하지 않다. 유럽문명권에서 선도해 이룩한 근대 학문의 특히 중요한 성과인 역사, 구조, 논리 등에 관한 인식을 스스로 불신하는 포스트모더니즘이 끼어들어 시야가 더욱 흐려지기도 한다.

획기적인 전환을 이룩하려면 주역이 새로 등장해 연구 방향을 다시 설정해야 한다. 유럽중심주의의 잘못을 총체적으로 파악하고 전면적인 대안을 제시하려면 유럽 밖에서 유럽을 바라보아야 한다. 세계사의 장래에 대한 낙관적인 전망을 가지고, 근대 학문의 중요한 성과를 불신하지 않고 쇄신해 다음 시대를 위한 학문을 이룩하고자 해야 필요한 내용을 갖출 수 있다. 중세학문이 근대학문으로 전환된 것과 같은 비약이 다시 있어야 한다. 유럽이 아닌 다른 문명권에서 지니고 있는 역량을 살려 대안을 마련해야 한다.

과거를 청산하기 위해서는 미래의 편에 서는 결단을 내려야 한다. 유럽중심주의의 증세를 진단하고 원인을 밝히고는 치료를 하려고 나서야 한다. 반론을 제기하고 대안을 마련하는 것이 치료이다. 유럽문명권 학문에서 저지른 과오를 시정하는 새로운 연구를 실제로 해서 타당성이 분명한 성과를 내놓아야 필요한 작업을 한다.

유럽문명권의 위세가 경제·정치·군사력에서 엄존하고 있다고 절망할 것은 아니다. 너무 크고 강하게 되는 것은 멸망의 길이다. 멸망을 자초하고 있을 때 다른 쪽에서 반론을 제기하고 대안을 마련하는 것이 당연한 이치이다. 경제·정치·군사력 이면의 진실을 찾는 학문·문화·통찰력에서 전환을 준비하고 설계해야한다.

너무 크게 말하면 실현 가능성을 의심할 수 있으므로, 수입학·자립학·시비학·창조학이라고 일컬은 네 학문의 상관관계를들어 논의를 구체화하고자 한다. 수입학은 시야를 넓히는 데 도움이 되지만 문제 해결에 기여하지는 못한다. 유럽중심주의에 대한 자기비판을 가져와 널리 알리면 해결책을 제시하는 것 같지만, 상품 교체로 수입학의 위세를 키울 수 있다. 우리 것을 그 자체로 숭앙하는 재래의 국학 또는 한국학을 다른 이름으로 일컫는 자립학에 머무르면, 문제 파악에서 뒤떨어지고 대응책을 마련하지 못한다. 소박한 민족주의를 논거로 삼는 당위론으로 세계사의 난문제를 해결하지는 못한다. 자립학이든 수입학이든 가리지 않고 나무라는 시비학은 가장 공정한 것 같지만, 책임이 없어 자유로운 방관자의 발언이거나 본론을 마련하지 못한 서론에 지나지 않는다.

시비학에서 펴는 주장을 실현하겠다고 자원하고, 수입학과 자립학이 각기 지니는 장점을 합쳐서 살리면서, 세 학문을 한꺼번에 극복하는 창조학을 해야 비로소 길이 열린다. 창조학을 위한 당위론이 소중한 것은 아니다. 먼 장래의 희망을 말하는 것은 더욱 어리석다. 남들에게 시키는 일을 스스로 감당하고 나서는 일꾼이 있어야 하고, 장차 할 일을 지금 하기 위해 분투해야 한다. 창조학은 그냥 주어지는 것이 아니다. 수입학과 자립학을 시비학의 문제의식을 받아들여 합쳐야 창조학이 시작된다. 누구든지 창조학을 하는 자격이나 역량을 일부는 갖추고 있으므로 나머지를 보충하면 전환이 가능하다.

창조학에는 두 단계의 작업이 있다. 첫 단계의 작업인 비교연구를 거쳐 다음 단계인 일반이론 정립으로 나아가야 한다. 가까이 있어 잘 알고 쉽게 다룰 수 있는 것에서 출발해 멀리까지 나아가, 알기 어려운 것들까지 비교연구에 포괄해 일반이론 정립의 근거를 넓히는 것이 마땅한 순서이다. 비교연구는 일반이론 정립을 목표로 하고, 일반이론은 비교연구를 근거로 삼아야 하다.

나는 한국문학에서 동아시아문학 또는 제3세계문학으로 나아가고, 그 성과를 이용해 유럽문학까지 새롭게 고찰해 세계문학 일반론을 다시 이룩했다. 문학에서 시작한 작업을 역사나 철학으로 확대해 비교연구의 범위를 넓히고 일반이론의 타당성을 키웠다. 한문·산스크리트·아랍어·라틴어문명권 또는 유교·힌두교·이슬람·기독교문명권을 대등한 위치에 두고 함께 파악해 공통점과 차이점을 밝히는 데 힘썼다. 어느 문명권에나 중국 같은 중심부, 한국 같은 중간부, 일본 같은 주변부가 있어 중심부·중간부·주변부끼리는 동질성을 지닌다는 사실을 찾아낸 것이 또한 비교연구와 일반이론의 긴요한 내용이다.

유럽중심주의의 허구

유럽중심주의는 동기나 태도가 잘못되었다고 나무라면 치유할 수 있는 것은 아니다. 주장하는 바가 최상의 연구에서 얻은 성과라고 자처하고 또한 인정되므로, 학문하는 수준을 더 높여서 대처해야 한다. 치료를 하려면 진단이 선결과제이다. 진단 능력이 뛰어난 것부터 보여주어야 의사 자격이 입증된다. 유럽중심주의의 증세는 다음과 같은 주장으로 나타난다는 것이 내가 진단한 결과이다.

(가1) 인류의 역사는 아시아에서 먼저 시작되었으나 유럽에서만 제대로 발전했으며, 아프리카에는 역사라고 할 것이 없다. (가2) 유럽에서 고대나 중세의 전형적인 모습을 보여주고, 근대를 만들어 세계 전체에 이식되도록 했다.

(나1) "진리에 대한 사랑"을 뜻하는 '필로소피아'($\phi\iota\lambda o\sigma o\phi\iota\alpha$)는 고대그리스의 창안물이라 '철학'이라고 번역되는 '필로소피' (philosophy)가 유럽문명권에만 있고 다른 문명권에는 없다. (나2) 유럽철학의 수입과 정착이 세계 어디서나 필수적인 과제이다.

(다1) 고대그리스의 비극과 서사시가 문학의 전범이어서 유럽문명권은 문학에서도 다른 문명권보다 우월하다. (다2) 소설은 유럽 근대의 시민문학이므로, 근대에 이르지 못하고 시민이 성장하지 못한 다른 곳에서는 생겨날 수 없었다.

증세를 진단했으면 원인을 밝혀야 한다. 모든 것이 과대망상증의 산물이라고 하는 정도의 일반론에 머무르지 말고, 개개의 증세가 어떻게 해서 나타났는지 구체적으로 밝혀야 치료가 가능하다. 이를 위해 많은 작업이 필요하지만, 여기서 번다한 논의를 하는 것은 바람직하지 않다. 연구해서 밝힌 성과를 최대한 압축하면 다음과 같이 말할 수 있다.

(가1)은 근대 형성을 선도하는 서부 유럽의 자부심 표현으로 출현했다. 그 대열에 한 발 늦게 들어선 독일은 자국 대신 유럽의 우월성을 내세워 선진국과 대등하게 되고자 했다. 헤겔이 《역사철학》에서 유럽중심주의 세계사관을 정립해 이중의 목적을 달성했다. (가2)는 그 뒤에 계속 추가되고, 근대화에 관한 거의 모든 논의에서 오늘날까지도 대전제 노릇을 한다. (가1)이 문화 인식에서 (나1)·(나2)·(다1)·(다2)로 나타났다.

(가2)는 이론의 일관성을 유지하기 위해 요망되는 데 그치지 않고, 침략과 지배를 합리화하는 실질적인 기능이 있어 반드시 필요했다. 인도를 통치하는 영국의 고민이 특히 컸다. 인도를 아프리카와 같이 취급할 수 없어 문명 비교론을 갖추어야 했다. 고대그리스문명이 고대인도문명보다 앞서고, 영국은 고대그리스문명의 후계자이므로 인도를 통치할 자격을 가진다고 했다. 인도에 파견하는 관리나 군인에게 고대그리스 고전 이해를 필수적인 무기로 제공했다.

침략당하고 지배를 받는 세계 도처의 많은 민족에게 유럽은 고통을 강요하는 원수이면서 발전의 길을 보여주는 스승이기도 했다. 그런데 식민지가 되지 않은 상태에서 근대국가를 이룩하는 곳에서는 유럽을 원수로 여기지 않고 스승으로 섬기기만 하면서 과도하게 미화하고 찬양했다. 일본의 경우가 그 좋은 본보기이다. 일본에서는 (나)에 충실해 '철학'은 '서양철학'이라고 여기고, 전에 없던 일본철학사를 서양철학의 수입으로 이룩하고자 한다. (다1)과 (다2)를 문학론의 기본요건으로 삼고, 일본문학은 특이한 예외라고 한다.

한국은 일본의 식민지 통치를 받으면서 일본을 원수이기도 하고 스승이기도 하다고 여겼다. 일본이 스승인 이유는 유럽 스승의 가르침을 전달하기 때문이었다. 전달 내용이 실상보다 이중으로 미화되어 유럽중심주의가 더욱 확대되었다. 광복 후에는 유럽문명을 직접 습득하는 사람들이 늘어나고 있지만 이해가 편중되고, 기존 관념에 편승해 수입학의 효용을 선전하면서 처신을 유리하게 하고자 한다. 환자 말석에 끼이려고 하고 의사로 나설 생각을 하지 못한다.

(가1)에 대한 반론은 유럽을 능가하는 역사 발전을 이룩해야 가장 설득력 있게 마련된다. 그러나 장래를 낙관하면서 기다리자고 할 것은 아니다. 지금 할 수 있는 일을 성실하게 하면서 전환의 논거를 제공해야 한다.

(가2)에 대한 반론은 중세에 대한 재인식에서 쉽사리 마련되어, 더욱 진전된 논의를 위한 단서가 된다. 어느 문명권에서든지 공동문어와 민족어가 공존하고 가치관에서도 이중구조를 가진 시대가 중세였다. 종교의 수장이 세속의 통치자를 책봉하는 체제가 일제히 있었던 것도 중세의 특징이다. 중세문명은 기본적으로 동일하면서 어느 정도의 격차가 있었다.

중세문명의 요건을 상대적으로 덜 갖춘 유럽이, 유럽의 주변부여서 더욱 뒤떨어진 영국이 근대를 이룩하는 데 앞섰다. 동아시아에서 일본이 근대화에 앞선 것도 같은 이유이다. 같은 현상이 그 전에도 있어 고대의 후진이었던 아랍인이 이슬람을 창조해 중세의 선진이 되었다. 역사는 순환하면서 발전한다. 후진이 선진이 되는 당연한 변화가 다시 일어나 근대 이후의 새로운 시대를 창조할 것이다. 이에 관한 생극론의 역사철학이 새로운 학문의 근거가 된다.

근대는 유럽이 만들었다고 하는데 일거에 이룬 것이 아니다. 중세에서 근대로의 이행기가 오래 지속되다가 산업혁명과 시민혁명을 거쳐 19세기에 근대가 시작되었다. 중세에서 근대로의 이행기는 다른 여러 곳에서도 함께 나타난 세계사의 공통된 단계이다. 유럽은 중세에서 근대로의 이행기 시발부터 근대였다고 하고, 다른 곳들은 중세에서 근대로의 이행기의 종말부터 근대라고 하는 이중의 잣대를 사용해 혼란을 빚어내는 잘못을 마땅히 시정해야 한다.

근대 형성에 관한 논의를 경제사가 독점할 수 없다. 사회사에서 할 수 있는 일이 더욱 분명하고 보편적인 의의를 가진다. 사회사에서 보면, 중세는 신분사회이고, 근대는 계급사회이며, 중세에서 근대로의 이행기는 신분과 계급이 생극의 관계를 가진 시대였다. 신분이 우월한 귀족과 유력한 계급인 시민이 다투면서 귀족이 시민화하기도 하고, 시민이 귀족화하기도 했다. 구체적인 양상은 나라에 따라 달라 다각적인 비교를 필요로 한다.

중세에서 근대로의 이행기 동안 시민의 귀족화가 널리 이루어진 점에서 한국은 프랑스와 상통한다. 프랑스에서는 국법으로 부유한 시민은 귀족이 되어야 했으며, 한국에서는 웬만한 사람에게도 신분 상승의 길이 비공식적으로 열려 있었다. 그런데 프랑스에서는 혁명으로 귀족이 없어지고, 한국은 상승이 일제히 이루어져 둘 다 권위 부정의 성향이 강한 평등사회가 되었다. 신분제의 철폐가 하향평준화로 나타난 중국, 신분제의 전통이 아직 남아 있는 일본보다 한국 사회가 한층 역동적이고 성취동기가 더 큰 기풍을 지니는 이유를 이런 데서 찾을 수 있다.

철학을 뜻하는 말이 '필로소피아'만일 수 없다는 것을 밝히면 (나1)에 대한 반론이 시작된다. 다른 문명권에서 독자적인 용어로 상이한 생각을 나타내는 것이 당연하다. 더 넓은 생각을 나타낸 것이 잘못은 아니다. 산스크리트의 '다르사나'(darsana)는 이치를 따지는 데 그치지 않고 정신적 통찰력을 얻고 정신을 정화하는 것까지 말했다. 아랍에서는 '필로소피'에 상응하는 이성철학 '팔사파흐'(falsafah)뿐만 아니라 통찰철학이라고 할 수 있는 '히크마흐'(hikmah)도 있었다. 동아시아에서 '心學', '玄學', '道學' '理學' 등으로 일컫던 것들이 모두 철학이다. 철학사를 각기 이해하면서 비교연구를 하는 것이 바람직하다.

철학은 독자적인 범위와 그 자체의 엄밀한 방법을 갖춘 독립된 학문 분야이어야 한다는 것은 근대 유럽의 편견이다. 철학의 글쓰기를 하면서 시를 쓰거나 이야기를 만드는 일이 자주 있었다. 표현에서뿐만 아니라 내용에서도 철학과 문학은 둘이면서 하나이고 하나이면서 둘인 양상을 나는 세계적인 범위에서 비교해 논했다. 지금은 철학과 문학이 최대한 멀어져 있어 다시 가까워지고 하나가 되는 것이 바람직한 전환이라는 결론을 내렸다.

중세후기에 해당하는 12~13세기의 동시대에 힌두교의 라마누자(Ramanuja), 이슬람의 가잘리(Ghazali), 유교의 朱熹, 기독교의 토마스 아퀴나스(Thomas Aquinas)가 각기 산스크리트·아랍어·한문·라틴어로 이룩한 업적이 뚜렷한 공통점을 가져 철학이 하나이게 했다. 보편종교의 원리를 공동문어로 밝혀 논하면서 현실에서 제기되는 여러 문제에 대한 최종적인 해답을 제공하고자 했다. 그 뒤에 이에 대한 해석, 적용, 시비, 비판 등을 하는 작업이 다양한 방식으로 나타났으며, 문학이 긴요한 구실을 했다.

라마누자와 카비르(Kabir), 가잘리와 아타르(Attar), 朱熹와 鄭澈, 토마스 아퀴나스와 단테(Dante)의 관계는 특히 주목할 만하다. 공인되고 규범화된 철학을 낮은 자리에서 받아들여 풀이하고 확대하며 뒤집어놓기도 하는 작업을 공동문어가 아닌 민족구어를 사용해 누구나 이해할 수 있게 하는 시에서 일제히 진행했다. 같은 시기 네 문명권의 철학, 철학과 시의 관계, 시가 지니는 동질성이 인류문명이 하나임을 입증하는 데 최상의 설득력을 가진다.

중세에서 근대로의 이행기에 이르면 그런 체계가 무너졌다. 규범화된 철학을 거부하고 삶의 진실을 다시 찾는 작업을 철학에서도 하고 문학에서도 했다. 철학과 문학의 서열이 무너지고, 둘이 아주 가까운 관계를 가지고 공동의 과업을 수행하는 시대가 되었다. 철학이 사라져 철학사에 공백이 생긴 것 같은 인도나 아랍에서는 문학이 철학의 임무까지 감당한 것을 밝혀냈다. 동아시아 각국에서 일제히 일어난 氣철학을 동시대 유럽의 계몽철학과 비교해 가치관 혁신의 공통된 과업을 상응하는 방식으로 추구했다고 논증했다.

유럽이나 동아시아뿐만 아니라 다른 문명권에도 오랜 기간 동안 축적된 철학의 유산이 있다. 중세에서 근대로의 이행기에 발전이 크게 이루어졌다가 근대 유럽의 침해를 받고 혼란에 빠졌다. 손상된 능력을 되찾아 근대 유럽의 철학과 대등한 토론을 하면서 비판적인 섭취의 길을 찾는 것이 (나2)를 극복하는 방안이다.

독점적인 의의를 가진다고 하는 유럽철학이 심각한 위기를 겪고 있다. 철학은 독자적인 영역과 방법을 가진 이성의 학문이라고 하면서 자기 방어를 일삼다가 자폐증에 빠졌다. 철학을 개방해 다른 방식의 문화 창조와 합쳐야 하고, 이성을 넘어선 통찰을 갖추어야 한다. 잊고 있는 전통을 재발견해 고금학문 합동작전을 하는 것이 구체적인 해결책이다. 생극론을 이어받아 새롭게 이용하는 나의 작업이 한 본보기이다.

(다1)에서 고대그리스의 비극을 일방적으로 평가한 잘못을 시정하기 위해 연극미학의 기본원리를 비교해 고찰했다. 고대그리스 비극의 '카타르시스', 중세의 인도 산스크리트연극이 보여주는 '라사'(rasa)와 함께, 중세에서 근대로의 이행기 한국의 민속극에서 좋은 본보기를 찾을 수 있는 '신명풀이'가 세 가지 기본원리이다. 세 본보기에서 세 가지 기본원리가 어떻게 다른지 알아낼 수 있다.

셋의 비교는 겹겹으로 이루어진다. 카타르시스는 파탄에 이르는 결말을, 라사와 신명풀이는 원만한 결말을 보여준다. 라사는 우호적인 관계의 차질을, 카타르시스와 신명풀이는 적대적인 관계의 승패를 보여준다. 신명풀이는 미완성의 열린 구조를, 카타르시스와 라사는 완성되어 닫힌 구조를 보여준다.

비극이 최고의 연극이라는 주장은 카타르시스 연극에나 해당된다. 연극의 원리는 갈등이라는 주장 또한 그렇다. 라사 연극은 우호적인 관계에서 생긴 차질을 시정하고 원만한 결말에 이르러 조화의 원리가 소중하다는 것을 확인한다. 신명풀이 연극은 갈등과 조화를 함께 나타내면서, 갈등이 조화이고 조화가 갈등이라고 한다.

고대그리스 서사시가 서사시의 전범이라고 하는 (다1)의 편견은 서사시의 하위갈래에 대한 광범위한 비교연구에서 극복되었다. 세계 어디서나 구전서사시가 원시 시대의 신령서사시, 고대의 영웅서사시, 중세 이후의 범인서사시로 변해온 과정을 밝혀냈다. 그 한 단계의 영웅서사시가 기록되고 윤색되어 전하는 고대그리스 서사시는 일반론 정립에 쓰이기 어려운 예외적인 형태이다.

한국 특히 제주도의 서사무가는 이른 시기 구비서사시의 소중한 유산이어서 광범위한 비교연구의 출발점을 제공한다. 일본의 아이누인, 중국 운남 지방 여러 민족, 필리핀의 여러 언어집단의 전승에 가까이서 비교할 자료가 풍부하다. 터키계 여러 민족, 아프리카 여러 곳의 구비서사시 또한 일반이론 정립을 위한 비교연구에서 긴요한 작용을 한다.

세계적인 범위에서 진행한 비교연구의 결과 한국의 서사시에 대한 새로운 인식을 하게 되었다. 여러 단계를 거쳐 전개된 구비서사시의 오랜 역사 가운데 시초와 결말이 상대적으로 두드러지고 중간은 흐릿한 것이 한국의 특징이다. 시초인 원시·고대구비서사시는 인식과 평가 밖에 방치되어 있다가 조사해서 연구하는 데 쓰이는 소중한 자료가 되었다. 결말에 해당하는 판소리는 민족예술의 자랑스러운 유산으로 받들어지는 영광을 차지했다.

(다2)에서 소설이 유럽 근대의 시민문학이라고 하는 것은 이중으로 잘못 되었음을 자세하게 밝혀 논했다. 소설이 출현한 시기는 근대가 아니고, 중세에서 근대로의 이행기이다. 소설은 시민문학이 아니고, 귀족과 시민, 그리고 남성과 여성이 생극의 관계를 가지고 이룩한 경쟁적 합작품이다. 어느 일방이 독점하려는 시도는 소설을 약화시켰다.

중세에서 근대로의 이행기 동안에는 소설 발전에서 동아시아가 앞서고 유럽이 뒤따랐다. 근대가 되자 인쇄술과 유통방식의 혁신 덕분에 유럽소설이 크게 발달하다가 파탄이 생겼다. 시민의 독점에 내면의식 위주의 자폐적인 문학이 되어 소설이 해체되기에 이르렀으나 지구 전체의 위기는 아니다. 제1세계의 지배에 대한 제3세계의 반론을 세계사적 문제의식을 가지고 제기하는 쪽에서 새로운 소설을 창작하고 있다.

소설이 참칭하고 전복시킨 동아시아의 傳이나 유럽의 고백록 같은 것이 없어 아프리카소설은 전통이 빈약하다고 할 수 있다. 그러나 중간 시기 종교 이념을 규범화한 특정 형태의 기록물 대신에 연원이 더욱 오랜 신화의 보편적인 구전을 오늘날의 문제를 다루는 배경으로 삼는다. 정치적 시련에 시달리고 빈곤이 격심해 비관적이기만 한 상황을 넘어설 수 있는 낙관의 근거를 신화에서 찾아 소설을 새롭게 한다.

국제비교문학회에서

ICLA(International Comparative Literature Association)라고 약칭되는

국제비교문학회에 몇 번 참가해 논문을 발표하고 토론한 경과를 들어 논의를 더 전개하기로 한다. 이 학회가 3년마다 여는 연구 발표대회는 문학에 관한 학술회의로서 가장 규모가 크다. (자세한 경과 소개와 함께 발표한 논문이 《세계·지방화시대의 한국학 3 국내외 학문의 만남》, 계명대학교출판부, 2006에 있다.)

13회 대회를 일본이 맡아 1991년 8월 23일부터 28일까지 6일 동안 東京 靑山學院大學에서 열렸다. 나의 발표는 27일 오후 둘째 순서에 들어 있었다. 그 때의 원탁 모임 가운데 하나가 "세계문학의 서사"(Narrative in World Literature)이었다. 발표자와 논문 제목을 든다.

폴란드 출신의 캐나다 학자 돌레제로바(Dolezelova): 〈17세기 중국의 서사문학이론: 현대 서양 서사문학론의 유력한 선구자인가?〉("Seventeenth-Century Chinese Theory of Narrative: A Dynamic Forerunner of Modern Occidental Narratology?")

헝가리 출신의 미국학자 베네데크(Benedek): 〈실제로 움직이는 서사문학: 바시 서사문학에 나타난 서양의 영향〉("Narrative in the Works: Western Influence in Bashi Narratives")

한국학자 조동일(Cho Dong-il): 〈한국 및 기타 제3세계문학의 전통적 서사문학 형태와 근대소설〉("Traditional Forms of the Narrative and the Modern Novel in Korean and Other Third World Literatures")

브라질학자 고메즈(Gomez): 〈라틴아메리카 현대문학에 나타난 허구와 기억〉("Fiction and Memory in Latin-American Contemporary Literature")

세계의 서사문학에 관한 네 가지 발표는 사실과 주장의 다양성을 보여주는 데 그치고 적절한 집약점이 없었다. 발표가 끝나고 토론할 때에는 나의 논문에 대해서만 질문이 거듭 나오고 다른 것들은 논의의 대상이 되지 않았다. 내가 답변을 하면서 총괄론도 시도해야 되었다.

내 논문은 〈서사시의 전통과 근대소설〉, 《한국문학과 세계문학》(지식산업사, 1991)을 축약해서 옮긴 것이다. 나중에 《소설의 사회사 비교론》 1~3(지식산업사, 2001)을 다시 써서 더 자세하게 다룰 내용의 기본착상이다. 개요를 쉽게 파악하고자 하는 분들을 위해 간략한 설명을 하기로 한다.

근대소설의 형성에 관한 유럽학계의 기존 이론을 비판하고 세계 전체에 널리 타당한 대안을 제3세계문학의 다양한 사례를 들어 마련하고자 한다. 헤겔과 루카치가 시민문학이라고 한 소설은 민중·귀족·시민의 합작품으로 이루어졌다. 루카치는 서사시가 가고 소설이 시작되었다고 하고, 바흐친은 격식을 갖춘 서사시가 타락해 무형식의 소설이 되었다고 한 것은 일방적인 판단이다. 하층의 구비서사시가 상승해 소설로 전환된 과정이 널리 발견되어 새로운 일반이론을 수립하게 한다. 근대소설이 이루어진 다음에도 구비서사시의 전통을 의도적으로 활용해 주인공의 성격을 규정한 작품들도 있다.

한국에 채만식의 《탁류》의 여주인공은 판소리에서 형성화된 심청의 전례에 따라 자기희생의 길을 갔다. 터키의 야사르 케말 (Yasar Kemal)은 《메메드》(*Memed*)에서 도망꾼의 신세가 된 소작인이 그 곳의 구비서사시 '데스탄'으로 전승된 영웅이야기를 재현해 투쟁의 주역으로 등장했다. 제3세계 다른 여러 곳의 소설에도 전통적 서사문학을 이은 것들이 많이 있다. 근대소설과 밀접한 관련을 가진 전통적 서사문학의 갈래들에 관한 광범위한 비교연구가 필요하다. 그런 작업을 영어로 글을 써서 진행하려면 영문학 특유의 의미를 가진 용어를 일반화해서 사용해야 한다.

이 논문에 대해서 여러 사람의 다양한 질문이 있었다. 국내 참가자 한 분이 소설이 민중·귀족·시민의 합작품으로 시작되었다는 견해는 전에 있던 것인가 물어, 그것은 내가 처음으로 내놓은 견해이며 세계소설사 이해를 위한 새로운 시각이라고 보충설명을 할 수 있는 기회를 마련해 주었다.

캐나다인 질의자가 영어 용어를 사용하면서 'romance'와 'novel'의 구분을 무시하고, 'novel'의 의미를 부당하게 확대했다고 지적했다. 이에 대해서, 'romance'라는 것은 영문학에서만 따로 구분하고 불문학이나 독문학에도 없으므로 유럽문학의 보편성마저 획득하지 못했으니 받아들일 수 없다고 했다. 발표에서 말했듯이, 영어가 국제적인 언어로 사용되려면 영어로 나타내는 용어가 보편적인 의미를 가져야 하므로 'novel'의 의미도 세계문학의 보편성에 합당하게 재규정해야 한다고 했다. 세계 여러 곳의 'novel'을 비교 연구해서 그 개념을 귀납하는 것이 커다란 과제라고 했다. 인도인이 말을 막으면서, 'novel'의 새로운 의미를 영어 사용자들이 받아들이겠느냐고 했다. 나는 가만있지 말고 논쟁을 해야 한다고 했다. 인도 근대소설의 성립에 관한 연구에서도 커다란 장애가 되는 영어 용어의 횡포에 함께 대응하자고 했다.

토론을 마칠 때 모자라는 시간을 쪼개 총괄적인 소감을 피력했다. 세계의 서사문학에 관한 오늘의 발표는 집약점이 없어 유감인데, 나의 논문이 집약의 구심을 어느 정도는 한다고 했다. 한국에는 베네데크가 필리핀 현지에서 조사한 바와 같은 서사문학의 원형이 아직 살아 있으면서, 그것이 또 한편으로 돌레제로바가 논한 17세기 중국소설과 같은 수준으로 발전하고, 고메즈가 말한 라틴아메리카 현대소설처럼 사회의식이 두드러진 작품이 적지 않다고 했다. 세계 서사문학 발전의 보편적 단계이랄까 할 것이 한국문학에 두루 구비되어 있어 연구할 의의가 크다 하고, 그런 사례로 한국 외에 터키 여러 민족과 아프리카 스와힐리의 서사문학이 더 있어 비교연구에 힘쓸 만하다고 했다. 그런 규모의 거시적인 안목을 가지고 여러 문명권에 걸친 비교문학연구를 하는 것이 커다란 과제로 제기된다고 했다. 국제비교문학회 다음 모임에서 그런 문제를 집중적으로 다루도록 힘쓰자고 했다.

그 발표는 큰 반응을 얻었다. 베네데크가 아주 훌륭한 발표를 했다고 찬탄하고, 그 밖의 다른 참석자들도 공감과 지지를 나타냈다. 나중에도 좋은 발표를 했다면서 찾아와 치하하는 사람이 여럿 있었다. 발표논문집(*ICLA '91 Tokyo, Proceedings of the XIIIth Congress of the International Comparative Association*, University of Tokyo Press, 1995)이 출간된 것을 보니 함께 발표한 네 사람 가운데 내 논문만 실렸다.

제15회 국제비교문학회 발표대회는 1997년 8월 16일부터 22일까지 네덜란드 레이덴(Leiden) 레이덴대학에서 열렸다. 이 대회는 "문화 기억으로서의 문학"(Literature as Cultural Memory)을 전체 주제로 삼았다. 모두 여덟 개의 분과로 나누어 발표를 진행했는데, 그 가운데 하나가 번역이었다. 문화 기억을 언어권을 넘어서서 가져와 간직하는 데 번역이 결정적인 구실을 한다고 보아 중요한 연구 과제로 삼았다. 번역에 대한 연구가 근래에 번역학이라는 이름의 새로운 학문으로 등장해 많은 관심을 끌고 있다.

나는 번역 분과에서 발표를 해달라는 요청을 받고 〈중국문학 번역의 역사적 변천: 한국·일본·월남의 경우 비교론〉("Historical Changes in the Translation from Chinese Literature: a Comparative View of Korean, Japanese and Vietnamese Cases")이라는 논문을 준비해 발표했다. 이 논문은 〈번역으로 맺어진 관계〉, 《하나이면서 여럿인 동아시아문학》(지식산업사, 1999)에서 이미 다룬 내용을 간추려 영어로 다시 쓴 것이다.

발표가 며칠 동안 계속되어 번역 및 번역학에 관한 논의가 풍성하게 이루어졌다. 좋은 논문이라고 평가되는 것들을 선전해 대회가 끝난 뒤에 내는 책에 내 논문이 수록되었다. (*Reconstructing Cultural Memory: Translation, Script, Literacy: Volume 7 of the Proceedings of the XVth Congress of the International Comparative Association "Literature as Cultural Memory", Leiden 16~22 August 1997*, Edited by Lieven D'Hulst and John Milton, Amsterdam: Atlanta, GA, 2000)

나의 논문은 유럽의 여러 언어, 한국어, 한문, 중국어, 일본어 등의 자료를 활용했다. 언어 사용의 범위를 상당히 넓혔다고 할 수 있다. 이런 논문이 많아져야 번역 또는 비교문학 연구가 정상화된다. 활용한 언어보다 더 중요한 것은 내용이다. 내 논문은 모든 것과 뚜렷하게 다른 점이 있다. 다른 모든 논문은 개별적인 문제를 미시적으로 다루었지만, 나는 문제를 크게 제기하고 거시적인 고찰을 했다. 개별논문에서는 감당할 수 없는 너무 큰 과제를 들고 나온 것이 잘못이라고 하면 변명의 여지가 없다.

동아시아에서 이루어진 번역에 관한 논의를 처음하면서 번역 일반론을 재정립하고자 했기 때문에 범위를 크게 잡아 총괄론을 시도하지 않을 수 없었다. 구체적인 연구가 아직 없기 때문이 아니다. 세부로 들어가면 청중이 이해하지 못한다. 동아시아문학에 대해 아무런 예비지식이 없는 사람들 앞에서 생소한 논의를 전개하는 것은 무리이다. 지식의 정도에 맞추어 꼭 필요한 말을 해야 한다.

번역이 무엇이고 번역 연구가 어떤 의의가 있는지 말하는 일반론을 전개한 다음, 동아시아 번역 연구의 현황을 고찰했다. 중국문학이 동아시아 네 나라 한국·일본·월남에서 번역한 양상이 크게 셋으로 나눌 수 있는 단계에 따라 달라졌다고 했다. 첫 단계는 고전을 읽었다. 둘째 단계는 고전을 자국어로 옮겼다. 셋째 단계에서는 고전이 아닌 흥미로운 작품을 받아들여 개작했다. 이것이 번역의 유형, 번역의 역사를 재정립하는 출발점이 된다고 했다. 기본적으로 같은 단계를 거치면서 한국·일본·월남에서 한 번역의 구체적인 차이가 또한 소중한 연구 대상이 된다.

번역 분과의 개별발표를 한 다음 마지막 순서인 종합토론의 발제를 해달라고 요청받았다. 개별발표에서는 가지고 간 논문의 둘째 대목 동아시아 번역의 연구 상황을 다룬 데부터 읽었다. 종합토론 발제를 위해서 첫 부분의 총론은 아껴두었다. 번역이 무엇이며 어떻게 연구해야 하는가에 관해 광범위한 의견을 나누는 것이 종합토론에서 할 일이었다.

종합토론의 사회자는 영국에서 교수 노릇을 하는 네덜란드인이고, 토론자는 벨기에인, 오스트랄리어인, 그리고 나 세 사람이었다. 청중이 교실에 가득 찼는데, 둘러보니 유럽인이 아닌 사람들은 몇뿐이었다. 한국인은 한 사람만 있었다.

세 발제자가 발언을 하고 청중의 질문을 받으면서 얼마 동안 토론을 했다. 오스트랄리어 학자에게 불어로 질문하는 사람이 있어 내가 대신 대답해준 일도 있었다. 토론을 끝내면서 사회자는 내게 폐회사에 해당하는 말을 해달라고 해서, 다음과 같은 요지의 발언을 했다.

오늘날 탈식민시대를 맞이해서 새로운 사고를 해야 한다든가, 오리엔탈리즘을 극복해야 한다든가, 유럽문명권중심주의에서 벗어나야 한다는 말은 유행이 되고 있다. 이번 모임에서도 이런 말을 많이 하고, 지금의 토론에서도 표제로 내걸었다. 그러나 유럽문명권 안에 들어앉아서 다른 문명권에 대해서는 알지 못하면서 그런 말을 되풀이하기만 해서 아무런 진전이 없다.

한국에서 온 동아시아학자인 나는 동아시아문학의 동질성과 이질성에 관해 광범위한 고찰을 하는 논문을 영어로 발표하고, 동아시아에서 하는 일을 다른 문명권에서도 해서 서로 비교하자고 했다. 여러 문명권을 세계적인 범위에서 비교하는 일은 나도 아직 하지 못했다. 그러나 나는 동아시아에 관한 논의를 유럽의 언어로 전개한다. 지금 영어로 말하고 있을 뿐만 아니라 불어도 할 수 있고, 독일어도 조금 안다. 누구나 이런 범위에서 문명권을 넘나드는 비교연구를 해야 비교문학이 비교문학답게 된다.

학문은 유식의 소관이지 무식의 소관이 아니다. 한 문명권만 아는 것은 무식이고 여러 문명권을 아는 것이 유식이다. 당신네들 유럽문명권 학자들은 다른 문명권을 이해하기 위한 진지한 노력이 없다. 외국어를 여럿 알아도 유럽의 언어뿐이다. 동아시아 사람인 나는 유럽문명권을 이해하기 위해 오랫동안 애쓴 결과 두 문명권은 어느 정도 안다. 세 문명권이나 네 문명권을 아는 것보다는 무식하지만, 한 문명권만 아는 것보다는 유식하다.

지금까지의 전개된 근대학문은 유럽문명권에서 주도했다. 그러나 이제 전환의 시기가 왔다. 두 문명권 이상을 아는 유럽 밖의 학자들이 근대를 넘어서서 다음 시대로 나아가는 학문 연구를 주도해야 할 때가 되었다.

이렇게 말하는 데 대해서 그 자리에서 사회를 보고, 함께 발표를 하고, 또한 참석해서 질의하고 토론한 유럽문명권 각국 학자들이 한 마디 반론도 불만도 말하지 않았다. 해야 할 일이 무엇인가 알면서도 경험과 지식이 편벽되어 어쩔 도리가 없다고 시인하는 것 같았다. 그런 형편을 타개하는 데 유럽문명권에서 앞장설 수는 없으므로 다른 문명권에서 분발해야 한다.

유럽에서 잘못하고 있다고 나무라는 것이 능사가 아니다. 유럽에서 잘못하고 있으면 그 대안이 되는 새로운 연구를 다른 문명권에서 내놓아야 한다. 그 점에서 동아시아는 커다란 의무를 지니고 있다. 모든 불만과 비난이 우리 자신에게로 되돌아온다.

막중한 임무를 혼자 수행하자는 것은 아니다. 이제 동아시아가 다른 문명권은 젖혀두고 세계사의 주역이 되어야 하고, 한국이 그 중심이 되어 마땅하다는 착각은 하지 말아야 한다. 다원화된 세계에서 누구나 해야 할 일을 동아시아에서도, 한국에서도 해야한다. 한국의 학자들은 마땅히 자기 장기를 살리면서 그런 연구에 적극 참여해 널리 도움이 되는 결과를 얻을 수 있어야 한다.

세계문학사 다시 쓰기

유럽중심주의는 세계문학사 서술을 그릇되게 했다. 지금까지의 잘못을 시정하고 세계문학사를 바로잡기 위해서 방대한 작업을 해야만 했다. 멀고 험한 길이라도 개척해서 나아가지 않을 수 없었다.

《세계문학사의 허실》(지식산업사, 1996)에서 불어, 영어, 독어, 이탈리아어, 러시아어, 일본어, 중국어, 한국어, 이 여덟 언어로 된 38종의 세계문학사를 검토하고 비판했다. 대안을 마련하기 위해 《동아시아구비서사시의 양상과 변천》(문학과지성사, 1997);《하나이면서 여럿인 동아시아문학》(지식산업사, 1999);《공동문어문학과 민족어문학》(지식산업사, 1999);《문명권의 동질성과 이질성》(지식산업사, 1999);《철학사와 문학사, 둘인가 하나인가》(지식산업사, 2000);《소설의 사회사 비교론》1~3(지식산업사, 2001)에서 여러 측면의 각론을 전개했다. 할 일이 거의 무한하지만 내가 할 수 있는 범위는 한정되어 있으므로 더 나아가지 못하고 이에서 얻은 성과를 간추리고 보완해 《세계문학사의 전개》(지식산업사, 2002)라는 총괄론을 내놓았다. 서두에서 한 말을 몇 대목 옮긴다.

세계문학사를 온당하게 이해하기 위해서는 널리 알려진 문학, 광범위한 영향력을 행사하는 문학, 세계를 제패하는 나라의 문학이라야 세계문학이라고 하는 차등의 관점을 버려야 한다. 인류가 산출한 문학이 모두 세계문학이라고 하는 대등의 관점을 마련해야 이름과 실상이 합치되는 세계문학사를 쓸 수 있다. 민족국가를 이루지 못한 소수민족의 문학은 관심의 대상에서 제외하는 잘못을 시정하고, 어떤 소수민족의 문학이라도 세계문학으로서 인식하고 평가해야 한다. 제3세계문학에서 한 걸음 더 나아가 제4세계문학을 정당하게 이해해야 한다.

세계문학사를 민족문학사끼리의 각축장으로 여기는 관습을 청산하고, 그 상위영역으로 관심을 돌려야 한다. 민족문학사의 상위영역인 문명권문학사에서는 다수의 민족문학이 하나이면서 여럿이고, 문명권문학사의 상위영역인 세계문학사에서는 다수의 문명권문학이 하나이면서 여럿인 다층적인 구조를 밝혀내야 한다. 문명권 밖의 문학은 문명권 안의 문학과의 비교를 통해서 성격과 위치를 파악할 수 있다.

문학은 문명권·민족·계급·개인의 차원에서 서로 다르면서 같고 같으면서 다르며, 싸우면서 화합하고 화합하면서 싸운다. 같은 것과 다른 것을 서로 매개로 삼아 확인하면서, 화합과 싸움이 하나이면서 둘이고 둘이면서 하나임을 밝혀내야 한다. 표면상의 승리가 이면에서는 패배일 수 있고, 싸우는 쌍방이 화합을 이루는 공동 창조의 작업을 함께 수행하기도 한다. 그래서 변화가 생기고 발전이 이루어진다. 모든 것이 다 그런 보편적인 이치를 문학에서 특히 선명하게 파악할 수 있다.

세계문학사를 실제로 어떻게 썼는가? 차례를 들어도 내막은 알 수 없다. 간추리면 긴요한 내용이 빠진다. 한 대목을 본보기로 보이는 것이 적절한 방법이다. 〈소설의 형성〉이라고 한 곳을 보자. 세계 각처의 소설의 형성 과정과 그 특징을 고찰한 내용을 발췌해서 제시한다.

동아시아의 '小說'은 원래 대단치 않은 수작이었는데, 시대에 따라서 나라에 따라서 의미가 달라졌다. 유럽소설을 알게 되었을 때 그 말이 소설을 지칭하는 유럽어의 번역어로 채택되어 공통의 용어로 자리 잡았다. 아랍세계에는 '키사'(qissa), 터키에는 '데스탄'(destan), 페르시아에는 '다스탄'(dastan), 말레이에는 '히카야트'(hikayat)라는 것이 있어 구전과 기록 양쪽의 이야기를 뜻해 소설을 지칭하는 용어로 삼을 만했다. 그러나 유럽소설을 받아들이면서 새로운 용어를 각기 마련해서, 소설은 이식된 갈래인 것처럼 이해되고 있다.

유럽에서 사용하는 '로망'(roman)이라는 말은 본격 라틴어와 구별해서 속화된 라틴어를 지칭하는 말에서 유래해서 그 언어로 이루어진 이야기를 뜻했다. "새로운, 젊은"등의 뜻을 가진 라틴어 단어의 복수형이 이탈리아어가 된 '노벨라'(novella)나 그것을 받아들인 프랑스어나 독일어는 모두 단편소설을 뜻했다. 영국에서는 그것과 같은 말인 '노블'(novel)은 근대장편소설을 지칭한다고 하고 그 전의 것들은 '로맨스'(romance)라고 해서 서로 구별했다. 두 문명권 밖의 여러 나라에서는 유럽의 용어 가운데 어떤 것을 다양한 방식으로 받아들였다.

용어의 유래를 따져 소설이 무엇인가 규정하는 것은 가능하지 않다. 서로 다른 수많은 용어 가운데 '노블'만 정통으로 삼아 숭상하고 다른 것들은 이단이라고 규정해서 배격하는 방식으로 천하통일을 성취할 수는 없다. 지금 사용하고 있는 '소설'이라는 용어는 '로망'과 같은 뜻을 지니고, '로맨스'와 '노블'을 함께 지칭한다고 하는 정도의 합의를 하고 명칭론에서 실질론으로 논의의 방향을 바꾸는 것이 마땅하다.

소설의 실물이 나타나 성장하면서 오랜 내력을 가진 용어가 새롭게 규정된 사례를 찾아 정리하면 논의를 시작하는 데 필요한 최소한의 정의는 얻을 수 있다. 18세기 프랑스에서는 '로망'이 "작자가 정열 또는 풍속 묘사나 기이한 모험으로 관심을 끌려고 산문으로 쓴, 꾸며낸 이야기"라고 했다. 유럽소설에 관해 알지 못하고 있던 19세기 초 한국에서는 "거짓 일을 사실처럼 만들어 보는 사람으로 하여금 천연히 믿으며 진정으로 맛 들여 보기를 요구"하는 것이 '소설'이라는 정의를 얻었다.

소설이 무엇인가 제대로 규정하려면 서사문학의 역사를 통괄해서 이해하는 안목이 필요하다. 산문으로 이루어진 서사문학 가운데 두드러진 것이 세계 어디서든지 처음에는 신화였다. 신화는 종교와 역사까지 함께 아우르는 총체이면서 서사문학의 원형이다. 그 뒤에 전설과 민담이 크게 부각되고, 끝으로 소설이 등장했다. 신화·전설·민담과의 관계에서 소설이 무엇인지 규정해야 한다.

신화는 경험할 수 있는 사실의 차원을 넘어선 근원적인 진리를 나타낸다고 인정되어야 했다. 그 점에 대한 불신이 나타나 신화가 밀려나거나 해체되는 과정에서 전설과 민담이 득세했다. 전설에서는 자아와 세계가 세계의 우위에 입각해 대결하고, 민담에서는 자아와 세계가 자아의 우위에 입각해서 대결한다. 전설에 민담이 끼어들고, 민담을 전설처럼 이야기하면 자아와 세계 가운데 어느 한쪽의 일방적인 우위가 상호우위로 바뀐다.

소설은 전설과 민담을 함께 이으면서 넘어섰다. 세계의 우위는 전설에서 받아들이고, 자아의 우위는 민담에서 받아들여 자아와 세계가 상호우위에 입각해 대결을 만들어낸다. 자아와 세계 가운데 어느 일방에 기울어지지 않고 둘을 대등하게 포용하는 점에서는 신화와 같으면서, 소설은 근원적인 조화와 거리가 아주 먼 후대의 분열을 나타낸다. 그러면서 신화가 보여주던 질서에 상응하는 포괄적인 진실을 추구하고자 한다.

소설은 전승되는 설화를 이용하면서 파괴하는 새로운 창조물이다. 전설에서 상층이념, 외부 사실 확인, 남성의 관심을, 민담에서 하층의 반감, 마음에 간직한 사연, 여성의 취향을 받아들여 서로 생극의 관계를 가지게 한다. 사회적 위치나 주장하는 바에서 서로 상반된 사람들이 공동의 쟁점을 놓고 토론을 벌이는 방식을 사용해, 그런 재창조의 과업이 큰 규모로 진행되게 한다.

신화, 전설과 민담, 소설이 차례대로 두드러진 구실을 한 시대는 각기 고대, 중세, 중세에서 근대로의 이행기이다. 중세 이후에도 신화가 이어지고, 오늘날도 전설과 민담이 생성되지만, 신화, 전설과 민담, 소설은 각기 자기 시대의 주역 노릇을 하다가 다음의 주역과 교체되는 관계를 가졌다. 신화시대가 끝나자 전설·민담시대가 시작되고, 그 뒤를 이어 소설시대가 도래했다. 신화시대는 고대까지이고, 전설·민담시대는 중세이며, 소설시대는 중세에서 근대로의 이행기 이후이다.

소설을 '傳'으로 이해한 것은 동아시아 공통의 현상이었다. 실제로 있지 않은 가상의 인물에 관해 지어낸 이야기를 傳의 형식으로 쓴 것이 소설이다. 실제로 있었던 인물의 생애를 실상대로 서술하는 교술문학의 전을 가공인물의 생애를 이야기하는 서사문학의 전으로 바꾸어놓고 삶의 마땅한 도리가 무엇인가 재검토하는 작업을 일제히 시도한 시기는 중세에서 근대로의 이행기였다. 중세의 지배질서가 흔들리고 가치관의 개편이 요구되는 상황을 기존의 교술문학으로는 문제 삼을 수 없고, 재래의 구전설화로 감당하기에도 역부족이었을 때, 구전설화를 자아와 세계의 심각한 대결을 나타낼 수 있게 개조하면서 사람의 일생을 서술하는 격식을 활용해 기록문학화해서 소설을 만들어냈다.

동아시아소설은 전의 형식을 이용하고 전이라고 표방한 가짜 전이듯이, 유럽소설은 고백록의 형식을 차용하고 고백록이라고 행세한 가짜 고백록으로 시작되었다. 한쪽에서는 전이고 다른 쪽에서는 고백록인 것은 문명권에 따른 차이이다. 최고의 가치기준에 입각해 사람의 일생을 서술해 평가하는 공인된 방법이 유교문명권에서는 역사서에 포함시켜 후대의 평가를 기다린다고 하는 전이고, 기독교문명권에서는 신에게 자기 잘못을 참회하는 고백록이다.

사람의 일생을 공식적으로 평가하는 구실을 하는 최상 서열의 글쓰기 방식을 이용한 것이 서로 같다. 뒤늦게 생겨나 사람의 일생을 함부로 지어내서 이야기하는 비정통의 문학인 소설이 미천한 출신을 감추고 기록문학으로 행세하는 데 필요한 요건을 구비하고자 한 것이 양쪽에서 함께 나타난 동일한 사태이다. 불법으로 출생신고를 한 악동들이 이미 흔들리고 있는 중세문명을 그 내부에서 공격했다.

유교문명권에서는 사람에 대해서 평가하는 것이 史家의 소임이다. 사가가 春秋 필법으로 역사서를 써서 인물의 선악을 가리는 것이 다른 종교에서 저승의 심판을 한다는 데 해당하는 유교의 최후심판이다. 기독교에서는 사람의 행동에 대한 평가는 신의 소관이다. 사가가 할 수 있는 일은 연대기를 작성하는 것뿐이다. 유럽의 사서에는 열전에 해당하는 대목이 없고, 인물의 선악에 대한 평가도 제외되어 있다. 신의 평가를 받으려면 사람은 자기 잘못을 숨김없이 다 고백하고 용서를 받아야 한다. 사제자를 통해서 나날이 하는 고해의 내용을 글로 쓴 것이 고백록이다.

유럽소설의 출현은 스페인의 '건달소설'(novela picaresca)에서 확인할 수 있다. 주인공 '피카로'(picaro)는 흔히 '악한'이라고 옮기지만 '건달'이라고 하는 것이 더 적합하다. 건달소설은 허구적인 인물이 벌이는 자아와 세계의 대결을 고백록 형식을 이용해서 나낸 소설이다. 동아시아에서 전-소설이 시작될 무렵에 유럽에서는 고백록-소설이 이루어졌다.

작품의 주인공인 건달이 자기가 저지른 갖가지 부도덕한 행적을 고백하고 용서를 구한다는 구실을 내세워 자기 능력을 자랑하면서 흥밋거리로 제공하는 허구적인 작품을 써내자 유럽에서 소설이 시작되었다. 그 다음에 다시 나타난 고백록소설은 죄악을 고백하는 대신에 사랑을 고백하는 것이다. 사랑을 구하는 사연이나 이룩한 내력을 길게 고백하는 소설을 쓰면서 편지를 많이 삽입하거나 온통 편지로 이은 것이 고백록의 변형이라고 할 수 있다. 고백록의 형태를 사용하지 않고, 편지로 이어나가지도 않으면서 여러 인물의 관계를 삼인칭의 시점으로 서술하는 소설은 나중에 나타났다.

거기까지 나아가면서 고백록 또한 몇 단계에 걸쳐 변형을 이룩했다. 신이 아닌 세상 사람들을 상대로 자기 잘못을 털어놓고 변명을 하는 고백록을 쓴 것이 첫째 변형이다. 그 단계에 이르러서 고백록이 멀리 있는 신의 용서를 구하는 참회록의 성격에서 벗어나 가까이 있는 공동체와의 화합을 구하는 변명록이 되었다. 가상의 인물이 자기 생애를 고백하는 허구적인 설정을 해서 고백록이 서사문학이 되게 한 것은 둘째 변형이다. 거기서 고백록-소설이 나타났다.

동아시아의 전은 인물에 대한 객관적인 평가를 하기 위해 반드시 제삼자가 삼인칭을 사용해 서술해야 하고, 유럽의 고백록은 자기 일을 스스로 알리는 글이므로 반드시 직접 쓰고 일인칭을 사용해야 했다. 전에서는 중요한 사실만 간추려서 적으면 되지만 고백록은 사소한 실수까지 모두 드러내서 자세하게 말해야 하는 차이점도 있다. 동아시아에서는 여러 인물의 상관관계를 삼인칭 시점으로 다루는 장편소설을 일찍 확립했으면서 윤리 문제를 중요시한다. 서유럽의 소설은 일인칭 서술자가 자기의 내면 심리를 파헤치는 데 매몰되어 여럿이 함께 이룩하는 공동의 삶은 돌보기 어렵다.

전-소설이나 고백록-소설은 중세에서 근대로의 이행기소설이다. 근대소설에 이르러 그런 관습을 청산했다. 한국문학사에서 소설이 전임을 표방하다가, 전이 소설로 행세하고자 하는 시기를 지나, 전과 소설이 결별하면서 근대소설이 시작되었다고 한 견해는 동아시아문학사에 널리 적용되고, 세계소설사 일반론을 이룩하는 데 활용될 수 있다. 전과 결별한 근대소설은 사람의 생애를 순서대로 이야기하지 않고 서술적 역전을 사용할 수 있고, 묘사에 힘쓸 수도 있게 되었다.

사랑을 고백하는 소설은 선진 스페인을 뒤따르는 다른 나라에서 만들어내서, 후진이 선진이게 했다. 그런 소설은 새로운 시대의 관심사인 남녀관계를 다루면서 여러 사람의 삶을 함께 문제로 삼는 점이 관심을 끌어 크게 환영받았다. 고백의 방법으로 애용된 편지는 독자가 교범으로 삼을 만한 유용성 때문에도 책이 팔리도록 하고, 유럽소설의 특징을 이루는 내면심리에 대한 탐구를 시작하는 의의를 가졌다.

고백록-소설을 쓰던 단계에서 벗어나 3인칭 객관적 관찰자의 시점을 사용하는 사실주의 소설이 등장하면서 유럽소설사에서 중세에서 근대로의 이행기가 끝나고 근대가 시작되었다. 그러나 그것은 얼마 동안의 궤도이탈이라고 할 수 있다. 근대 사실주의 소설에 반발하고 내면심리를 탐구하는 데 몰두하는 소설이 나타나서 고백록-소설의 전통을 새로운 방식으로 이었다. 사랑을 고백하는 소설에 있었던 다면적 인간관계를 버리고 혼자만의 세계로 들어가 독자가 이해할 수 없는 작가소설을 만들어냈다.

아랍의 작가들은 자기네 소설의 연원이 '마카마'(maqama)라고 했다. 마카마는 전과 비슷하면서 더 짧은 단형교술문학이다. 마카마라는 말 자체는 회합이라는 뜻이다. 다루는 내용은 극적 일화이다. 어느 인물의 모습 또는 인물과 인물의 만남을 세련된 표현을 갖추어 인상 깊고 흥미롭게 묘사하기만 하고 전후의 사건을 갖춘 이야기는 아니다.

마카마는 일인칭으로 서술되지만 서술자는 주인공이 아닌 관찰자이다. 주인공은 뛰어난 언어와 수사를 구사하는 문인이며, 서술자는 양식을 구걸하는 걸인인 것이 상례이다. 이처럼 상반된 설정은 표현 기교를 극대화하는 방법이었다. 문장을 아름답게 꾸미는 교본으로 쓰이는 것이 마카마의 실제적인 효능이었다.

전-소설은 삼인칭, 고백록-소설은 일인칭 전지적 시점으로 전개되고, 마카마-소설은 일인칭 관찰자적 시점을 사용했다. 셋 다 자기 전통에 깊은 근거를 두고 선택한 기법이며 상이한 가치관을 나타내는 의의를 가진다. 일반적으로 있을 수 있는 세 가지 소설을 각기 구현하면서 그 특징을 뚜렷하게 보여주었다.

전-소설에서는 주인공으로 택한 인물에 대해서 서술자가 도덕적 평가를 해 역사의 교훈을 남겨야 하는 사명을 수행하기 위해 작품 진행에 개입하지 않을 수 없다. 고백록-소설에서는 주인공 자신이 서술자가 되어 자기의 죄나 잘못을 털어놓고 참회하며 용서를 구한다는 구실을 내세워 감추는 것도 없고 주저하지도 않으면서 무슨 말이든지 마음대로 한다. 마카마-소설에서는 주인공이 자기 내심을 털어놓고 변명을 할 기회를 가지지 못하고, 서술자도 도덕적인 평가는 하지 않고 오직 주인공의 행위에 대해서 관찰하고 이해한 바를 전달할 따름이다.

지금까지 고찰하지 않은 터키, 인도, 인도네시아 등지의 소설은 전-소설, 고백록-소설, 마카마-소설 가운데 어느 유형에 속한다고 할 수 없다. 그런 곳은 모두 기록문학의 오랜 전통이 있었지만, 소설을 만드는 데 쓴다고 무엇을 특별히 내세우지 않았다.

유럽의 자극과 영향을 받고 전에 없던 소설을 만들면서 여러 형태의 서사문학을 필요한 대로 이용했다. 교술문학 대신 서사문학의 선행갈래를 이용하니 작업하기는 편했으나 갈래 전이에 따르는 긴장이 없었다. 서술의 시점을 설정하고 인물의 행위에 대해 가치를 평가하는 방법을 특별하게 마련하지 않고 경우에 따라 적절한 선택을 했다.

문자생활을 스스로 시작하지 못한 아프리카에는 소설의 원천으로 삼을 수 있는 동아시아의 전이나 아랍의 마카마 같은 기록문학이 없어, 유럽소설에 맞서는 발판을 마련하지 못한다. 그 대신에 설화는 풍부하다. 설화는 세계 어느 곳에서도 소설의 원천 노릇을 해서 새삼스러운 것이 아니라고 하겠지만, 아프리카의 설화는 특별한 의의가 있다.

아프리카에서는 설화가 서사문학의 고전으로 절대적인 위치를 차지하고 오늘날까지 풍부하게 구전되고 재창조되고 있으며, 세계관 표현의 방법이기도 해서 독자적인 철학을 재인식할 수 있게 한다. 설화 가운데 신화는 자아와 세계의 분열을 극복하는 지침 노릇을 하며, 아프리카가 희망을 가지게 한다. 소설의 위기는 유럽 고백록-소설의 위기이다. 그것에 대한 가장 확실한 대안을 아프리카의 설화-소설에서 제시한다.

미래에 대한 전망

모든 역사는 지금까지 일어난 일을 다루어 앞날을 예견한다고 한다. 예견은 아주 어렵지만 역사 연구의 목표이다. 나는 이 목표를 소중하게 여겼다. 세계문학사 서술의 도달점은 세계사에 대한 거대한 전망이라고 하고 다음과 같이 말했다.

세계사가 어디서 와서 어디에 이르고 어디로 가는가에 대해서, 문학을 예증으로 삼아, 유럽문명권에서 펴는 그릇된 견해를 부정하고 올바른 해답을 찾으려고 하는 것이다. 유럽문명권에서 역사가 종말에 이르렀다고 하고 거대이론의 시대는 끝났다는 것은 잘못이다. 그쪽에서 주도하던 근대가 끝나고 다음 시대가 시작되어야 할 시점에 이르렀으므로 물러나야 할 쪽에서는 미래에 대한 통찰을 잃고 그렇게 말하는 것이 당연한 일이다. 유럽문명권에서는 죽은 문학을 제3세계에서 살려내고 있다는 사실을 확인하는 데서 다음 시대로 나아가는 길이 열린다.

다음 시대는 무어라고 불러야 할지 정할 수 없다. 어떤 시대인지 알기 어렵다. 근대 극복의 의지를 아무리 강하게 가지고 있어도 우리는 아직 근대인이므로 다음 시대 창조의 주역이 되지는 못한다. 그러나 기존의 관습에서 벗어나 슬기롭게 판단한다면 다음 시대를 예견하고 준비하는 일은 어느 정도까지 할 수 있다.

다음 시대를 예견하는 방법은 셋이다. 하나는 역사철학의 일반적인 원리에 비추어 판단하는 것이다. 변증법과 형이상학을 합쳐, 상극이 상생이고 상생이 상극이며 발전이 순환이고 순환이 발전임을 밝힌 생극론이 그 작업을 할 수 있다. 다른 하나는 다음 시대는 근대의 결함을 시정한 시대라고 보고 근대의 결함을 지적하고 시정 방향을 말하는 것이다. 또 하나는 근대를 이룩할 때 중세를 비판하고 고대를 계승한 것과 같은 일이 다시 일어나 다음 시대에는 근대를 비판하고 중세를 계승하게 될 것이라고 예견하는 것이다.

이 세 가지 방법에 의한 작업이 합치되면 어느 정도 신빙성 있는 결과를 얻을 수 있다. 생극론에서 총론을, 다른 둘에서 각론을 맡는다고 갈라 말할 수 있지만, 그 셋이 결국은 하나로 모아진다. 모두 한꺼번에 말하지는 못하므로 논술의 편의를 위해 총론과 각론을, 각론을 다시 몇 가지로 갈라 제시하면 다음과 같다.

총체적인 양상에서는, 근대를 극복한 다음 시대에는 근대의 상극을 불리한 쪽에서 들고일어나 시정하고 상생을 이룬다. 국력의 선진과 후진이 문학에서는 와해와 창조로 나타나는 상극이 지나치면 역작용이 일어나 그 어느 쪽에서도 양면이 서로 대등한 관계를 가진 상승으로 전환된다. 상생을 이루었다고 해서 상극이 없어지지 않고 다시 나타나지만 앞에 있었던 것과 양상이 다르다. 다음 시대는 근대의 문제점을 해결하는 시대이지만 그렇다고 이상적인 시대이고 역사의 도달점이라고 생각하면 잘못이다.

문학담당층에서는, 시민문학의 일방적 주도권을 시정하고, 다양한 집단의 생극관계가 되살아난다. 남녀관계에서도 최상의 협동을 하고 진정한 평등을 이룩해야 한다. 문학의 생산자와 소비자, 작가와 독자도 활발한 교호작용을 한다.

국제관계에서는, 제1·2·3세계가 우열관계를 가지고 나누어져 있는 불행을 제1세계에서는 확대하고, 제2세계도 제대로 대응하지 못한 잘못을 제3세계에서는 바로 알아 서로를 필요로 하는 대등한 세계를 만든다. 지배와 피지배, 수탈과 빈곤의 관계가 철폐된다. 세계를 단일화하겠다는 망상을 버리고 주체성의 다원적인 확립이 보편주의의 이상을 구현하는 길임을 명백하게 한다.

언어사용에서는, 민족국가 국어의 배타성을 시정하고, 소수민족 언어나 지역어 사용이 활성화되고, 공동문학 창작도 다시 하면서, 세계적으로 통용되는 언어를 사용하는 창작도 함께 한다. 번역이 활발하게 이루어진다. 이중언어 사용자가 늘어나고 존중된다.

유통방식에서는, 최대한의 다양화가 이루어져야 한다. 구비·필사·출판·전자매체가 상호보완의 관계를 가지고 함께 사용된다. 또한 문학과 다른 예술이 서로 겹치는 영역은 확대된다. 영화 또는 애니메이션이 예술활동의 중심을 차지하는 것을 인정하고, 영화의 발전을 위해 적극 기여한다.

문학갈래에서는, 교술문학 추방을 해제하고 여러 갈래가 대등한 자격을 가지고 각기 기여하면서 서로 분리되기보다 근접되는 쪽으로 나아간다. 서정시나 소설의 절대적인 위치는 부정되어야 한다. 문학이 다른 예술 갈래와도 섞인다. 문학과 문학 아닌 것의 구분이 최소화된다.

다음 시대에는 갈등과 번민이 없으리라는 것은 아니다. 근대의 문제를 일단 해결해 시대 전환을 이룩하고 나면 새로운 문제가 다시 발생한다. 다음 시대 또한 역사의 종말은 아니고 한 과정일 따름이지만, 근대와 마찬가지라고 할 수는 없다. 근대보다 한 걸음 더 나아간 발전을 이룩하고서 근대처럼 극복의 대상이 되는 순환을 겪을 것이다. 발전이 순환이고 순환이 발전이다.

문학사도 역사서이므로 지난 시기를 다루어 현재의 도달점을 확인하는 데 그치고 미래를 향해 나아갈 수는 없다. 그렇지만 지금의 시점이 역사의 도달점도 종말도 아니고 한 과정에 지나지 않는다는 것은 명백하게 하기를 바란다. 그렇게 해서 근대에서

다음 시대로의 이행기가 시작되게 하는 데 기여하는 것이 최대의
희망이다. 지금까지 나온 기존의 문학사와 이 문학사의 차이가
바로 거기 있다는 것을 널리 인정해주기를 바란다.

지금까지의 서술에서 다음 시대를 너무 이상화해서 그렸다고
나무랄 수 있다. 근대의 차등이 시정되기는커녕 더욱 심해져서
대등의 세계로 나아가는 것은 불가능하다는 반론을 제기할 수 있
다. 상극이 심해지면 상생이 생긴다는 원리가 그대로 실현되지
않을 수도 있다고 주장할 수도 있다. 근대의 시련이 예상하는 것
보다 훨씬 오랜 기간 지속되어 그런 비관적인 전망이 적중할 지
도 모른다. 그 정도에 머무르지 않고 사태가 더욱 악화될 가능성
을 배제할 수 없다.

지구상에 존재하는 5천여 개의 언어 가운데 최소한 절반은, 많
이 보는 경우에는 9할이 21세기 동안에 소멸할 것이라는 비관적
인 관측이 있다. 언어의 죽음은 문화의 다양성이 손상되는 손실
일 뿐만 아니라, 오랜 기간 환경에 적응하면서 살아오는 동안에
누적한 지식이 소멸되어 인간과 자연을 연결하는 고리가 끊어져
생태계 파괴가 가속화하는 것과 직결된다. 전통적인 생활방식의
의의를 인정하지 않고, 근대의 기술을 과신하면 환경 파괴를 막
지 못해 파멸을 자초할 수 있다. 지구상에 출현한 생명의 다른 여
러 종처럼 인류도 멸종할 수 있다. 극단적으로 상상하면 지구가
소멸할 수도 있다.

그러나 그런 불행한 사태가 벌어진다 해도 생극의 원리가 부정
되는 것은 아니다. 생극의 원리는 인류의 범위를 넘어서서, 지구
가 없어진 우주에서도 타당성을 가진다. 인류가 아닌 다른 생명

체가 지구에서 아득히 먼 곳에서 그 점을 파악할 수 있다. 아무도 파악하지 않는다 해도 천체의 운행 자체가 그 원리를 구현하고 있다. 그러다가 인류 같은 생명체가 다시 생겨날 수도 있다. 그 가운데 누가 이런 책을 쓸 수도 있다. 길게 보면 비관할 필요가 없다. 그러나 우리는 유한한 생명을 보람되게 누리고 싶다.

지금 인류는 근대를 극복한 다음 시대로 가고 있는가, 근대를 극대화하다가 파멸을 자초하고 있는가 하는 물음에 대해서 정확하게 대답하기는 어렵다. 두 가지 조짐이 다 보이기 때문이다. 그러나 파멸을 피하고 다음 시대로 나아가야 한다는 것이 강력한 희망이다. 그렇게 되도록 노력하면 파국을 면할 수 있다. 방향을 그쪽으로 돌리는 데 조그마한 힘이라도 보태려고 한다.

제 3 부

구비의 가치 재평가를 위한 새로운 연구

구비란 무엇인가?

口碑는 石碑와 다르다. 석비는 돌에다 새겨 놓은 말이고, 구비는 입으로 전하는 말이다. 돌에다 새겨 놓은 말은 분명하니 신뢰하고, 입으로 전하는 말은 대중없어 신뢰하지 못한다고 할 것인가?

석비는 조작일 수 있다. 지방 수령의 선치가 영세불망이라고 칭송하는 허다한 석비를 누가 믿는가? 선치는 일방 백성 수많은 사람 사이에서 저절로 전하는 구비로 판명된다. 권력이나 금력으로 구비는 만들 수 없다. 석비는 마멸되기도 하고 없애면 그만이지만 구비는 건드리지 못한다.

무슨 말이든지 구비인 것은 아니다. 碑라고 인정될 만한 요건을 갖추어야 구비이다. 특이한 구조로 충격적인 사연을 나타내는 것이 기본 요건이다. 특이한 구조를 갖추어야 쉽게 기억할 수 있고 빗나가면 바로잡을 수 있어 전승이 지속된다. 무관심에서 벗어나게 하고, 상식을 깨는 충격적인 사연을 나타내야 석비와 맞서 그 쪽의 허위를 논파할 수 있다.

구비의 양상

석비 쪽의 글쓰기는 오랜 기간 동안 다양한 변모를 이룩했다. 갖가지 금석문, 필사본이나 인쇄본 형태의 여러 문서, 기록, 문학 작품 등이 위세를 자랑한다. 이에 맞서는 구비는 확산을 능사로 여기지 않고 구비문학을 구심점으로 삼는다.

구비에서 특이한 구조로 충격적인 사연을 나타내는 것이 예사로운 말과는 다른 문학의 언술 방식이다. 특이한 구조로 나타내는 충격적인 사연이 그 자체로는 타당하지 않아 이면의 진실을 알아차리도록 유도하는 것까지 알면 문학다움에 대한 이해가 심화된다. 어느 정도의 깊이까지 들어가는가는 각성의 수준에 따라 결정된다.

구비문학은 기록문학보다 선행하는 문학이면서, 기록문학과 생극의 관계를 가지고 문학사를 이룩해왔다. 구비문학을 구전문학, 口承文藝, 民間文學 등으로 지칭하는 것은 의의에 대한 평가가 모자라므로 적절하지 않다. 'oral literaure' 또는 'orature'에도 碑에 해당하는 개념이 없다. 구비문학이라고 해야 구비인 문학을 분명하게 지칭한다.

구비문학은 구비문학만이 아니고, 구비역사이기도 하고 구비철학이기도 하다. 구비역사는 구비문학의 표현을 사용해 표면적인 사실 이상의 진실을 증언한다. 구비문학에서 나타내는 충격적인 사연이 이치의 근본에 관한 논의로 나아가면 구비철학으로 평가할 수 있다. 구비문학·구비역사·구비철학을 함께 지칭하려면 구비라는 말을 쓰는 것이 좋다.

석비 쪽의 기록 유산은 대단하게 여겨 힘써 보존하면서, 구비는 방치하기만 해왔다. 구비는 그대로 두어야 온전할 수 있으므로 잘못되었다고 할 것은 아니지만, 기록 못지않게 존중하고 문화재로 인정해야 한다. 이름난 명인이 특정한 기능을 가지고 전수하는 구비만 대단하게 여길 것은 아니다. 누구나 전승하고 재창조할 수 있는 구비의 모든 영역이 소중한 자산이고 자료이다.

구비를 체험하고 인식하고 평가하는 연구의 폭을 최대한 넓혀야 한다. 역대 문헌에서 구비의 기록을 모두 찾아 활용해야 한다. 오늘날의 현지조사에서는 더 많은 것을 얻어내기 위해 힘써야 한다.《한국구비문학대계》를 위한 일차 조사가 상당한 규모로 이루어진 것은 획기적인 의의가 있다. 미비점을 보완하고 실상에 더욱 다가가는 방법을 사용하는 지금의 이차 조사에 큰 기대를 한다. 각자 자기 나름대로 하는 현지연구에서는 한층 창의적인 혁신을 하는 것이 마땅하다.

기록과 구비의 상관관계

석비 쪽의 글쓰기를 기록이라고 총칭하자. 기록과 구비의 상관관계를 고찰하는 것이 이제부터의 과제이다. 기록의 양상은 둘로 나누어진다. (1) 온전한 기록이 있고, (2) 미비한 기록도 있다. 온전한 기록은 그 자체로 높이 평가된다. 미비한 기록은 자료로 이용될 따름이다.

온전한 기록은 구비와 몇 가지 상관관계를 가진다. (1-1) 기록이 온전함을 구비가 보완한다. (1-2) 기록이 온전하게 된 것은 구비가 작용한 덕분이다. (1-3) 기록이 온전하다는 데 대해 구비가 반론을 제기한다.

미비한 기록 또한 구비와 몇 가지 상관관계를 가진다. (2-1) 기록이 구비를 그대로 받아들였다. (2-2) 기록이 구비를 변조해 받아들였다. (2-3) 기록에는 보이다 만 것을 구비에서 자세하게 말한다.

(1-1) 기록이 온전함을 구비가 보완하는 본보기로 義湘의 〈華嚴一乘法界圖〉와 그 유래 전설을 들 수 있다. 전설은 崔致遠의 〈義湘傳〉에 있었다는 것인데 均如가 〈一乘法界圖圓通記〉를 쓸 때 인용해 전한다. 의상이 스승 智儼과 함께 부처 앞에 나아가, 길게 쓴 글을 불에 넣으면서 부처의 뜻과 합치되는 것만 남게 해달라고 기원했다. 210자는 타지 않아, 여러 날 문을 닫고 들어앉아 앞뒤를 연결시켜 〈華嚴一乘法界圖〉를 구성하는 시 30행을 만들었다고 했다.

(1-2) 기록이 온전하게 된 것은 구비가 작용한 덕분인 본보기로 元曉가 불교 경전을 풀이하다가 의심이 나면 吾魚寺로 惠空을 찾아가 물었다고 하는 《삼국유사》권5 〈二惠同塵〉에 있는 기사를 들 수 있다. 이에 관해 자세하게 논의하기로 한다.

(1-3) 기록이 온전하다는 데 대해 구비가 반론을 제기한 본보기로 聖德大王神鐘을 에밀레종이라고 하는 이유를 밝히는 전설을

들 수 있다. 이에 관해서도 자세하게 논의하기로 한다.

(2-1) 기록이 구비를 그대로 받아들인 본보기로 《삼국유사》 권1 〈延烏郎 細烏女〉를 들 수 있다. 기록된 내용이 구비 자체이다.

(2-2) 기록이 구비를 변조해 받아들인 본보기로 《삼국유사》 권4 〈寶壤 梨木〉을 들 수 있다. 스님이 이무기와 함께 지내면서 불교 교화를 돕도록 했다는 것은 구비에서도 인정한 타협일 수 있다. 그러나 토착 신앙의 대상인 이무기를 서해 용궁에서 데리고 왔다는 것은 변조라고 보아 마땅하다. 이무기가 비를 함부로 내린 죄로 천벌을 받게 되자 스님이 지혜로 살려냈다고 기록되어 있으나, 현지의 구비에서는 이무기가 스님과 결별하고 꼬리로 산꼭대기의 바위를 치면서 날아가 다른 곳에서 비를 관장하고 있다.

(2-3) 기록에는 보이다 만 것을 구비에서 자세하게 말한 본보기로, 귀화한 중국인 胡宗旦을 고종달이라고 일컬으면서 명당에 혈을 질러 인물이 나지 못하게 했다는 것을 들 수 있다. 이에 관해서도 자세하게 논의하기로 한다.

원효와 혜공

吾魚寺라는 절 이름에 있는 말 "吾魚"는 "내 고기"라는 뜻이다. 무슨 연유가 있는지 궁금하지 않을 수 없다. 혜공 스님이 만년에 그 절에 머무르고 있을 때 원효가 여러 경전을 풀이하다가 거듭 찾아가 의심나는 곳을 물었다고 했다.

경전 문답에 대해서는 그 이상 말이 없고, 납득하기 어려운 이야기를 하나 적어 놓았다. 두 사람이 시냇가에서 물고기와 새우를 잡아먹고 돌바닥 위에 대변을 보았다. 혜공이 그것을 보고서 "네가 눈 똥이 내가 잡은 고기이다"라고 했다. 그 말을 원효가 했다고도 하는데 잘못이라고 했다. 이게 무슨 말인가?

의문을 풀려면 먼저 혜공이 어떤 사람인지 알아야 한다. 혜공은 天眞公이라는 유력인사에게서 고용살이하는 노파의 아들이라 하고, 아버지에 관한 말은 없다. 그런데도 어릴 때 이미 비범함을 보였다. 종기가 심해 사경을 헤매는 사람을 치료하고, 잃어버려 애통해 하는 매를 찾아주는 이적을 보이자, 천진공이 놀라 난폭한 말과 무례한 짓을 사과하고 스승으로 모시겠다고 했다.

출가해 승려가 되고서는 미친 듯이 취해 부개를 지고 거리에서 노래하고 춤추었다. 부개는 짚으로 만들어 물건을 담는 도구이다. 그래서 당시 사람들이 혜공을 부개화상이라고 부르고, 절은 부개사라고 했다. 절의 우물에 들어가 몇 달씩 있다가, 푸른 옷을 입은 신동을 앞세우고 나오곤 했는데 옷이 조금도 젖지 않았다. 어떤 사람이 산에 갔다가 혜공이 죽어 넘어진 것을 보았다. 시체가 부어터지고 살이 썩어 구더기가 나와 오랫동안 탄식하게 했다. 그런데 성 안으로 들어가자 혜공의 모습이 보였다. 술에 몹시 취해 노래하고 춤을 추고 있었다고 했다.

그런 위인인 혜공이 원효의 스승 노릇을 했다. 대단한 학자라는 원효가 모르는 것을 물어야 했다. 학자는 모름지기 모르는 것이 많아야 하고, 모르는 것을 알아내는 방법을 알아야 한다. 모르는 것이 없으면 학문을 할 이유가 없고, 모르는 것을 알아내는 방법을 모르면 학문을 할 수 없다.

혜공이 경전 공부를 많이 했다는 말은 없다. 그럴 겨를이 있었다고 생각되지 않는다. 그런데 원효가 경전을 풀이하다가 모르는 것을 혜공에게 물었다는 것은 무슨 까닭인가? 혜공은 일생 동안 기이한 행동을 하면서 민중이 말로 이룩하고 전하는 구비철학을 농축해서 더욱 놀라운 것으로 만들었다고 할 수 있다. 원효는 그렇게 하는 데 한 수 아래여서 혜공에게 배워야 했다고 생각된다.

원효는 줄곧 경전 공부에 힘쓰면서 뜻을 풀이하려고 했다. 경전의 뜻은 경전을 넘어서서 풀이해야 한다. 글을 아무리 들여다보아도 무슨 말인지 모르면 글을 버려야 한다. 경전을 넘어서고 글을 버려야 알 수 있다고 혜공이 원효를 깨우쳐주었다. 상당한 정도의 충격요법을 써야 그럴 수 있었을 것이다.

물고기와 새우를 잡아먹고 돌바닥 위에 대변을 본 것만 해도 충격을 준다. 승려가 살생을 하고, 공중도덕을 어겼다. "네가 눈 똥이 내가 잡은 고기이다"라고 한 것이 무슨 소리인가? 특이한 구조로 나타내는 충격적인 사연이 그 자체로는 타당하지 않아 이면의 진실을 알아차리도록 유도한다. 네 것과 내 것, 죽은 것과 산 것, 더러운 것과 깨끗한 것, 다른 것과 같은 것이 둘이 아니라고 하는 소리이므로 그릇된 시비분별을 일거에 넘어설 수 있게 하는 충격을 준다.

낮으면 높고, 높으면 낮다. 무식이 유식이고, 유식이 무식이다. 최고라고 자부하거나 인정되는 사람이라도 상위자를 만나게 되면 자기가 모자란다는 것을 알게 마련이다. 상위에는 그 상위가 또 있어 끝이 없다. 상위가 동질적인 것은 아니다. 유식의 상위는 무식이다. 논리의 상위는 비논리이다. 이론의 상위는 행동이다.

원효가 유식·논리·이론의 극치를 자랑하는 저작을 이룩한 것은 무식·비논리·행동을 구비철학에서 받아들여 각성의 원천으로 삼았기 때문이다. 그런데 혜공은 잊혀지고, 원효는 대단한 분량의 저술을 남겨 높이 평가된다. 참고 견디면서 다 읽어야 하는가? 아니다. 다 읽어도 하나도 모를 수 있고, 한 구절만 보고도 알아야 할 것을 알 수도 있다.

《大乘起信論別記本》의 한 대목을 보자. "染淨諸法 其性無二"라고 했다. "더럽고 깨끗한 여러 법이 그 본성은 둘이 아니다"는 말이다. 글만 들여다보면 무슨 뜻인지 알 수 있는 것은 아니다. 돌에다 누어놓은 똥과 청정한 물에 노는 고기가 둘이 아니라고 깨달은 바를 옮겨 적은 줄 알아야 한다.

다음 대목에서는 "眞如門中 攝理而不攝事 生滅門中 攝事而不攝理 而今二門互相融通 際限無分"이라고 했다. "진여의 문에서는 '이'만 포섭하고 '사'는 포섭하지 않고, 생멸의 문에서는 '사'만 포섭하고 '이'는 포섭하지 않으므로, 두 문은 서로 융통하고 경계가 나누어져 있지 않다"는 말이다. 용어가 생소하며 말이 길고 복잡해 머리가 아프다. 그러나 어렵게 생각할 것은 아니다.

다른 것이 같은 것이라는 궁극의 이치가 진여이다. 고기를 잡아먹고 똥을 누었다는 것을 들어 말한, 죽고 살고 있고 없다는 사실이 생멸이다. 진여에서는 사실은 버리고 이치를 택하고, 생멸에서는 이치는 버리고 사실을 택하는 것은 편벽된 선택이다. 양쪽을 합치고 구분을 넘어서서 사실과 이치, 생멸과 진여가 둘이 아니고 하나임을 원효 자신이 생생하게 체험한 바를 논술했다.

이런 방식으로 접근해도 원효의 저작은 너무 많고 난해하다.

논리를 엄정하게 하려다가 말을 많이 해서 장애물이라고 생각되는 것들을 겹겹으로 만들었다. 원효의 저작이 대단하다는 것은 누구나 알지만, 속속들이 이해하고 자신 있게 시비할 사람이 있을까? 섣불리 들어서다가는 길을 잃고 정신마저 몽롱해진다. 매몰되어 허우적거릴 수 있다.

책을 덮고 일어나면 살 길이 있다. 원효가 택한 길을 다시 가서, 기록에서 구비로 방향을 돌려야 한다. 오어사를 다시 찾아 깨달음의 본바닥 신선한 바람에 온몸을 내맡기면 의문이 풀리기 시작한다. 장애물이 디딤돌임을 알게 된다.

《삼국유사》를 지은 一然 또한 훌륭한 스승이다. 혜공은 원효를 이끌어주고, 일연은 혜공과 원효의 만남을 기록에 올려 우리가 원효를 이해할 수 있게 했다. 가르침을 받는 쪽이 더 나아가야 가르침이 한층 훌륭하다. 원효는 저술을 남겼는데, 우리는 무엇을 할 것인가? 오어사에 전하는 이야기를 새롭게 다시 해서 은혜에 보답하자.

일연이 쓴 글을 다시 보자. 똥이 고기가 되어 헤엄쳐 가더라는 말이 있을 만한데 없다. 듣지 못해서, 듣고서도 실수해서, 상상력이 모자라 빠뜨렸는가? 추리하는 것은 부질없다. 내가 보탤 말이 남아 있어 얼마나 다행인가. 고기 한 마리가 두 마리로 늘어났다고 해도 좋다.

원효와의 만남에서 일연보다 한 걸음 더 나아가니 기쁘다. 원효보다 앞서는 것도 가능하다. 원효를 깨우치게 한 구비철학이 오늘날의 우리에게도 커다란 지침이 될 수 있다. 우리는 원효보다 더 많은 것을 누릴 수 있다. 다음에 듣는 이야기 둘만 해도 원효는 모르고 우리는 알지 않는가.

성덕대왕신종과 에밀레종

奉德寺는 경주 북천 남쪽의 남천리에 있었다. 성덕왕이 증조부 무열왕을 위해 창건하기로 한 절을 아들 효성왕이 738년에 완공했다. 효성왕의 아우인 그 다음의 경덕왕은 성덕왕을 위해 큰 종을 만들기로 했으며, 아들 혜공왕이 771년에 공사를 끝내고 聖德大王神鍾이라고 명명했다.

그 종이 여러 번 거처를 옮긴 끝에 지금 국립경주박물관에 있다. 별도의 시설을 만들어 밖에 내다가 달아놓아 누구나 쉽게 볼 수 있다. 높이 3.33미터, 지름 2.27미터나 되는 거대하고 아름다운 모습이다. 맑고 낮은 소리가 길게 울려나오게 만들었다. 놀라운 수준의 과학이고 기술이다. 전체적인 모습, 飛天이 새겨져 있는 조각, 세부의 조형까지 눈으로 볼 수 있는 모든 것이 뛰어난 미술품이다.

종에 새겨놓은 명문이 또한 소중한 문화재이고 신라 때까지의 최고 문학작품이다. 한쪽에는 산문으로 쓴 序를, 다른 쪽에는 네 자씩 짝을 맞추어 율문을 만든 銘을 배치했다. 그 둘을 다 갖추는 것이 금석문을 쓰는 격식이다. 서에서는 종을 만든 의도를 밝히고, 만들기까지의 내력을 적어 위에서 말한 사실을 알게 한다. 명에서는 신라가 자랑스러운 나라라고 예찬했다.

무릇 지극한 도는 형상 밖을 둘러싸고 있어서 눈으로 보아서는 그 근원을 알아볼 수 없다. 큰 소리는 천지 사이에서 진동해 귀로 들어서는 그 울림을 알아들을 수 없다. 그러므로 가설을 세우는 데 의거해 세 가지 진실의 오묘한 경지를 보듯이 신종을 매달아놓고 一乘의 圓音을 깨닫는다.

서 첫 대목에 이렇게 적혀 있다. 눈으로 볼 수 있고 귀로 들을 수 있는 것들의 한계를 넘어서 있는 궁극의 진리를 깨닫게 하려고 종소리를 듣게 한다고 했다. 불교의 이치를 일러주는 데 그친 것은 아니다. 보이고 들리는 세계에서는 설사 대립과 갈등이 심각하다고 해도 그 이상의 질서는 온전하다고 하면서 국가적인 단합의 이상을 제시했다고 이해할 수 있다.

東海之上	동해 바다 위에 있고
衆仙所藏	뭇 신선이 사는 이 곳.
地居桃壑	땅은 복숭아 골짜기에 있고,
界接扶桑	경계는 해 뜨는 곳과 닿았네.
爰有我國	여기서 우리나라는
合爲一鄉	합쳐서 한 고장을 이루었네.

명에서 신라를 예찬한 말은 이렇게 이어진다. 자랑스럽기 이를 데 없는 나라가 "合爲一鄉"해서 더욱 빛난다고 했다. 신라가 백제와 고구려를 아우른 것이 정복이 아니고 통일임을 분명하게 했다. 통일된 조국의 미래를 위해 필요한 각오와 다짐을 말했다. 나라 구석까지 성스러운 교화를 펴 모든 것이 새롭게 뻗어나가게

하고, 다시는 흔들리지 않을 질서를 기반으로 만대의 번영을 누리자고 했다.

종의 내력에 관한 전설도 있다. 종을 만드니 시주하라고 다니는 승려에게, 혼자 사는 가난한 여인이 아무 것도 없으니 자기 딸 봉덕이나 줄까 하고 농담했다. 종을 몇 번 만들어도 울리지 않아 그 탓이라고 했다. 부처님을 속이지 말고 훌륭한 공덕을 닦으라고 하다가, 말을 듣지 않아 왕명으로 딸을 데려가 쇳물 가마에 넣고 다시 만들었더니 소리가 났다고 한다. 다른 전승에서는 그 여인이 종을 만드는 장인의 누이였다고 한다. 종을 만들어도 소리가 나지 않아 장인은 고민이었다. 시주하라고 다니는 승려가 그 여인에게 딸을 희생시켜야 소리가 난다고 했다. 여인은 고민하다가 오빠를 위해 딸을 내놓기로 했다고 한다.

그 다음 설명은 양쪽 공통이다. 희생당한 여자 아이 이름을 절 이름으로 해서 봉덕사종이라고 한다. 지금도 종을 칠 때마다 그 딸이 어머니를 부르는 소리가 "에밀레"라고 나는 것이 그 때문이라고 한다. 나라에서 만든 거대한 종에 가련하기 이를 데 없는 사연이 얽혀 있다. 지나친 부조화를 어떻게 이해할 것인가?

전설은 근거가 없다고 부인할 수 있다. 봉덕사는 종을 만들기 전에 이미 있던 절이다. 종을 만들어도 소리가 나지 않는 일이 있었다고 하더라도 그 이유가 여인의 농담 때문일 수는 없다. 봉덕사라는 절 이름이 아이 때문에 생긴 것은 아니다. 소리가 "에밀레"라고 들리는 것은 어느 종이나 마찬가지이다. 그래도 전설은 없어지지는 않는다.

특이한 구조로 나타내는 충격적인 사연이 그 자체로는 타당하지 않아 이면의 진실을 알아차리도록 하는 것이 구비라고 위에서 말했다. 아이를 쇳물에 넣어 종을 만드니 소리가 제대로 났다고 하는 것은 그 자체로 전혀 타당하지 않아 이면의 진실을 찾아내도록 강력하게 촉구한다. 이면의 진실이 무엇이겠는가?

종을 만들 때 하층민이 희생을 겪고 기여를 한 것이 이면의 진실이고, 이것을 무시하는 데 대한 항변으로 특이한 구조로 나타내는 충격적인 사연을 나타내는 전설을 만들었다고 보아야 의문이 풀린다. 하층민의 수난과 기여는 명문에서 조금도 내비치지 않아 구비가 필요했다. 하층민은 한문 글쓰기와는 거리가 멀다고 해서 할 말을 하지 못한 것은 아니고, 더 좋은 방법을 갖추었다. 고도의 수법을 갖춘 한문 글쓰기보다 설득력이 더 크고, 공감의 범위가 한층 넓은 구비의 표현방법을 활용해 반론의 설득력을 높였다.

하층민이 재물을 공출당하고 노역에 동원되어 견디기 어려운 희생을 겪은 사정을 한 말로 나타내는 데 아이를 죽이게 되었다고 한 것이 최상의 효과를 가진다. 희생이 원망스럽기만 하다고도 하고, 부처님이 알아주는 공덕을 쌓았다고 여기기도 해서 아이를 죽인 것을 두고 강압형도 있고 자진형도 있었다. 어느 쪽이든 희생이 종을 만드는 데 결정적인 기여를 해서 아이를 쇳물에 넣자 종소리가 제대로 났다고 했다. 이렇게 형성된 하층민의 전승에서 국왕에서 아이로 주역을 바꾸고, 성덕대왕신종을 에밀레종으로 만들었다.

당대에는 최고의 명문과 최하의 전설 사이의 격차가 엄청난데, 시간이 경과하는 동안에 역전이 일어났다. 명문은 읽을 사람이 줄어들지만, 전설은 한 번만 들어도 잊을 수 없어 누구나 잘 안다. 명문은 오랜 세월을 견디지 못해 흐려져 거의 알아볼 수 없게 되었다. 금속의 강인함이 세월의 흐름을 이겨내지 못한다. 종 전체도 보존이 걱정되어 복제품을 만들려고 했으나 성공하지 못했다. 형체가 있는 것은 사라지게 마련이다. 구비는 형체가 없어 사라지지 않고 항상 살아 있다.

국립경주박물관에서 종각 밑에 나지막한 안내판을 세워 한문 원문과 번역을 한 대목씩 번갈아 써놓았는데, '서'만 있고, '명'은 없다. 그 둘이 어떤 관계를 가지고 어떻게 배치되어 있는지 설명하지도 않았다. 최고의 문학작품을 문화재 인식에서 제외했다. 《성덕대왕신종》이라는 커다란 책을 호화판으로 낸 데도 명문은 역주만 보이고 평가는 없다.

그러나 구비는 보존 대책이 없어도 사그라지지 않는다. 가치 평가를 하지 않거나 이해를 잘못 해도 손상되지 않는다. 종을 건드리지 않으려고 종소리를 녹음을 통해서만 들을 수 있게 되었어도 "에밀레"가 아이가 어머니를 부르는 소리인가 생각하게 한다. 과연 그럴까 하는 의문이 강한 흡인력을 가져 이야기 속에 빠져들게 한다.

호종단과 고종달

胡宗旦은 《고려사》 권97 열전10에서 소개한 인물이다. 중국 송나라 사람인데 1100년대에 고려로 귀화하자 예종이 벼슬을 주고 총애했다. "성품이 총명하고 민첩하며, 배운 것이 많고 글도 잘

지었으며, 가벼운 기분으로 즐겁게 지냈다"고 했다. 또한 "잡술에
도 통달해 厭勝의 술수를 자주 보인 까닭에 임금도 혹하지 않을
수 없었다"고 했다. 염승이란 귀신을 움직여 남에게 화를 입히는
짓이다.

1349년(고려 충정왕 1)에 쓴 李穀의 〈東遊記〉에서, 호종단이 금
강산 일대를 돌아다니며 비문을 긁어버리고 종 같은 것들을 못
쓰게 만들었다고 했다. 들은 이야기의 증거를 현지에서 확인할
수 있었다고 했다. 四仙亭에 오른 감회를 적은 대목을 하나 들면,
"이 호수가 네 신선이 놀고 간 36봉이라 하며, 봉우리에 비가 있
었는데 호종단이 모두 가져다 물속에 넣었다 한다"고 했다.

호종단이 문화재를 파괴하는 반사회적인 범죄를 저질러 용서
할 수 없는 짓을 했다고 하겠으나 나무라지는 않았다. 동기는 덮
어두고 어째서 그처럼 초인적인 능력으로 기이한 짓을 했던가에
관심을 가지도록 한다. 그 위인이 요즈음 트릭스터라고 하는 장
난꾼 난폭자가 아니었던가 하고 생각하게 한다.

1486년(조선 성종 17)에 간행된 《동국여지승람》 제주도 祀廟 대
목에는 다른 말이 있다. 호종단이 제주도에 와서 땅의 정기를 누
르고 돌아가다가 한라산 산신의 아우가 매가 되어 돛대 머리로
날아오르니 배가 파선해 죽었다고 했다. 李元鎭의 《耽羅志》, 金錫
翼의 《耽羅紀年》 등의 문헌에도 같은 기록이 있다. 백여 년이 지
나는 동안에 말이 이렇게까지 달라지기는 어려우므로 지역적인
변이가 있었다고 보아 마땅하다.

오늘날에는 그 인물이 제주도에서 땅의 정기를 눌렀다는 이야
기가 파다하다. 호종단을 친근한 이름으로 바꾸어 고종달이라고

한다. 낯선 성인 '호' 대신에 제주도에 있는 흔히 있는 성 '고'를 사용해 가까워지도록 했다. 제주도에 종달이라는 지명이 있어 당황해 했다는 말을 하기 위해서도 종달이라고 일컬을 필요가 있었다. 호종단이 고종달로 되어 이야기 내용에서도 커다란 변화가 일어났다. 특이한 구조로 나타내는 충격적인 사연이 그 자체로는 타당하지 않아 이면의 진실을 알아차리도록 하는 작업을 파격적으로 진척시켰다.

천하를 얻은 진시황이 자기와 경쟁이 되는 다른 제왕이 나올까 걱정하여 이웃 나라들을 탐색하다가 제주에 王侯之地가 있다는 사실을 알아내게 된다. 진시황은 그곳에서 제왕이 태어날 것을 염려해 풍수 고종달을 보냈다. 제주에 들어온 고종달은 용의 형체를 한 산방산이 왕이 나올 정기를 품은 명당임을 알고, 그곳 용머리의 잔등과 허리 부분을 끊어 버렸다. 그러자 산방산에서 피가 흐르고 울음소리가 났다. 그 때문에 제주에서는 제왕이 나오지 못하게 되었고, 물도 나오지 않게 되었다.

없어지지 않고 남은 샘물도 있다. 샘물의 신이 노인의 모습을 하고 농부에게 나타나 샘물 한 그릇을 소 길마 밑에 숨겼으므로 그 샘물은 마르지 않는다. 개를 데리고 와서 샘물을 찾아 없애려던 고종달이 뜻을 이루지 못해 풍수지도가 잘못되었다고 하면서 찢었다. 고종달은 차귀섬으로 배를 타고 나가다 한라산 산신의 노여움으로 태풍을 만나 죽었다고 한다.

이런 전승에서 본토와 제주도의 갈등을 말하지 않고, 중국과 한국의 갈등을 문제로 삼았다. 본토와의 갈등을 넘어서는 길을 더 큰 갈등을 감당하는 데서 찾았다고 할 수 있다. 제주도가 중국과 대결할 수 있는 제왕이 태어날 곳이기에 수난을 당했다는 것은 제주도가 한국에서 으뜸이라는 말이다. 제주도의 자부심을 나타내는 데 이 이상 설득력 있는 설정을 생각하기 어렵다. 수난을 당한 비극을 말했다고 해서 패배의식에 사로잡혔다고 할 것은 아니다. 한국 전역의 선두에 나서서 승리하는 결말을 이룩했다. 탐라국은 망한 뒤에 다시 일어나지 않았지만 제주도민은 주체의식을 자부심으로 삼아 굳건하게 살아왔다고 증언한다.

수난과 비극만 말한 것은 아니다. 고종달이 샘물을 소 길마 밑에 숨긴 농부에게 속고, 샘물의 신을 이겨내지 못하고, 한라산 산신에게 당해 죽고 말았다고 해서 민족의 역량을 다층적으로 나타냈다. 길마, 소, 농부, 할아버지 모습을 한 샘물의 신, 한라산 산신이 아래에서 위로 올라가는 층위에 따라 설정되어 각기 그 나름자기의 역량을 발휘했다고 했다.

이런 이야기는 다른 곳에도 있는데, 뛰어난 구상을 갖추어 미묘하게 가다듬었다. 임진왜란 때 원병을 이끌고 온 명나라 장수 李如松이 전국토의 정기를 눌러 인물이 나지 못하게 하자 삼각산 산신이 나타나서 징치했다고 《임진록》에서 말한 것과 같은 설정이 다단계의 전개를 갖추어 설득력이 가중되게 했다. 수도 서울의 삼각산 산신보다 제주도의 한라산 산신이 더욱 슬기롭다고 한 것을 주목해야 한다.

호종단 또는 고종달이 제주도에서 땅의 정기를 눌렀다고 하게 된 이유를 두 가지로 추정할 수 있다. 첫째 호종단이 술수를 이용해 제주도를 억압하라고 조정에서 파견한 사실에 근거를 두었을 수도 있다. 둘째 제주도가 당한 수난을 특이한 구조와 충격적인 사연을 갖추어 말하려고 행적이 기이하다고 알려진 호종단을 등장시켰을 수도 있다. 이유가 어느 쪽이든 제주민이 주도권을 가지고 문학이면서 역사인 구비를 비약적인 수준으로 창조했다. 본토와의 갈등을 중국과 한국의 갈등으로 바꾸어놓고, 제주도는 한국에서 으뜸이므로 중국의 위세 때문에 수난을 심각하게 겪고 물리쳤다고 했다. 수난을 극복하는 제주도민의 자부심을 말하려고 했다.

중국의 황제가 제주도 처녀를 황후로 삼았더니 알을 다섯 낳고, 알마다 열 명씩 용맹스러운 장수가 나왔다. 제주도는 놀라운 장수가 나는 땅이라 그대로 둘 수 없다고 하고 풍수 고종달을 보내 명산에 혈을 지르게 하고, 그 뒤의 사건이 벌어졌다고 하는 변이형도 있다. 아득한 옛적부터 제주민이 지닌 원천적인 능력을 이런 말로 나타냈다.

탐라국이 망한 것은 산방산에서 피가 흐르고 울음소리가 났다고 한 것과 같은 비극이었다. 그 뒤에 제주민은 수난을 당하면서 어렵게 살아온 것을 마실 물마저 고갈되었다는 것으로 말할 수 있다. 그래서 패배주의에 사로잡혔다고 하는 것은 일방적인 판단이다. 본토에 대한 반감을 제주도가 전국에서 으뜸이라는 자부심으로 넘어서서, 어떤 수난이라도 극복할 수 있다고 하는 역사의식과 철학사상을 갖춘 구비문학을 창조해 전승하고 있다.

제주도민은 역사와 철학에 관한 저술을 글을 써서 하지 않아 뒤떨어졌다고 할 것은 아니다. 그 작업을 구비에서 한 성과가 다른 어느 곳보다 뛰어나다. 구비끼리의 비교에서뿐만 아니라 구비와 기록의 비교에서도 뛰어나다. 이런 줄 몰라 열등의식이나 패배의식을 가지는 것은 잘못이다.

마무리를 위하여

구비문학을 문학으로 이해하고 평가하자는 것은 연구를 시작할 때 하던 말이다. 이제는 구비문학보다 구비라는 말을 애용하고 전면에 내세워야 한다. 구비의 가치는 구비문학을 구비역사이면서 구비철학으로 이해해야 온전하게 평가할 수 있다.

그러나 구비문학을 제대로 연구해야 구비역사나 구비철학으로 나아가는 길이 열린다. 특이한 구조로 나타내는 충격적인 사연이 그 자체로는 타당하지 않아 이면의 진실을 알아차리도록 만든다고 한 것은 모든 문학작품에 적용될 수 있는 원리이다. 위에서 든 본보기에서 볼 수 있듯이, 구비문학은 이 원리를 적극적으로 활용해 널리 관심을 끌면서 존재의의를 입증하고 기록과의 대결을 유리하게 전개했다.

기록과 구비의 상관관계를 다면적으로 고찰하는 작업을 힘써 해야 한다. 구비와 비교하는 기록은 구비의 정착물이나 유사한 내용의 작품만이 아니다. 불교철학에 관한 원효의 저작, 성덕대왕신종명 같은 것들과의 비교고찰을 더욱 광범위하게 해야 한다. 현지조사 자료를 상황과 함께 이해하는 것을 근거로 기록에 대한 새로운 해석을 하는 것이 마땅하다. 구비를 다루는 방법에 힘입어 기록 또한 문면에 나타난 것 이상의 복합적인 얽힘을 이해하는 길을 열어야 한다. 구비 연구의 성과를 기록 전반으로 확대하는 것이 학문 발전의 새로운 방향이다.

기록과 구비의 비중은 경우에 따라 다르다. 비중이 대등해야 비교고찰을 성과 있게 할 수 있는 것은 아니다. 차등이 있으면 그 이유를 밝히는 것이 긴요한 작업이다. 일방적인 우세를 보이는 제주도 구비라도 가깝고 먼 관계를 가진 기록과 관련시켜 고찰하면 기여하는 바가 큰 성과를 거둘 수 있다. 비교고찰의 범위를 국내의 것들로 한정하지 말고 더 나아가야 한다.

부 기

이 글은 제주도에서 열린 구비문학 연구회에서 발표했다. 발표한 논문을 모아 안동대학교 민속학연구소 학술총서 4《구비문학의 연행 양상》(민속원, 2011)이라는 책이 나왔다. 모임을 만들고 책을 엮은 임재해 소장이 〈구비무학의 연행양상과 역동적 생명력〉이라는 글을 권두에 실었다. 몇 대목을 옮긴다.

"구비문학 현장조사를 담당하고 있는 젊은 연구자들이" "생생한 연행상황을 실감 나게 담고 있"고, "이론적인 문제를 소홀하게 한 것도 아니"어서 "기본적인 물음을 제기하는 연행학"을 이룩하고자 하는 논문을 발표했다고 했다. "구비문학 조사사업을 처음 기획하고 실천한" 조동일이 기조발제를 한 글을 권두논문으로 실었다고 하고, "구비문학을 넘어서서 구비 자료 연구 일반의 문제를 제기"하고, "문·사·철을 아우르는 인문학문의 새 전망을 일깨워주는 큰 길잡이 구실을" 했다고 평가했다.

구비문학 현지조사에서 떠난 지 오래 된 시기에 현장에서 수고하는 젊은 일군들과 다시 만나 신선한 느낌을 받아 젊음을 되찾는 것 같았다. 그런데 발표한 글을 이것저것 살펴보니 현장 경험을 생생하게 전한다고 하기 어렵고, 자기 목소리가 분명하지 않다. 논문 작법에 맞추어 길게 쓰느라고 핵심이 흐려진 탓이라고 할 수 있다. 격식을 잘 갖추어야 논문으로 평가받는 제도가 격식과는 거리가 아주 먼 구비문학 조사연구마저 생동감을 상실하게 하는 것이 우려할 만한 사태이다.

현장 연구를 근거로 연행학을 이룩하는 작업은 구비문학의 범위를 넘어서서 총체적인 연구를 요구한다. 구비의 가치의 재평가를 위해 문·사·철을 아우르는 새로운 학문을 해야 한다는 나의 지론과 맞물린다. 그런데 젊은 연구자들은 어느 전공의 전문적 능력이 인정되어 채용 광고가 난 분야에 취업해야 하므로, 자유로운 탐구를 과감하게 할 수 있는 자유가 없고 용기를 가지지 못하는 것이 안타깝다.

글을 쓰고 싶은 대로 써도 다룬 내용의 질에 따라 논문으로 평가하고, 어느 분야에 국한되지 않고 연구를 넓고 깊게 하는 것을 권장해야 활로가 열린다. 나처럼 정년퇴임하고 소속이 없어진 다음에 학문을 통합하자고 나서서는 때가 늦었다. 대학 구성이 학과제에서 학부제로 나아가면서 포괄적인 내용의 강의는 하지 않는 잘못을 시정해야 다음 세대는 열린 학문을 할 수 있다.

인문학문과 자연학문의 생극 관계

논제 해명

먼저 제목에 있는 단어의 뜻을 해명하기로 한다. '인문학문'은 '인문학'을, '자연학문'은 '자연과학'을 고쳐 일컫는 말이다. '生克'은 서로 화합하는 相生과 서로 투쟁하는 相克을 함께 지칭하는 용어이다.

인문학문과 자연학문은 상극의 관계에서 상생의 관계로 나아가야 한다는 것이 제시하고자 하는 견해이다. 두 학문이 상극하는 힘보다 상생하는 힘이 더 크고 바람직하기 때문이다. 이렇게 말하면 많은 의문이 생기므로 하나씩 들고 대답하고자 한다.

서두의 의문

인문학은 인문학문으로, 자연과학은 자연학문으로 고쳐 일컫는

것은 무슨 까닭인가? 과학은 'science'의 번역어이므로 조상 전래
의 용어 '학문'을 되살려 쓰고자 한다. 조상 숭배를 권장하려는
것이 아니다. 조상 전래의 용어는 우리 유전자에 잠재적으로 각
인되어 있는 창조력을 일깨워, 수입학에서 창조학으로 나아가 학
문하는 방향을 바로잡는 지혜를 제공할 수 있다.

'natural science', 'social sciences', 'humanities'를 받아들여 자연과학
·사회과학·인문학이라고 하면서 세 학문은 과학의 요건을 갖
춘 정도에 차등이 있다고 한다. 세 학문을 함께 일컫는 상위개념
이 없는 것도 잘못이다. 세 학문을 인문학문·사회학문·자연학
문이라고 고쳐 일컬어야 학문인 점에서 공통점이 분명하고 서로
대등하다고 말할 수 있다. 과학은 탐구 자체이지만, 학문은 學과
問으로 이루어져 탐구이면서 검증이어서 참여자의 범위가 넓다.

생극을 말하는 것은 무슨 까닭인가? 생극에 관한 논의인 생극
론은 동아시아 문명의 소중한 유산이다. 나는 생극론에 바탕을
두고 문학연구에서 인문학문으로, 인문학문에서 학문 일반으로
나아가는 시도를 다각도로 했다. 생극론은 학문의 방법이나 학문
론의 이론으로 아주 유용하다. 사회과학방법론이니 과학철학이
니 하는 것들의 편향성을 넘어서서 그 상위의 더욱 포괄적인 학
문론을 생극론으로 이룩할 수 있다. 인문학문과 자연학문의 상관
관계를 힘의 생극으로 고찰해 학문론의 새로운 발전을 시도하고
자 한다.

인문학문·사회학문·자연학문을 모두 거론하지 않고 인문학
문과 자연학문의 상관관계만 문제 삼는 것은 무슨 까닭인가? 인
문학문과 자연학문은 양극이고, 사회학문은 그 중간이다. 양극 사

이에 상극이 심각해 상생을 이루는 데 더욱 힘써야 한다.

학문의 우열 다툼에서 상극이 촉발되었다. 근대 이전의 학문에서는 인문학문이 지배자 노릇을 하고 자연학문에 해당하는 것들은 변두리로 몰아내고 가치를 인정하지 않았다. 자연학문이 독립하고, 전에 없던 과학을 한다고 주장하면서 근대학문이 시작되었다. 그러자 인문학문은 'humanities'라고 자처하면서 'science'가 되지 못한다는 폄하를 감수해야 했다. 'natural science'를 힘써 따르면서 과학을 할 터이니 무시하지 말아 달라는 'social sciences'와 같은 처신을 인문학문은 하지 못하거나 하지 않았다.

그런데 이제 근대를 넘어선 다음 시대의 학문을 시작해야 할 때가 되었다. 기본용어를 과학에서 학문으로 바꾸어놓아야 이 작업이 시작된다. 인문학문·사회학문·자연학문이 학문이라는 공통점을 분명하게 하고 대등한 자격으로 상생을 해야 하는 과제가 제기되었다. 이렇게 하는 데 반드시 필요한 총괄적인 학문론을 생극론에서 마련한다.

생극론은 어느 영역에나 공통되게 적용되는 공유재산이므로 총괄적인 학문론일 수 있지만, 인문학문에서 먼저 관장하고 발전시킨다. 근대 이전 학문의 국외자 자연학문이 근대학문 형성을 주도했듯이 근대학문의 열등생 인문학문이 다음 시대로의 전환을 선도하는 것이 당연하다. 이것은 후진이 선진이 되고 선진이 후진이 되는 원리이며, 생극론의 기본 이치의 하나이다.

생극론의 유래

生克論은 동아시아학문의 오랜 원천에서 유래했으며, 이른 시기 저술에 산견되는 발상이다. 공자가 "和而不同"을 말하고, 《周易》에서 "一陰一陽謂之道"(한번은 음이고 한번은 양인 것을 일컬어 도라고 한다)(〈繫辭傳〉 제1장)고 하고, 《老子》에서 "有無相生"(있고 없음이 상생한다)(제2장), "萬物負陰而包陽 沖氣以爲和"(만물은 음을 품고 양을 껴안아 텅 빈 기로써 화를 이룬다)(제42장)라고 한 것을 그 가운데 특히 주목할 만하다.

나중에 든 두 논거에서, 천지만물은 음과 양으로 이루어져 있고, 음과 양의 관계 외에 도라고 할 무엇이 별도로 인정되지 않는다고 한 것이 첫째 원리이다. 없으므로 있고, 있으므로 없는 상생의 관계가 음양에서 구현되어, 음과 양은 있음의 관계를 가지고 서로 싸우면서 없음의 관계를 가지고 서로 화합한다는 것이 둘째 원리이다. '相生'과 '和'만 말하고, 그 반대의 개념은 말하지 않았으나 보충해 넣을 수 있다. 첫째 원리만이면 '음양론'이고, 둘째 원리까지 갖추면 '음양생극론'이다. 음양생극론을 '생극론'이라고 줄여 말할 수 있다.

周敦頤가 제시한 ◐ 이 모양을 太極圖라고 하지만, 태극이 음양으로 나누어져 운동하는 모습을 보여준다. 음양은 상극의 싸움을 하면서 움직이는 방향이 반대여서 상생의 조화를 이루기도 한다. 이런 생각을 함께 하면서 태극과 음양의 관계에 관해서는 후대에 견해가 갈라졌다. 理氣이원론에서는 태극은 理이고 음양은 氣라고 하고, 氣일원론에서는 太極도 氣이고 음양도 氣라고 했다.

이기이원론에서는 생극이 태극에는 미치지 못하고 음양에 국한되어 한정된 의의만 가진다고 보았다. 기일원론에서는 태극이 하나이고 음양이 둘인 것이 생극이고, 음양의 양면이 또한 생극이라고 했다. 생극론을 존재의 기본양상에 관한 총체적인 이론으로 삼은 것은 기일원론 쪽이다. 그 작업을 하는 데 한국의 徐敬德이 결정적인 기여를 했다.

서경덕이 "一不得不生二 二自能生克 生則克 克則生"(하나는 둘을 생하지 않을 수 없고, 둘은 능히 스스로 생극하니, 생하면 극하고, 극하면 생한다)(〈原理氣〉)고 한 말을 보자. 하나니 둘이니 하는 것은 氣의 양상이다. 하나인 기가 둘을 낳아 음양이 생극의 관계를 가진다고 하고, 상생하면 상극하고 상극하면 상생한다고 했다. 하나가 둘이고 둘이 하나라는 명제를 하나인 氣와 둘로 갈라진 음양 사이의 관계로 구체화했다. 음양은 둘이면서 하나여서 상생하고, 하나이면서 둘이어서 상극하는 것이 생극의 이치이다.

중국이 먼저 이룩한 이기철학을 한국에서 수용하면서 이기이원론 쪽은 원본에 충실하고자 했으나, 기일원론을 이룩하는 작업은 중국의 전례를 넘어서서 한층 과감하게 진행하고 선명한 논리를 갖추었다. 서경덕에서 시작되고 任聖周·洪大容·朴趾源·崔漢綺로 이어진 한국의 기일원론은 동아시아 공유재산인 생극론을 더욱 가다듬고 한층 풍부하게 하는 데 특별한 열의를 가지고 다른 유파의 잘못을 시정하기 위해 노력했다.

생극은 힘을 만들어낸다. 음양이 상생하는 것도 힘이고, 상극하는 것도 힘이다. 천지만물은 상생과 상극의 관계가 복잡하게 얽혀 다양한 힘을 빚어낸다. 그 양상을 언어나 수식으로 온전하게 나타낼 수 없다. 어느 측면에 관한 예증을 드는 것은 가능해 이해에 도움이 된다. 음전기(-)와 양전기(+)의 관계, 구심력과 원심력, 핵분열과 핵융합이 모두 생극에서 생겨나는 힘이다. 생극론은 이 모든 것들을 포괄한다. 자연학문에서 제시하는 어떤 이론보다도 포괄하는 범위가 더 넓은 상위의 메타이론이 생극론이다.

생극론으로 전개한 연구

나는 생극론을 바탕에 두고 문학연구에서 인문학문으로, 인문학문에서 학문 일반으로 나아가는 시도를 다각도로 했다고 했다. 대표적인 업적을 들면 《우리 학문의 길》(지식산업사, 1993);《한국의 문학사와 철학사》(지식산업사, 1996);《인문학문의 사명》(서울대학교출판부, 1997);《철학사와 문학사 둘인가 하나인가》(지식산업사, 2000);《소설의 사회사 비교론》1~3(지식산업사, 2001);《세계·지방화시대의 한국학》1~10(계명대학교출판부, 2009) 등이 있다.

나는 생극론에 입각해 문학 작품의 구조, 소설의 등장인물, 소설을 만들어낸 상하·남녀, 구비문학과 기록문학의 상관관계에 의한 문학사의 전개를 고찰했다. 거기서 더 나아가 문학사와 철학사, 선진과 후진의 교체, 역사의 시대구분, 신분과 계급, 계급모순과 민족모순 등에 관한 생극론적 해명을 했다.《소설의 사회사 비교론》에서는 여러 문명권의 소설을 아우르는 총괄론을 이룩하는 작업을 세계 최초로 하고, 변증법과의 토론에서 생극론의 타당성을 입증했다.

소설에서 전개되는 자아와 세계의 대결이 갈등이라고 하는 것은 일방적인 주장이다. 상극이 상생이고 상생이 상극이기도 한 것을 알아야 한다. 소설이 시민문학이라는 것도 잘못이다. 한편으로는 귀족과 시민, 또는 귀족·시민·민중, 다른 한편으로는 남성과 여성이 상극이 상생이고 상생이 상극이기도 한 관계를 가지고 소설을 이룩했다.

사회경제사의 발전을 소설사와 직접 연관시키는 것도 부당하다. 소설사는 선진이 후진이고 후진이 선진인 원리를 구현하면서 전개되었다. 동아시아소설이 앞서다가 유럽소설이 추월하고, 이제 제3세계 특히 아프리카소설이 선두에 나섰다. 그 과정을 세계사의 전개와 관련시켜 이해하고 장래를 전망했다.

소설은 성격이 복잡해 소설론이 문학이론 가운데 최대의 난제이다. 위세를 자랑하는 변증법의 소설론에 생극론을 근거로 삼아 반론을 제기하고 포괄성이나 타당성에서 더욱 진전된 성과를 보여주었다. 변증법보다 생극론은 인식력에서 앞선다. 변증법에서 말하는 모순보다 생극론의 원리인 생극이 더욱 역동적이고 창조적인 힘을 지닌다.

두 학문의 생극 관계

인문학문과 자연학문은 어떤 관계인가? 상극과 상생의 관계에 대한 일반론을 논의의 지침으로 삼기로 한다. 상극과 상생은 어떤 관계인가 하는 의문에 대해 몇 가지 대답이 가능하다. (가) 상극이다가 상생이고 상생이다가 상극이다. (나) 상극이면서 상생이고 상생이면서 상극이다. (다) 상극이 상생이고 상생이 상극이다. 인문학문과 자연학문의 생극 관계는 위에서 이 셋 가운데 어디에 해당하는가? 이것이 여기서 다루어야 할 핵심 논제이다.

(가)가 우선 생각할 수 있는 대답이다. 지금은 상극이지만 다음에는 상생이어야 한다. 상극의 양상을 보자. 인문학문은 무용하고 무력하며, 자연학문은 유용하고 유력하다고 한다. 인문학문은 내버려두어도 그만이고, 자연학문은 국운을 걸고 힘써 육성해야 한다. 이 때문에 인문학문은 위기에 봉착했다고 말하지만 적극적인 타개책이 없다.

위기론자들은 열등감에 사로잡혀 자기 비하를 일삼으면서 사태를 악화시키기나 한다. 인문학문으로 나아가 창조학을 할 생각을 하지 못하고 인문학에 머무르면서 갖가지 수입품을 늘어놓으면서 시선을 끈다. 인문학은 학문이 아니고 교양이라고 스스로 폄하한다. 새로운 탐구의 여지는 없고 이미 이룬 바를 대중화하는 것이 긴요하다는 이유를 들어 교양강좌나 하고 만다.

이런 사실을 들면 인문학문과 자연학문이 상극임을 거듭 확인할 수 있지만, 상생으로 나아가는 길은 찾지 못한다. 지금은 상극이지만 다음에는 상생이어야 한다고 한 말 가운데 앞의 것만 타당하고 뒤의 것은 부당하다고 하게 된다. 상생이 상극이라고 하는 데까지 나아가는 것은 생각할 수도 없다. 당면한 사태가 절망적일 뿐만 아니라, 생극론을 버려야 할 것 같다.

(나)로 나아가려면 인문학문은 무용하지도 무력하지도 않다는 것을 알아차려야 한다. 인문학문의 유용함과 유력함이 자연학문의 경우와는 다르지만 인문학문의 가치를 입증하고, 자연학문에

도움을 줄 수 있다. 인문학문은 창조 행위임을 인식하면 새로운 길이 열린다. 남들이 해놓은 기존의 창조물을 가져와 자랑하는 수준을 넘어서서 창조력을 스스로 발현하면 자연학문과의 관계가 달라진다.

창조력은 모든 학문의 공유물이다. 자연학문의 창조력과 인문학문의 창조력은 우열을 가릴 수 없다. 그러나 인문학문에서는 창조력이 일찍 발현되어 입문 단계에서부터 경험할 수 있다. 필요한 지식을 갖추거나 적절한 훈련을 거치지 않고 새로운 발상이 가능하게 하는 것이 인문학문의 장기이다.

문학작품을 읽고 자기 나름대로 생각한 바를 대학 신입생이나 그 이하의 학생들도 기발하게 전개해 교수를 놀라게 할 수 있다. 상상력이나 인식력이 포함된 창조력을 누구나 갖추고 있다는 것을 인문학문에서 검증한다. 지식과 훈련이 쌓이면 타고난 능력이 오히려 감퇴되므로 경계해야 한다. 인문학문은 문학이나 미술을 다루는 대상으로 삼고, 창작에 참여하기도 한다. 어린아이들의 그림을 보면 누구나 대단한 창조력을 지닌 것을 실감한다. 그림을 배우기 시작하면 창조력이 사라지는 것이 예사이다.

타고난 창조력이 사라지지 않고 발현되며 더욱 생동하도록 교육하려면 어떻게 해야 하는가? 인문학문은 이에 대한 해답을 이론과 실천 양면에서 제공하는 것을 최대의 과제로 삼는다. 상당한 성과가 있지만 체계화나 일반화가 미흡해 기여하는 바가 적다. 각성과 분발이 요망된다.

자연학문에서 창조력을 발휘하고 창조하는 기쁨을 누리려면 오랜 기간에 걸쳐 어렵고 복잡한 훈련 과정을 거쳐야 한다. 괴로

움만 겪다가 물러나는 탈락자가 대다수이지 않을 수 없다. 힘겹게 따라가다가 창조력을 상실할 수도 있다. 그러면 어떻게 해야 하는가? 인문학문에서 하는 창조 행위에 동참해 일찍부터 창조력을 발현하고 연마하면 이 두 가지 위험에서 벗어날 수 있다.

과학 영재를 기른다고 인문학문 교육을 배제하는 것은 어리석다. 교육의 비중에서 인문학문을 줄이면 자연학문을 더 잘 할 수 있는 것은 결코 아니다. 자연학문을 탁월하게 할 수 있는 인재는 최상의 인문학문을 일찍부터 경험해야 양성할 수 있다. 특별한 과정이나 방법을 개발할 것인가? 아니다. 두 학문을 함께 서로 관련시켜 심도 있게 교육하는 것이 마땅하다. 적절한 대책을 세워 실행해야 한다.

인문학문은 자연학문만큼 객관적이지도 엄밀하지도 않아 과학으로는 모자란다고 할 수 있는 점은 달라지지 않지만, 과학 상위의 학문을 할 수 있는 창조적 훈련을 자연학문에 제공할 수 있다. 그래서 상극이면서 상생이다. 인문학문에서 제공하는 창조력은 자연학문을 위해 도움이 되어도 자연학문이 추구하는 것과 같지는 않다. 그래서 상생이면서 상극이다.

(다)로 나아가려면 인문학문에 대한 성찰이 더욱 진전되어야 한다. 인문학문은 창조력을 제공하는 훈련에 기여하는 데 그치지 않고 창조력의 결실인 창조물을 연구 성과로 내놓는 데 앞설 수 있다. 필요한 자료와 충분한 시간을 갖추면 개인이 혼자서 탁월한 연구를 할 수 있다. 연구비가 많이 있어야 하는 것은 아니다. 연구 집단을 조직하고 운영하는 경비와 수고가 면제된다.

창조학을 당위나 구호로 말하는 데 그치지 않고 결과물로 제시하는 인문학문은 여건 탓에 매몰되지 말고 정신을 차리라고 일깨워준다. 구체적인 사정에서는 차이가 있어도, 연구 주체의 각성이 비약의 원동력임은 어느 학문에나 공통된 불변의 진리이다. 득도의 경지에 이르러야 놀라운 작업을 할 수 있다고 하면 한층 적합한 표현을 얻는다. 이에 관한 전통이 풍부하게 축적되어 있어 알아차리면 쉽사리 계승할 수 있다. 과학의 역사가 백년도 되지 않는다고 스스로 폄하하면서 수입에 매달리지 말고, 元曉 이래로 천여 년 동안 축적해온 창조적 자아 각성의 능력을 되살려야 한다. 체계화되고 일반화된 창조물을 연구 성과로 내놓으려면 고급학문의 합동작전이 필요하다.

세계 최초의 획기적 연구를 이룩하고자 하는 소망을 자연학문에서 자주 말하지만 인문학문에서 앞질러 내놓을 수 있다. 《소설의 사회사 비교론》에서 그런 성과를 얻었다. 개인적인 성취를 두고 자만한다고 나무라지 말기 바란다. 조상 전래의 창조력을 되살려 인문학문을 새롭게 한 성과이므로 공동의 관심사로 삼고 함께 평가해야 한다.

역사 전환의 이치를 밝히는 생극론의 원리가 확고한 근거를 제공했다. 근대 동안 피해를 본 곳에서 하는, 근대학문의 열등생 인문학문이 다음 시대로의 전환을 선도하는 것이 당연하다. 생극론을 이어받아 인문학문 위기론에서 학문 총괄론으로 나아가는 비약적인 전환을 이룩하면서 학문의 역사를 바꾸어놓고 있다.

인문학문에서 하는 작업에 어느 정도 충격을 받고 동참하는가에 따라서 자연학문에서도 세계 학문 발진을 선도하는 연구를 하는 지름길을 찾을 가능성이 더 커진다. 학문의 기본이론은 동일

할 수 있고, 여러 학문에서 함께 만드는 것이 마땅하다. 생극론에 입각한 학문 원론을 전개하면서 서로 도움이 되는 공동작업의 필요성을 절감한다. 이제 상극이 상생이고 상생이 상극이라고 하는 데 이르러 앞뒤의 명제가 함께 타당하다고 재확인된다.

(가)에서는 자연학문은 유력하고 인문학문은 무력하다. 인문학문이 무력한 만큼 자연학문이 더욱 유력하게 된다는 착각 때문에 학문 정책이 그릇될 수 있다. (나)에서는 인문학문이 그 나름대로 유력하다는 것이 입증되고 무용하다는 비난에서 벗어날 수 있다. 이 때문에 자연학문이 타격을 받는 것은 아니다. (다)에서는 양쪽 다 유력하고 유용하다는 것이 밝혀진다. 인문학문에서 제공하는 능력이 자연학문의 발전을 자극하고 촉진한다. 그러나 두 학문이 같아지는 것은 아니다. 인문학문의 능력과 자연학문의 능력은 상극이므로 상생이다.

전환의 과제

오늘날의 첨단 상품은 하드웨어(hardware)와 소프트웨어(software)로 이루어져 있다. 이 둘을 우리말로 무어라고 할 것인가? 기술상품과 활용상품이라고 하기로 한다. 위에서 전개한 (가)·(나)·(다)는 이 두 상품의 상관관계에 관한 주장도 내포하고 있으므로 드러내 논하고자 한다.

두 상품을 개발하는 순서 또는 방식에 관해 세 가지 주장이 있다. (가) 기술상품을 먼저, 활용상품은 나중에 개발해야 한다. (나) 기술상품과 활용상품은 함께 개발해야 한다. (다) 활용상품 개발이 기술상품 개발을 이끌어야 한다. (가)라고 하다가 (나)에 이르더니 이제는 (다)라야 앞서나갈 수 있다고 깨닫게 되었다.

(가)라면, 기술상품을 위한 자연학문을 앞세우고, 활용상품을 위한 인문학문은 뒤로 돌려야 한다. 상극이다가 상생이고 상생이다가 상극이라는 원리에 그 근거를 둔다. 상극관계에 있는 자연학문과 인문학문 가운데 자연학문이 우위를 확보해 기술상품을 먼저 개발해야 다음 단계에서 활용상품이 바람직하게 이루어져 자연학문과 인문학문의 상생을 이룰 수 있다. 활용상품이 기술상품에 종속되면, 인문학문과 자연학문이 상생을 이루다가 다시 상극으로 되돌아간다.

(나)라면, 기술상품을 위한 자연학문과 활용상품을 위한 인문학문이 함께 나아가도록 해야 한다. 상극이면서 상생이고 상생이면서 상극이라는 원리에 그 근거를 둔다. 자연학문과 인문학문은 상극이면서 상생이라고 해야 기술상품과 활용상품이 협동을 통해 함께 개발된다. 두 상품이 함께 개발되는 상생의 관계는 동시에 상극의 관계이기도 하므로 협동에 파탄이 생긴다.

(다)라면, 기술상품을 위한 자연학문을 활용상품을 위한 인문학문이 이끌어야 한다. 상극이 상생이고 상생이 상극이라는 원리에 그 근거를 둔다. 지금까지 우세인 자연학문이 만들어낸 상극의 관계를 열세인 인문학문이 뒤집어야 상극이 상생이게 한다. 활용상품에서 혁명적인 변화를 일으켜 기술상품도 근본적으로 달라지도록 해야, 상극이 상생이고 상생이 상극인 창조력이 발현된다.

(가)·(나)·(다) 가운데 어디까지 나아갔는가가 발전 또는 비

약의 단계이다. (가)의 정상인 소니를 (나)에 들어선 삼성이 능가하다가 애플이 (다)로 나아가는 것을 보고 당황해 하는 것이 지금의 사태이다. (다)에서 앞서려면 기업뿐만 아니라 국가 정책이 달라져야 한다. 가치관 혁명이 일어나기까지 해야 한다.

(가)를 위해서는 물량공세가 필요하다. 부익부 빈익빈이 불가피하다. (나)에서는 양과 질이 함께 긴요하다. 가난해 뒤떨어진 쪽에도 가능성이 있다. (다)는 양은 문제되지 않고 질만 요구한다. 가난해 뒤떨어져야 비약을 염원하고 실현한다. 어디에도 매이지 않고 자유로운 사고를 하는 창조자라야 그 주역일 수 있다.

(가)에서 (다)까지의 진행에서 선진이 후진이고 후진이 선진인 생극론의 원리가 실현된다. 지금까지 방해 전파로 작용해온 갖가지 선입견에서 벗어나 자유로운 사고를 하는 창조의 원리를 생극론이 제공한다. 생극론으로 전개하는 학문론은 이론뿐만 아니라 실용에서도 커다란 의의가 있다.

남은 문제

자연학문은 영어로 강의해야 하고 다른 분야까지 영어 강의를 확대해야 한다는 데 대해서 말하지 않을 수 없다. 영어가 모국어가 아니면 영어 강의는 머리로만 들어오고 가슴에 와 닿지 않는다. 과학은 머리로 해도 되지만, 학문은 머리와 가슴이 함께 움직이는 힘으로 해야 창조를 체득할 수 있다. 자연학문도 과학에 머무르지 않고 학문으로 해야 추종의 수준을 넘어서는 비약이 가능하다. 학문론을 수입하려고 하지 말고 스스로 탐구해 창조행위를 함께 하면서 열띤 토론을 해야 앞서 나가는 길이 활짝 열린다.

학문을 하는 언어는 문화적인 축적물이므로 머리로 이해하게 전달하는 데도 어려움이 있다. 그래서 특수성을 추구할 수밖에 없다는 말이 아니다. 세계적인 보편성의 새로운 추구를 위해 각 언어는 그 나름대로의 비방이 있다. 우리 유전자가 각인되어 있는 자산인 비방을 잘 살려 활용해야 남들보다 앞서나가는 결정적인 우위를 확보할 수 있다. 독주를 하면 다른 나라 사람들이 이해하고 따라올 수 있을까 염려할 것은 아니다.

생극론이 최상의 비방인데, 영어로 옮기기 아주 어렵다. 생극을 무어라고 할 것인가? 미국인 제자와 함께 한참 궁리하다가 "becoming-overcoming"이라고 했는데, 제대로 전달되지 않고 의혹이나 키운다.《소설의 사회사 비교론》의 영어 번역은 지난한 공사이다. 미국인 제자는 잘 이해하고 있어 수고를 감당할 수 있지만, 최상의 작업을 한다 해도 영어만 아는 독자가 제대로 이해할 수 있을지 의문이다. 이런 이유에서 가치가 손상되는 것은 아니다.

한국어로 산출한 성과가 세계 최초의 획기적인 연구이고 학문의 역사를 바꾼다고 하면 자연학문 전공자들이 납득할 수 없다고 할 것인가? 아직 다른 사람들은 이해하지 못하는 새로운 수학으로 전에 없던 이론을 만드는 것은 대단하게 여기면서, 생극론은 영어로는 옮기지 못하니 그만두어야 한다고 하는 것은 학문하는 태도가 아니다. 한국뿐만 아니라 동아시아 학자들은 잘 이해할 수 있어 바로 번역할 수 있는 생극론에 다른 문명권에서는 접근하기 어려운 것은 누구 책임인가?

학문의 교섭이나 통합에 관한 논의는 분분하다. 이에 관해 이미 논한 바를 간추린다. 영어를 그대로 들면 "multidisciplinary", "interdisciplinary", "transdisciplinary", "holistic" 등의 용어를 내세워 차이를 논하더니 "consilience"라는 것이 등장해 유행을 타고 있다. 이 말을 '통섭'이라는 생소한 말로 옮기고 우리도 따라야 한다는 것은 무리이다. 등장하는 개념마다 독특한 말로 번역해 서로 무관하다는 인상을 주지 말고 통합학문의 단계 1차, 2차, 3차… 라고 하는 것이 적절하다.

통합은 과학과는 다른 학문이라는 개념 속에 이미 있는 오랜 전통이다. 생극론이 그 원리를 뛰어나게 제시하는데 새삼스럽게 수입하자는 것은 무리이다. 과학을 수입하고 학문은 밀어내 생긴 차질을 학문을 되살려 시정해야 한다. 학문통합론에서는 우리가 앞서 마땅하다는 것을 알아차리고 실행해야 한다.

부 기

발표 현장에서 말했다. 생극론의 유래나 생극론으로 이룬 연구는 다른 논저에서 이미 여러 차례 논의해서 새삼스러운 내용이 없다. 그러나 이번 발표에서 생극론 일반론을 말하지 않고 넘어가면 생극론이 어떤 의의를 지니고, 학문끼리의 생극 관계를 논의하는 이치가 어떤 것인지 알 수 없으므로 중복을 피하지 않는다. 납득할 만큼 자세한 논의를 할 겨를이 없어 생극론 논의는 발표에서 생략하니, 차분히 읽고 다른 논저에서 한 말도 찾아보기 바란다고 했다.

행사가 끝난 뒤에 주최한 분이 발표자들에게 보낸 편지가 있다. 행사 개요, 발표 내용, 거둔 성과 등이 요약되어 좋은 참고자료가 되므로 옮겨 적기로 한다.

안녕하십니까? 고려대 학문소통연구회 회장 전성기입니다. 지난 학문소통연구회 심포지엄 발표를 통해 과학기술 발전, 그리고 자연과학과 인문학(조동일 교수님에 따르면, 자연학문과 인문학문) 간의 융합과 회통이 만들어낼 수 있는 창조적 힘의 의미를 밝혀주신 선생님들께 감사의 말씀을 드립니다.

한민족 과학기술 발전의 역사를 삼국시대로부터 오늘에 이르는 긴 시간에 걸쳐 국운융성의 주기를 통해 조명해주신 조청원 이사장님, 생극론이란 동양 보편철학의 관점에서 자연학문과 인문학문의 분화와 대립 그리고 향후 전개될 두 학문 간의 융합의 잠재력을 밝혀주신 조동일 교수님, ICT, TGIF 등 우리에겐 아직도 익숙치 않은 개념들을 소개해 주시면서 스마트시대의 트랜드를 Mobile, Social, Cloud로 나눠 쉽게 설명해주신 표현명 사장님, 인문학과 과학기술 융합의 잠재력은 무궁함으로 일시적 유행에 그쳐서는 안 되겠지만 그것을 어떤 매뉴얼로 해결하려는 태도는 매우 반융합적임을 시사해주신 이진우 교수님, 그리고 마지막으로 스마트-소셜 시대, SNS라는 매체의 활용이 우리 사회 권력 분포와 권력의 작동방식에 미치는 긍정적·부정적 영향을 규명해주신 류석진 교수님, '학문소통'의 훌륭한 재료를 만들어주신 한분 한분께 깊이 감사드립니다.

심포지엄을 마감한 시점에서 저희 학문소통연구회가 기획했던

'힘의 숨은 코드'가 선생님들의 발표를 통해 기대했던 것보다 훨씬 더 깊고 또한 쉽게 이해된 것 같아 기쁜 마음 큽니다. 앞으로도 고려대 학문소통연구회는 분과학문의 벽, 대학과 사회의 벽을 허무는 학문적 실천을 계속 이어갈 것입니다. 지난 심포지엄처럼 앞으로도 저희 학문소통연구회에 많은 애정과 관심을 부탁드립니다. 그리고 선생님들의 학문적 실천에도 큰 성과 있으시길 진심으로 기원합니다. 감사합니다.

자연학문 전공자들과 만나 논의를 함께 한 것이 좋은 경험이고 커다란 소득이다. 그런데 소통의 방법에 문제가 있는 것을 확인했다. 자연학문 전공자들이 자기 분야 연구를 전할 때에는 논리가 특수해 소통이 되지 않는다. 설명을 쉽게 하면 되는 것은 아니다. 수준을 낮추는 손실을 보상할 만큼 소통을 확대하는 성과가 있는지 의문이다. 전공 분야를 넘어서서 일반적인 논의를 하려고 하면 학문론과 거리가 멀어진다.

여러 학문 공유의 논리가 있어야 소통이 제대로 이루어지고, 학문일반론이나 학문통합론을 함께 이룩할 수 있다는 것이 다시 분명해졌다. 적절한 해결책을 수입해올 수는 없다. 품질을 자랑하는 수많은 제품이 나와 있으나 각기 특수하고 그 나름대로의 결점이 있다. 이것저것 만져보고 고르느라고 세월을 보내면서 대단한 일을 한다고 여기지 말아야 한다. 인용과 각주의 밀림을 만들어놓으면 존경 받을 것 같지만, 인문학문이 비능률적임을 입증하기나 한다. 이치를 분명하게 따지고 말을 간략하게 하자. 학문이라는 공통점을 명시하고, 학문끼리의 상관관계를 생극으로 파악하자는 나의 제안보다 더욱 명쾌하고 유익한 논리가 없다는 것을 이번의 모임에서 다시 확인했다.

다른 발표자들에게 말했다. 자연학문이 훌륭하다는 것을 인정하고 배우며 따르려고 나는 내 나름대로 노력해왔다. 외국에서 어떤 학문론을 내놓았는지 알아보기 위해서 많은 시간을 바치기도 했다. 그러다가 대안을 스스로 창조해야 한다는 것을 깨닫고 실행에 옮겼다. 자연학문 전공자들이 인문학문에도 관심을 가지고 이번의 발표에서도 《莊子》나 《孟子》을 언급한 것은 평가할 만한 일이다.

지금 이곳에서 이룩한 인문학문 창조의 성과도 알아보고 학문론을 함께 이룩하기 위해 소통하고 협력하기를 바란다. 우리는 아직 창조학을 할 때가 되지 않아 수입학에 힘써야 한다는 분들은 실제로 이룩한 업적을 검토하고 생각을 바꾸기 바란다. 학문론에 관한 언설만 보면 헛장담을 한다고 생각할 수 있으므로 《소설의 사회사 비교론》 같은 것을 먼저 보고 판단하기 바란다.

아리랑을 어떻게 연구할 것인가?

느낌에서 학문으로

아리랑은 우리 민족에게 절실한 느낌이고 벅찬 감격이다. 누구나 아리랑에 대한 체험적인 이해를 거의 신앙 수준으로까지 갖추었다고 할 수 있다. 체험적 이해를 객관화하고 논리화하는 학문 연구가 또한 긴요하다. 아리랑의 실체 해명은 체험적 이해의 범위를 넘어선 학문 연구의 과제이다.

아리랑을 다룬 논저는 계속 나오고, 열정을 기울여 쓴 노작도 있다. (김열규, 《아리랑⋯ 역사여, 겨레여, 소리여》, 조선일보사, 1987; 김연갑, 《아리랑, 그 맛, 멋 그리고⋯》, 집문당, 1988; 박민일, 《한국 아리랑문학 연구》, 강원대학교출판부, 1989; 《아리랑 정신사》, 강원대학교출판부, 2002) 그러나 연구가 바람직하게 이루어지고 있는가는 의문이다. 감격이 앞서서 객관화나 논리화에 필요한 거리를 충분히 확보하지 못했다고 할 수 있다. 아리랑 연구를 충실하게 하는 학문적 능력 또는 방법을 갖추지 못한 것이 더 큰 장애 요인일 수 있다. 감격까지 해명의 대상으로 삼아야 하니 갈 길이 멀다.

아리랑 학술회의를 크게 열어 지금까지 하던 말을 한 자리에 모으는 것은 바람직하지 않다. 느낌에서 학문으로 나아가는 길을 열기 위해 지혜를 모으는 것이 마땅한데, 말은 쉬워도 실행이 어렵다. 이 모임에서 기조발표를 하는 중대한 사명을 맡고 많이 고민하고서도 방향 전환을 뚜렷하게 하는 데 이르지 못하고, 몇 가지 착상을 제시해 토론 거리로 삼고자 한다.

아리랑의 여러 측면을 함께 다루는 총체학을 해야 한다고 말하고자 한다. 그런데 아리랑을 총체적 이해에 필수인 음악학을 기초조차 갖추지 못해, 몇 가지 착상이라고 하는 것들도 핵심에 이르지 못하고 변두리를 도는 데 그치지 않을까 염려된다. 음악학에서 보완 작업을 해주기를 기대한다. 음악학까지 포함한 총체적 능력을 가진 분들이 나의 시도를 디딤돌로 삼는다면 큰 보람을 얻는다.

남북 학술회의에서

전통민요에 관한 남북의 학술회의가 2004년 7월 19일부터 20일까지 중국 심양에서 열렸다. (행사 진행의 전 과정을 조동일, 《세계·지방화시대의 한국학 3 국내외 학문의 만남》, 계명대학교출판부, 2006에서 보고했다.) 나는 남쪽의 단장 노릇을 하면서 참여해 서두에 인사말을 했다. 주요 대목을 든다.

남북이 분단된 것은 반세기 동안의 일이지만, 민족의 삶은 몇만 년 이어져왔습니다. 그 오랜 기간 동안 우리 민족은 언제나 민요를 불렀습니다. 일할 때나 놀 때나, 슬픔이 닥쳐와도 기쁨을 누릴 때도 함께 부른 만백성의 노래가 민요입니다. 민요는 음악이나 문학 창작의 모체요 바탕입니다. 자랑스러운 민요 덕분에 남다른 가치를 가진 예술작품을 이룩해왔습니다.

지금 우리는 분단의 고통을 넘어서서 통일을 향해 나아가고 있습니다. 체제와 이념의 차이 때문에 빚어진 이질성을 줄이고 민족의 동질성을 회복하는 것을 절실한 과제로 삼습니다. 민족 동질성이 무엇인지 민요가 입증해줍니다. 지난날의 민요를 되돌아보고, 민요에 대한 조사와 연구를 점검하면서, 민요를 전승하고 창조하는 방향을 논의하는 것이 통일을 앞당기는 데 구체적으로 기여하는 긴요한 과업입니다.

아리랑을 남북이 함께 부르는 노래로 삼고 있는 것만 보아도 민요가 얼마나 소중한지 알 수 있습니다. 저는 근래 북쪽에서 채록한 민요 자료를 학생들과 함께 들으면서 남북의 차이가 없고, 분단의 그림자가 드리워지지 않았다는 사실을 새삼스럽게 확인했습니다. 남북 양쪽 다 전통민요가 아직 살아 있고, 그 소중한 유산을 조사하고 연구하는 작업을 열성적으로 하고 있는 것이 커다란 희망입니다.

북쪽 단장은 조선음악무용연구소 윤수동 소장이었다. 전반적인 상황을 말하는 기조발표는 다른 사람에게 맡기고 〈조선민요 아리랑에 대하여〉라는 개별발표를 했다. 아리랑의 유래, 분포, 변모

등의 내용을 갖추었는데, 대체로 이미 알고 있던 것이다. 아리랑의 유래에 대해서 한 말의 근거는 무엇이고 누가 연구한 결과인가 하고 남쪽 참가자가 물으니 특별한 연구가 있었던 것은 아니고 남쪽에서 나온 책을 여럿 참고했다고 했다.

그 자리에서 내가 말했다. 남쪽에서 아리랑을 다룬 책이 많이 나왔으나 학문적으로 다져진 내용은 아니다. 아리랑을 말하면 사랑과 감격이 앞서서 객관적이고 과학적인 연구를 하지 못하는 점에서 남북이 다르지 않다는 것을 확인했다. 아리랑에 대한 사랑과 감격까지 연구대상이다. 양쪽에서 힘을 합쳐 본격적인 연구를 함께 하자고 제안한다고 했다. 종합토론을 할 때 앞으로의 계획에 대해서 말하자고 했다. 나는 다음과 같은 제안을 했다.

우리 모임이 한번으로 끝나지 않고 계속되어 더욱 큰 결실을 거두기 위해 긴밀히 협력하면서 공동의 과업을 수행하기 바랍니다. 전통민요를 계속 조사해야 하는 것은 당연한 전제입니다. 각기 그렇게 하면서 서로 협력해서 해야 할 일을 몇 가지로 간추려 말하겠습니다.

우선 할 일을 구체적으로 제안하겠습니다. 《아리랑 전집》을 내는 것을 목표로 하고, 다음 모임을 '아리랑 학술회의'로 합시다. 자료 조사의 경과를 정리하고 지금까지 조사한 모든 자료를 보고하고, 연구 상황을 점검하고, 문제점에 대한 집중적인 토론을 하는 것이 할 일입니다. 아리랑 명창공연도 함께 합시다. 민족의 노래 아리랑은 남북의 겨레가 하나임을 확인하는 뜨거운 감동을 안겨줄 것입니다.

이 제안에 대해 북측이 동의한다는 통보를 받고 헤어졌다. 그러나 계획은 이루어지지 않았다. 남북 관계가 경색된 것이 가장 큰 이유이다. 성사될 것으로 믿고 준비를 하려고 하니 걱정이 앞섰다. 느낌과 감격의 축전을 만드는 것은 어렵지 않으나 어느 정도 알찬 연구 성과를 거둘 수 있을지 의문이었고, 지금도 사정이 달라지지 않았다. 아리랑 국제학술회의가 여기서 열린 것은 다행이고, 아리랑에 대한 이해와 연구에 많은 기여를 하리라고 기대하지만, 연구의 근본을 다지는 것이 선결과제라고 생각해서 필요한 논의를 편다.

아리랑을 위한 총체학

아리랑은 음악이다. 음악이므로 음악학의 연구가 필수이고 선행해야 한다. 그러나 음악학은 음악 안에 머물러 밖으로 나오기 어렵다. 아리랑은 음악 이상의 것이며 밖으로 열려 있다.

아리랑은 문학이다. 아리랑의 사설인 문학은 안에서 밖으로 나가는 길을 열어준다. 시대 변화와의 관계를 명시적으로 나타내기도 한다. 그러나 시대 변화를 나타낸 사설에서 아리랑 자체의 변화를 알아내려면 다른 고찰이 더 있어야 한다.

아리랑은 민속이다. 민요의 갈래와 기능에 관한 고찰은 문학연구의 한 분야인 구비문학론에서 하는 작업이지만, 민속학에서 한층 본격적으로 한다. 그러나 아리랑은 예사 민요가 아니어서 민속학에서 할 수 있는 작업을 넘어선다.

아리랑은 지리이다. 아리랑이 유래·통합·분산·전파한 내력을 지역을 들어 고찰하는 작업은 지리학의 참여를 필요로 한다. 이 작업을 위해 기존의 지리학에서 더 나아가 시야를 확대하고 논의를 심화하는 것이 바람직하다. (이정면, 《한 지리학자의 아리랑 기행》, 이지출판, 2007이 있어 "기행"에 지리학자다운 식견을 보인 것을 주목할 만한데, "지리학자"의 연구 참여에 대한 방법론적인 논의를 갖추면 더 큰 기여를 할 수 있었을 것이다.)

아리랑은 역사이다. 역사의 특정한 시기에 생겨나고 시대변화와 함께 달라졌다. 그러나 지금까지의 역사학은 표면화한 사건을 문헌 자료를 들어 고찰하는 데 그쳐 아리랑의 역사를 해명하는 심층적이고 다면적인 작업을 감당하기에는 역부족이어서 새로운 노력이 필요하다.

음악·문학·민속·지리·역사에 관한 학문이 각기 지닌 장점을 통합하는 새로운 학문을 해야 아리랑에 대한 이해가 제대로 이루어질 수 있다. 이 새로운 학문을 무어라고 할 것인가? 총체학이라고 할 수밖에 없다. 총체학은 근대를 넘어선 다음 시대의 학문이다. 근대학문은 분과 구분을 장기며 자랑으로 삼았다. 그 한계나 폐해가 나타나 통합을 지향하면서 총체학을 해야 하는 것이 이제부터의 과제이다.

근대를 넘어서서 다음 시대의 학문을 새롭게 이룩해야 한다고 아리랑이 요구한다.학문 전환의 필요성을 입증하는 의의를 가져 아리랑이 더욱 소중하다. 아리랑을 만들어내 발현된 민족의 역량이 학문 전환을 선도하는 데서 더욱 빛나기를 기대한다.

아리랑의 기본 특징과 양상

(가) 아리랑은 특정한 노래가 아니고, 반복되는 여음에 "아리랑 아라리요", "아리랑 쓰리랑", "아라리가 났네" 등 "아리"라는 말이 들어 있는 일군의 노래이며 포괄하는 범위가 아주 넓다. 곡조나 사설이 고정되어 있지 않다. 곡조가 지방에 따라 다르고, 사설은 노래할 때마다 바뀔 수 있다. 서양음악에 맞춘 개작곡이나 창작곡도 아리랑으로 인정된다. 근래에 지어내 자기 지방 아리랑이라고 주장하는 것들도 배제하지 않는다.

(나) 아리랑의 사설은 주고받는 말로 이루어진 2행시이며, 한 행은 3음보인 것이 예사이다. 곡조에서도 이와 같은 규정이 가능한지, 가능하다면 어떻게 말해야 하는지 의문을 가지기만 하고 풀지는 못한다.

(다) 아리랑은 고정민요에서 유동민요로, 유동민요에서 신민요, 신민요에서 창작민요를 비롯한 다양한 창작물로 나아가는 변천을 겪었다. 시대와 밀착되어 변천을 계속하고 민족사의 전개에서 긴요한 구실을 했다. (김시업 외, 《근대의 노래와 아리랑》, 소명출판, 2009에 수록된 김시업, 이보형, 강등학, 정우택, 임경화 등의 논문에서 아리랑의 형성과 변천에 관한 연구가 많이 이루어졌다.)

(가)에서 든 "아리"에 특정의 의미가 있다고 하는 주장이 흔하지만, 음성상징만 갖추었다고 보는 것이 타당하다. "쾌지나칭칭나네", "강강수월래", "월워리청청" 등도 음성상징만 갖추었는데 의미를 두고 갖가지 추론을 한다. "아리"는 밝고 명랑한 느낌을 주며, "얄리"와 이어진다고 할 수 있다. 곡조나 사설은 어둡고 괴

로워도 반복되는 여음이 밝고 명랑한 느낌을 주는 명암의 생극이 〈청산별곡〉과 아리랑의 공통점이다. "아리"가 다른 여음보다 넓게 분포된 이유를 명암 생극의 묘미를 잘 갖춘 데서 찾을 수 있다.

(나)에서 든 것은 한국 민요에서 가장 많이 보이는 기본형이다. 기록문학의 시가 갈래나 개별 창작시의 기저로 작용했다. 이런 기본형 외에 말을 촘촘히 박아넣는 엮음이라는 변이형도 있어, 시조와 사설시조 같은 관계를 가진다.

(다)에서 든 사실은 자세한 고찰이 필요하다. 고정민요는 일정한 기능을 하고 특정한 사람들이 부르는 노동요, 의식요, 유희요 등이다. 유동민요는 일정한 기능이 없고 어느 때 누구든지 부를 수 있는 민요이다. 고정민요는 유동민요로 바뀔 수 있고 유희요가 그럴 수 있는 가능성이 상대적으로 크다.

"아리"는 우리 민요에 흔히 있을 수 있는 여음이다. 강원도 여러 곳에서 부르는 노동요에 "아리"라는 어음을 가진 것들이 여럿 있다. 이것이 아리랑1이다. 다른 지방의 노동요는 여음이 상이하거나 없지만, 곡조와 사설에서 아리랑1과 유사한 것들이 적지 않아 다음에 들 아리랑3이 여러 곳에서 생겨날 수 있게 하는 토착의 원천 노릇을 했다.

노동요가 유희요 노릇도 하다가 유동민요가 되어 정선아라리라고 일컬어지면서 부르는 사람들이 많아지고 전승지역이 넓어졌다. 이것이 아리랑2이다. 아리랑1에서 아리랑2가 생겨나는 것은 어느 때, 어디서나 있을 수 있는 민요의 자연적인 변화의 하나이다. (강등학, 《정선아라리의 연구》, 집문당, 1988에서 필요한 연구를 자세하게 했다.)

아리랑이 유동민요에서 신민요로, 다시 창작민요로 나아간 것
은 특정 시대, 특정한 이유에서 생긴 변화이다. 신민요는 기존의
민요를 개작해 다시 만든 새로운 민요를 말한다. 19세기말 이후
에 시대가 달라지면서 신민요가 여럿 생겨났다. 신민요 가운데
아리랑이 가장 널리 알려지고 많이 부른다. 신민요 아리랑은 아
리랑3이다.

아리랑3은 전국 각처의 사람들이 서울에 모여 함께 일하고 노
래하는 기회가 많아져 출현한 공동의 노래이다. 이것은 아리랑2
정선아라리의 개작이라는 추정이 타당하겠으나, 더욱 치밀한 논
증이 요망된다. 서울아리랑 또는 경기아리랑으로 일컬어지고, 변
이와 분화가 진행되면서 명칭도 달라졌다.

서울에서 시작되어 널리 유행한 아리랑3을 받아들여 20세기 초
에 전국 각 지방에서 각기 만든 독자적인 아리랑이 아리랑4이다.
이렇게 할 때 지방 전래의 노동요가 또 하나의 원천 노릇을 했다.
양자를 결합해 새롭게 다듬은 개작자들이 있었으나, 개작이 흔적
을 남기지 않고 공동의 전승에 용해되어 아리랑4가 오랜 내력을
가졌다고 생각되게 한다. 춘천아리랑, 청주아리랑, 밀양아리랑,
진도아리랑 등이 그 대표적인 예이다. (임동철·이창식 편저,《중국
조선족의 문화와 청주아리랑》, 집문당, 2004에서 청주아리랑에 대해 긴
요한 고찰을 했다.)

1910년 망국을 전후해 해외로 이주한 사람들이 아리랑3이나 아
리랑4를 가져가 부르다가 새로운 상황에 맞게 개작할 필요가 있
어 연변아리랑, 사하린아리랑, 중앙아시아아리랑 등을 만들어냈

다. 이런 것들이 아리랑5이다. (진용선,《중국 조선족 아리랑 연구》;《러시아 고려인 아리랑 연구》, 정선군, 2009, 2010에서 이에 대한 충실한 고찰을 했다.)

아리랑을 문학, 연극, 영화 등 여러 형태의 예술 창작에 수용하고 개작했다. 그 결과 아리랑 문화라고 할 것이 광범위하게 자리잡았다. 이런 것들이 아리랑6이다. 나운규가 1926년에 만든 영화〈아리랑〉은 개작된 형태의 아리랑3을 널리 알려 전국에서 부르도록 하고, 아리랑6의 좋은 본보기를 이루었다.

논의의 진전을 위해

아리랑1에서 이리랑5까지의 변화 과정에 대해 이미 많은 고찰이 있었지만, 체계와 심도를 갖추면서 한층 정밀한 연구를 할 필요가 있다. 문제의 핵심은 개작이다. 아리랑3 이후의 것들을 만들어낸 개작을 어떻게 이해해야 하는가?

이 의문의 해결을 위해 양면에서 접근할 수 있다. 아리랑3 이후의 것들을 만들어낸 개작은 민요가 전승되면서 달라지는 일반적인 과정이면서, 시대 변화에 호응한 새로운 작업이다. 양면의 관계를 밝히는 데 힘쓰면서, 뒤에서 든 측면을 더욱 힘써 고찰할 필요가 있다. 개작이 시대 변화에 호응하면서 이루어졌어도 흔적을 남기지 않고 공동의 전승에 용해되어, 아리랑3이나 아리랑4가 널리 애창된 이유를 밝히는 것이 더욱 긴요한 과제이다.

개작을 내부에 들어가 그 자체로 고찰하는 것은 당연히 해야 할 일이지만, 개작자나 개작 작품에 관한 자료가 결핍되어 진전을 기대하기 어렵다. 그러나 외부적인 요인이나 작용에 대해서는 기존의 논의에서 한 걸음 더 나아갈 수 있다. 19세기 후반에 전국 각처의 사람들이 서울에 모여 함께 일하고 노래하는 기회가 많아져 공동의 노래 아리랑을 만들어내는 개작이 필요했음을 재확인하고 필요한 것을 추가할 수 있다. 공동의 노래 아리랑이 널리 수용되고 애창된 이유는 그 뒤에 조성된 역사적 상황까지 들어서 해명하는 것이 마땅하다. 아리랑이 절실한 느낌이고 벅찬 감격인 것은 무슨 까닭인가 밝혀내려면 통찰의 범위를 넓혀야 한다.

구체적인 상황을 살펴보자. 대원군이 1865년(고종 2년)부터 경복궁을 중건할 때 목재를 모으고, 일꾼을 널리 동원했다. 1868년(고종 5)에 경복궁 낙성을 경축해 전국 민속예술 큰 잔치를 벌였다. 〈경복궁가〉에서 "온갖 사람 다 모이니 각색 풍류 들어온다"고 하고, "선소리 두세 놈이 뛰놀고 소리하네"라고 했다. 대원군은 경복궁 중건을 국민 총출동의 거대한 축전으로 조직해 진행했다. 조정관원들이 선두에 나서서 독려하고, 돈을 낸 사람들이 마음껏 기분을 내고, 일꾼들이 신명을 풀고, 구경꾼들도 덩달아 흥겨워지게 해서 관민화합·상하단결·경향일치의 기풍이 조성되게 했다.

1876년(고종 13)에 일본과의 조약이 체결된 다음에 부산, 인천, 원산 등지의 개항을 위해 항만공사를 하느라고 또 다시 많은 일꾼을 동원해야만 했다. 철도를 부설하고, 신작로라는 도로를 닦고, 공굴이라고 일컬어진 콘크리트 교량을 가설하는 것이 모두 다 근대적인 공사였으면서도 재래식 노동에 의거해서 진행되었으므로, 각 지방의 노동요가 한 자리에서 불리게 되었고, 그 가락과 사설이 조국 산천을 파괴하는 강제 노역에 동원된 울분을 나타내기에 알맞게 바뀌었다. 세태를 풍자하고 일제에 항거하는 아리랑이 그런 기회에 이루어졌다.

전국에서 누구나 함께 부르는 공동의 노래는 신분의 차이를 넘어선 공동체의식 또는 민족의식이 형성되면서 요청되었다. "이천만 동포"라는 민족을 지칭하고 민족의식을 나타낸 것이 대원군 시절의 일이다. 이천만 동포의 노래가 필요해 아리랑이 전국 공동의 민요가 되었다. 이에 대한 고찰을 보충해야 필요한 논의가 심화된다.

대원군의 적극적인 지지자 신재효가 1866년(고종 3)에 프랑스군의 침공으로 병인양요가 일어나 망국의 위기가 닥친 것을 그대로 보고 있을 수 없어 잠 못 이룬다고 하면서 지은 〈十步歌〉에 "이천만 동포 생겨나서 이 세상에 다 죽을까"라는 말이 보인다. 내부적인 교류와 통합, 외세의 침략을 경계하는 대외적인 각성에서 민족의식이 생겨나 전국 공동의 민요인 아리랑이 이루어질 수 있었다.

모두 함께 부를 국가가 없었던 것도 추가해 고찰해야 할 사실이다. 국권을 상실한 1910년 전후 시기에 국내외에 일제에 항거하는 의지를 나타내고 투지를 고취하는 민족의 노래로 아리랑을 불렀던 것은 국가가 자리 잡지 못하고 감동을 주지 못했기 때문이다.

대한제국의 국가는 제정되기는 했어도 많은 문제점이 있었다. 서양인이 서양 곡으로 작곡해 이질감을 주었다. "上帝는 우리 황제를 도우소서/ 聖壽無疆하사 海屋籌를 산 같이 쌓으소서"라고 했다. 기독교 국가에서 흔히 하는 말을 가져오고, 난삽한 한자어를 사용해 이중으로 거부감이 생기게 했다. ("해옥주"는 바다에 있는 신선의 집을 仙鶴이 해마다 하나씩 물고 온 대오리로 지었다는 말이며 오랜 세월을 일컫는다.)

대한제국이 망하고 황제가 물러난 다음에는 이 노래를 그대로 부를 수 없었다. 군주를 다시 받들어야 한다고 하지 않고, 백성의 나라 민국을 세우려고 했으므로 "상제는 우리 대한을 도우소서"라고 말을 바꾸고, "해옥주" 운운하는 대목도 고쳐 불러도 감동을 주지 못했다. 국가를 대신하고 국가 이상의 구실을 하는 민족의 노래가 국내외 어디서든지 아리랑이었다.

민족 수난기에 아리랑을 민족의 노래로 삼아, 이산과 상봉, 시련과 희망의 갖가지 사연을 집약해 노래하면서 절실한 느낌과 벅찬 감격을 주고받았다. 남북 분단의 고통에서 벗어나지 못한 오늘날에는 아리랑이 민족 동질성을 확인하고, 통일의 염원을 나타내는 노래여서 느낌과 감격이 새삼스러운 의의를 가진다. 아리랑을 신앙의 대상으로 삼아 역사성을 무시하고 연원을 한껏 높이며 가치를 최대한 높이는 작업이 진행되어 의식을 혼미하게 하기도 한다.

사설의 변이

아리랑의 곡조를 만들어내고 변형시킨 것은 민중이 지닌 민족 창조력의 발현이다. 사설은 곡조와 밀착되어 같은 가치를 가지면서 전승되는 유산이 더욱 풍부하고 새롭게 창작되는 폭이 훨씬 크다. 사설은 시대 변화와 직접 연결되어, 아리랑이 민족 수난기의 비판과 항거의 노래가 되었다.

"나를 버리고 가시는 님은 십 리도 못 가서 발병이 난다"고 하는 가장 흔한 사설을 들으면, 아리랑은 님이 아리랑 고개로 넘어갈 때 부르는 이별의 노래인 듯이 여겨진다. 그 이별이 많은 뜻을 함축하고 있다고 이해되어 아리랑은 한 시대의 수난을 애절하게 하소연한 민족의 노래로, 멀리 떠나가서도 고국을 생각하게 하는 노래로 받아들여졌다. 이별을 노래하면서 살아가면서 겪는 서러움과 아쉬움도 말한다.

"아리랑 고개에다 집을 짓고 정든 님 오기만 고대한다"는 만남을 희구한 말이다. "문경새재 박달나무 홍두깨 방망이로 다 나간다"는 삶의 기반이 해체되는 상황을 익살맞게 나타낸다. 시대변화에 석극적으로 대응한 사연을 디음과 같이 나타내는 데까지 이르렀으니, 대단한 비약을 겪었다 하겠다. 서울아리랑 사설에 다음과 같은 것이 있다.

이씨의 사촌이 되지 말고
민씨의 팔촌이 되려무나.

남산 밑에다 장춘단을 짓고
군악대 장단에 받들어총만 한다.

아리랑 고개다 정거장 짓고
전기차 오기만 기다린다.

문전의 옥토는 어찌 되고,
쪽박의 신세가 웬 말인가?

밭은 헐려서 신작로 되고,
집은 헐려서 정거장 되네.

말깨나 하는 놈 재판소 가고,
일깨나 하는 놈 공동산 간다.

아깨나 낳을 년 갈보질하고,
목도깨나 메는 놈 부역을 간다.

　수십 년에 걸쳐서 겪은 시대변화를 누적시켜 나타내고, 각기
독립된 사설이 서로 연결되는 의미를 가질 수 있게 했다. 이씨의
사촌이 되지 말고 민씨의 팔촌이 되라는 것은 민씨네의 세도 때
문에 왕실이 무력하게 된 것을 말하는데, 불행은 거기서부터 시
작되었다. 신식 군대를 만들어 군악대 장단에 받들어총이나 하는
병정놀이로 나라를 지킬 수 없었다. 전차·기차가 등장하고, 신작
로를 닦는 것이 모두 문전의 옥토를 잃고 쪽박의 신세가 되게 하
고, 기약 없는 이별을 강요하는 짓이다.
　그런 과정을 거쳐서 자행된 일제의 수탈과 억압이 마지막 넉
줄에서 아주 선명하게 표출되었다. 말하고, 일하고, 아이를 낳는
기본적인 요구마저 처참하게 유린된 상황을 이렇게까지 섬뜩하
게 풍자한 것은 민요이기에 가능할 수 있었다. 그 뒤에는 "먼동이

트네 먼동이 트네 미친 놈 꿈에서 깨어났네", "풍년이 온다네 풍
년이 와요 삼천리 강산에 풍년이 와요"라는 말이 있어서, 악몽 같
은 수난에서 벗어나는 희망이 있다는 것을 암시했다.

아리랑의 세태풍자는 아주 다채롭다. "전기차는 가자고 원고동
을 트는데, 정든 님 잡고서 낙루한다"는 말이 있다. 소설 같은 데
서는 세상이 개화되어 살기 좋아졌다고 하는 판이었는데, 아리랑
은 "발 아파서 못 신던 미투리신 고무신 바람에 도망을 한다"하
고, "김 잘 매고 베 잘 짜는 맏며느리는 양갈보 바람에 도망을 한
다"고 하는 말로 길게 이어지는 것도 있다.

무산자 누구냐 탄식마라.
부귀와 빈천은 돌고 돈다.

감발을 하고서 주먹을 쥐고,
용감하게도 넘어 간다.

밭 잃고 집 잃은 동무들아.
어디로 가야만 좋을까보냐.

괴나리 봇짐을 짊어지고,
아리랑 고개로 넘어 간다.

아버지 어머니 어서오소.
북간도 벌판이 좋다더라.

쓰라린 가슴을 움켜쥐고,
백두산 고개로 넘어 간다.

감발을 하고서 백두산 넘어,
북간도 벌판을 헤맨다.

신아리랑이라고 하는 이 노래는 북간도에서도 많이 불렀다고
한다. 거기까지 간 경과를 간추려 나타낸 사설을 일제의 직접적
인 통제에서 벗어나 있는 곳에서 마음껏 노래할 수 있었다. 빼앗
긴 조국에서는 살 수 없어 비장한 각오를 하고 험난한 길을 재촉
해서 간 의지를 말하고, 광막한 벌판에서 헤매는 시련을 전하는
데까지 이르러 민족서사시의 축약판을 만들었다. 항일문학의 여
러 작품 가운데 우뚝한 위치를 차지할 수 있게 하는 것을, 무명작
가들이 정성을 모은 민요에서 만들어냈다.

아리랑의 사설은 현대시보다 뛰어나다. 현대시에서는 찾을 수
없는 풍자, 비판, 투쟁 의식을 적절한 표현을 갖추어 절실하게 나
타냈다. 일제 강점기의 현대시는 검열을 거쳐 발표해야 하는 제
약으로 비판을 제대로 할 수 없었기 때문이라고 할 것은 아니다.
시인이 자의식에 사로잡혀 세상을 넓게 보지 못하는 결함을 뛰어
넘어 아리랑은 민중의 삶을 그대로 나타냈다. 민중의 슬기를 민
족의 지침으로 삼는다.

노래에 바치는 열정

중국인이나 일본인은 음악보다 미술을 장기로 삼고 대단한 능력을 보여준다. 한국인은 미술보다 음악에 열정을 더 많이 바치고 이룬 바가 뛰어나다. 오늘날의 대중음악이 세계 여러 곳에서 대단한 환영을 받는 현상에서 출발해 과거로 소급해 연원을 캐고 심층적인 이해에 이르는 것이 마땅하다.

옛적 중국 역사서에서 우리 민족은 "길을 가면서 밤낮 늙은이든 젊은이든 모두 노래 부른다", "백성들이 노래 부르고 춤추기를 즐긴다"고 했다. 그런 전통이 살아 있어 노래 부르고 춤추는 것을 일상생활로 삼다시피 하고 뛰어나게 잘 한다. 중국이나 일본에서는 시각적인 조형물을 크게 만들고 정교하게 꾸미는 데 맞서서 많은 사람이 함께 즐기는 공연예술을 자랑으로 삼는다.

우리 공연예술의 특징은 역동성이다. 풍물을 치고, 탈춤을 추며 하는 신명풀이가 면면히 이어져왔다. 신명풀이란 마음속에 맺히고 얽혀 있는 것들을 시원스럽게 털어놓는 즐거움이다. 대등한 자격을 가지고 자발적으로 참여하는 여러 사람이 싸움이 화해이고 화해가 싸움임을 함께 확인하면서 그렇게 한다. 이것은 다른 나라 연극과 구별되는 탈춤의 원리이면서 한국문화 전반의 특성이다. 삶의 활력을 얻고 보람된 창조를 이룩할 수 있게 하는 비결이다.

이런 전통이 노래에서 이어져오다가 시대의 변화와 만나 아리랑을 표출시켰다. 신명풀이를 동력으로 하는 노래 문화의 정수가 아리랑이다. 아리랑은 신명이 아닌 恨을 나타낸다고 할 수 있는 것 같다. 그러나 서정시인 노래나 서사시인 판소리에서는 탈춤 같은 연극과 달라, 신명풀이가 한풀이고 한풀이가 신명풀이이다. 둘의 관계가 경우에 따라 다르다.

정선아라리·진도아리랑·밀양아리랑 같은 아리랑에서는 신명이 한을 뒤흔든다. 민족 수난기에 이차적으로 형성된 아리랑에서는 한이 짙어지지 않을 수 없었으나 신명이 작동해 정신을 차리게 하고 비판적인 거리를 가지고 세상을 보면서, 억압에 맞서는 투지를 가지게 한다. 각자의 삶에 얽힌 한을 모두 함께 참여하는 민족의 유대에서 신명풀이로 풀어주어 희망을 가지게 한다.

부 기

2011년 12월 14~15일 한국학중앙연구원에서 열린 아리랑국제학술대회는 규모가 큰 행사였다. 전체 주제를 "한국문화 속의 아리랑"으로 하고, 기조발표 외에 다섯 분야로 나누어 발표를 하고, 아리랑 음악회도 있었다. 발표 순서를 들면 다음과 같다.

기조발표:
    조동일(서울대, 한국): 아리랑을 어떻게 연구할 것인가?

제1발표: 음악의 시각으로 바라본 아리랑
    이보형(고음반연구회, 한국): 아리랑의 기원과 전파
    김영운(한양대, 한국): 전통음악 입장에서 바라 본 아리랑
    민은기(서울대, 한국): 현대음악으로 다시 태어나는 아리랑

제2발표: 문학과 대중문화의 시각으로 바라 본 아리랑

　강등학(강릉원주대, 한국): 아리랑의 부류별 국면과 문화형
　　　질의 전승맥락

　김익두(전북대, 한국): 현대문학에 나타난 아리랑

　박애경(연세대, 한국): 아리랑과 K-pop, 아리랑의 월드뮤직
　　　으로서의 가능성과 관련하여

제3발표: 북한과 해외 동포 사회의 아리랑

　정팔용(평양민속예술단, 한국): 북한의 아리랑

　장익선(연변대, 중국): 중국에서의 아리랑이 지닌 상징성

　김보희(한양대, 한국): 중앙아시아 고려인과 북한동포 아리
　　　랑

제4발표: 아시아인의 시각으로 바라본 아리랑

　우에무라 유키오(동경예술대, 일본): 〈이츠키 자장가〉의 아
　　　리랑 기원설, 그 형성과 계승

　왕인편(대만대, 대만): 대만의 아리랑, 그 수용 역사에 대한
　　　개요

　트랑 콩 하이(국립과학원, 프랑스): 동남아시아의 아리랑,
　　　베트남의 경우

제5발표: 아시아 밖의 시각으로 바라본 아리랑

　이병원(하와이대, 미국): 미국에서의 아리랑 상징의 변화, 개
　　　인적 회상

　사이몬 밀(더람대, 영국): 유럽의 아리랑

진 키둘라(미국 조지아대, 케냐): 문화적 표상으로서의 민요, 한국 아리랑으로부터의 교훈

내가 한 기조발표는 으레 그렇듯이 토론이 없었다. 발표를 간략하게 남은 시간에 덧붙인 말, 준비해놓고 미처 하지 못한 말에다 다른 발표에 대한 소견을 보태 여기 적는다. 좋은 질문이 이어졌다고 가상하고 많이 생각해본 응답을 제시한다.

아리랑이 훌륭하면 아리랑을 연구하는 학문도 훌륭해야 한다. 아리랑이 주는 감격에 들떠 아리랑 예찬을 일삼는 것은 수준 이하의 연구이다. 더욱 훌륭하게 하려다가 아리랑을 우상을 만들고 만다. 아리랑이 요구하는 학문은 하지 않고 우상 숭배나 하는 것은 뜻한 바와는 상반되게 아리랑의 가치를 손상하는 행위이다.

아리랑이 주는 감격까지 연구해야 학문을 한다. 감격이 학문을 하게 한다. 감격이 학문하는 동기를 제공하고 추진력이 될 수도 있다. 그러나 감격을 대상이나 내용으로 삼는 학문을 하기는 아주 어렵다. 이러한 사실을 바로 알아차리고 대처 방법을 찾으려 하지 않고 일탈을 일삼는 것은 잘못이다. 학문을 하기 어려운 이유가 무엇인가? 감격은 학문의 요건인 언어논리를 넘어서기 때문이다.

그러면 어떻게 해야 하는가? 언어논리로 포착 가능한 것만 연구 대상으로 삼아야 한다고 하면서 학문의 의의를 축소하는 겸손한 자세를 가져야 할 것인가? 아니다. 학문 연구는 대상에 종속되지 않고 자율성을 가지고 발전할 수 있다. 연구 대상과 대등한 위치에서 연구 대상과 상응하는 언어논리를 찾아내, 사실판단·

인과판단·가치판단을 단계적으로 하는 것이 학문하는 적절한 방법이다.

이보형·김영운·강등학의 발표에서 사실판단이 진전되었다. 아리랑의 계보, 분화, 변이, 개별 아리랑의 차이점 등에 관한 해명이 다시 이루어졌다. 악보를 제시하고, 녹음을 들려주고, 직접 가창하기까지 해서 논의를 선명하게 한 것을 높이 평가한다.

사실판단의 성과는 인과판단을 요구하는 의문을 제기한다. 왜 아리랑은 예사 민요와는 상이하게, 분화가 많이 일어나고 변이가 심해 아리랑이라는 것들끼리 차이점이 큰가? 분화와 변이가 아리랑이 주는 감격과 어떤 관련이 있는가? 이에 관한 고찰은 없어 여기서 맡기로 한다.

고정민요는 물론 유동민요도 되풀이되는 일상생활에서 부른다. 되풀이되는 일상생활을 뒤흔들고 헤어짐을 강요하는 시대변동이 나타나고 헤어짐이 새로운 만남을 만들어내, 예사롭지 않은 노래 아리랑이 출현했다. 아리랑은 헤어짐의 노래이면서 만남의 노래이다. 함께 살던 사람들과 헤어지고 전에는 모르던 다른 사람들과 만나 기구한 사연을 주고받은 노래가 아리랑이다. 기구한 사연을 가락이나 사설에다 함축하는 작업을 여기저기서 각기 해서 노래의 분화와 변이가 많이 일어났다.

헤어짐과 만남에다 불운과 행운을 보태 논의의 진전을 이룩할 수 있다. 아리랑은 역사의 불운으로 창조되었으나, 불운이 행운이기도 하다. 헤어짐의 고통은 불운이지만 헤어짐이 새로운 만남으로 전환되는 기쁨을 누린 것은 행운이다. 고통스러운 헤어짐이 새로운 만남으로 전환되는 기쁨이 확대되어 아리랑을 함께 만들고 부르는 범위가 넓어졌다. 헤어짐과 만남, 불운과 행운의 생극 관계가 예사롭지 않게 전개되어 벅찬 감격을 불러일으킨 것이 아리랑의 실체이고, 아리랑이 알려주는 원리이다.

헤어짐을 넘어선 만남을 상상의 공간에서 최대로 확대해 아리랑을 민족 전체의 노래로 만들었다. 아리랑을 민족의 결속을 확인하는 노래로 삼고 함께 부르는 감격을 누렸다. 이것은 아리랑 단일화의 원리이다. 단일화와는 반대가 되는 다원화의 원리도 작용해, 아리랑은 하나이면서 여럿이다. 국내에서는 물론 해외에서도 자기 고장의 아리랑이 있어야 한다면서 독자적인 개작이나 창작을 힘써 하고, 다른 곳들 아리랑과의 차이점을 강조했다. 오늘날에는 아리랑을 지방문화 유산으로 내세우고 자랑하는 축제 경쟁을 한다.

민족의 노래로 단일화되는 방향으로 나아간 아리랑에서는 기대 수준의 추상적인 만남이 실제로 겪은 헤어짐의 쓰라림을 충분히 덮어주지 못해 기쁨보다 슬픔이 더 크다. 각자의 삶에 얽힌 한을 모두 함께 참여하는 민족의 유대에서 신명풀이로 풀어주어 희망을 가지게 한다고 한 것이 실현 과정에 있는 가능성이다. 그런데 각기 자기 지방의 노래로 다원화되고 개별화된 아리랑은 헤어짐을 한탄을 떨치고 만남을 실감 나게 확인하게 하는 노래여서, 고통의 하소연보다 기쁨을 누리는 것이 더욱 두드러진다.

사실판단을 넘어서서 인과판단을 이 정도로 진행하면 가치판단으로 넘어가는 다음 단계의 작업이 자연스럽게 시작된다. 아리랑은 헤어짐과 만남, 불운과 행운을 개인·집단·민족의 차원에서 절실하고 다양하게 나타내 소중하다고 하면 소극적인 평가에 머무른다. 적절한 본보기를 만나지 않으면 인식되지 않는 예술창작의 오묘한 원리를 집약하고 다각화해서 나타내는 것이 더욱 평가해야 마땅한 가치이다. 바로 이 점을 인식해야 우리 민족의 아리랑이 세계적인 보편성을 가진 인류 공유의 자랑이 된다.

다른 분들의 발표에서는 연구를 어떻게 해야 하는가에 관한 고민은 없이 사실을 고찰하고 사실에 대한 자기 나름대로의 평가를 했다. 다룬 내용이 다양하고 복잡해서 간추리기 위한 수고를 하기 어렵고, 구태여 할 필요가 없다. 특별히 거론하고 싶은 사안 둘을 들어 의견을 말하기로 한다.

민은기는 아리랑을 이용한 현대음악 작품을 널리 검토하고, 세 가지 요망 사항을 말했다. 아리랑으로 느낄 수 있고, 대중이 널리 사랑하고, 세계적 보편성을 가지는 작곡을 해야 한다고 했다. 당연한 말인데 실현이 문제이다. 세 가지 요구 사항을 실현할 수 있는 방법이 무엇인지 깊이 성찰해야 하는 데까지 나아가지 않았다. 작곡하는 사람이 알아서 할 일이라고 미룰 것이 아니고 이론적 성찰을 탐구의 과제로 삼아야 한다. 아리랑이 예술창작의 오묘한 원리를 집약하고 다각화해서 나타내는 것이 더욱 평가해야 마땅한 가치라고 내가 위에서 한 말에 동의하는지, 이것을 작곡의 원리로 정립할 수 있는 방법을 제시할 수 있는지 묻고 싶다.

외국에서 와서 아리랑에 관해 고찰한 분들은 아리랑이 한국의 國歌와 같은 노래라는 말을 되풀이해서 했다. 국가는 애창된다는 전제에서 하는 말인데, 우리의 경우에는 애창될 수 있는 국가가 없어서 아리랑이 민족의 노래가 되었다고 했다. 지금은 〈애국가〉가 있으나 공식 행사가 아니고서는 부르지 않고, 마음에서 우러나는 사랑을 받는다고 하기 어렵다. 남북을 함께 들어 말하면, 그 어느 국가도 민족의 노래일 수는 없어 아리랑을 함께 부르자고 한다. 국가와 민족의 노래를 광범위한 사례를 들어 비교하면서 이에 대한 논의를 다시 할 필요가 있다.